高等院校“十二五”规划教材·工商管理大类系列

财务分析

主　编　包红霏
副主编　傅国忠

哈爾濱工業大學出版社

内容简介

本书是高等院校“十二五”规划教材·工商管理大类系列中的一本。

本书将最新的会计改革与现行的“企业会计制度”等内容融为一体，力求更好地把握新出现的概念和处理方法。主要包括四大篇内容。第一篇为财务分析概论，介绍财务分析的基本理论和基本方法；第二篇为财务报告分析，以会计报表为线索全面系统介绍财务报告的项目分析、结构分析和质量分析；第三篇为财务效率分析，分别介绍了企业盈利能力分析、营运能力分析、偿债能力分析；第四篇为综合分析评价，侧重从过去的角度介绍财务综合分析与评价，侧重从未来的角度介绍企业价值评估。

本书系统性强，实用性强。可作为高等学校会计学、财务管理、工商管理学、财政学、金融学、财政学等专业开设相应课程的教材使用，也可作为财务分析师、企业投资者、债权人、经营管理者、财务管理人员及宏观管理者进行财务分析的工具性用书。

图书在版编目(CIP)数据

财务分析/包红霏主编. —哈尔滨：哈尔滨工业大学出版社，2012.2(2016.2 重印)
高等院校“十二五”规划教材·工商管理大类系列
ISBN 978-7-5603-3489-9

Ⅰ.①财… Ⅱ.①包… Ⅲ.①会计分析-高等学校-教材 Ⅳ.①F231.2

中国版本图书馆 CIP 数据核字(2012)第 014346 号

策划编辑 田新华
责任编辑 田新华 李子江
封面设计 刘长友 思 华
出版发行 哈尔滨工业大学出版社
社 址 哈尔滨市南岗区复华四道街 10 号 邮编 150006
传 真 0451-86414749
网 址 http://hitpress.hit.edu.cn
印 刷 黑龙江省地质测绘印制中心印刷厂
开 本 787mm×1092mm 1/16 印张 13.25 字数 339 千字
版 次 2012 年 2 月第 1 版 2016 年 2 月第 2 次印刷
书 号 ISBN 978-7-5603-3489-9
定 价 39.00 元

序

2008年国际金融危机以来，带着对经济发展模式的反思及后金融危机时代的思考，美国、欧洲发达国家等将“再工业化”作为重塑竞争优势的重要战略，通过大力发展先进制造业，重新回归实体经济，创造新的经济增长点。发达国家实施“再工业化”战略将对我国的工业化产生巨大的影响，我国与发达国家之间的竞争将更加激烈，竞争的根本则是教育和人才的竞争。美国工程院院长查尔斯·韦斯特指出：“拥有最好工程人才和管理人才的国家占据着经济竞争和产业优势的核心地位。”很多国家都将工程科技人才与管理人才的培养提升到国家战略的高度。

工商管理作为管理科学的重要基础和分支，是一门运用管理科学和工程技术，综合研究企业活动的交叉性、应用性很强的学科，直接支撑现代工业化和产业化的发展，研究如何运用现代管理的方法和手段来进行有效的企业管理和经营决策。作为我国特色发展的学科门类设置，广义的工商管理包含的领域很多，下设的二级专业各具特色，主要包括工商管理、市场营销、会计学、财务管理、人力资源管理、旅游管理等。

目前，国内高校的工商管理专业都在实行“大类招生，后期分流”的培养模式，这种培养模式的实施源于美国“通识教育”的理念。每当美国高等教育出现危机、面临迅速变化时，通识教育总是被看做应付这些挑战、进行革新的催化剂。哈佛大学在300多年的历史中，围绕着通识教育的推行，有过四次大的改革。中国现代意义上的大学是从西方引进的，通识教育与大学制度一道也被引进。

工商管理“大类招生、后期分流”的教育模式在强化对学生的综合能力、基础方法、广博知识和自我选择能力培养的基础上，造就视野开阔、综合素质高、基础理论扎实、专业技能突出、发展后劲强大的复合型人才。为了满足工商管理大类培养模式的需求，作为以工科专业教育为主和以土木建筑学科为特色的沈阳建筑大学对工商管理学科的教育内容体系与教学管理体系进行了全新的体现特色、面向应用的“基于工作过程”的调整与整合：从人才培养目标与规格，到专业教学计划，从课程组织到选课制度建设，从教师的教育观念转变到教学能力提高等，均把特色、实践和应用作为专业教育和培养人才的基点。当然，教材建设是教学系列改革中的核心要素，是体现和落实教育理念和设想的主要载体。教材是教师授课的取材之源，也是学生求知的学习之本，没有优秀的适用教材，就没有优秀的专业教学质量，也就没有优秀的定位清晰的应用型高等专业教育。

本套系列教材在哈尔滨工业大学出版社的大力倡导和策划下，由沈阳建筑大学发起，邀请哈尔滨工业大学、大连理工大学、东北大学、辽宁大学、辽宁工业大学、辽宁石油化工大学等东北地区部分高校以及暨南大学的专家组成了工商管理大类系列教材编委会，由沈阳建筑大学管理学院院长刘亚臣教授任主任委员。在编委会的精心组织下，通过编委们的辛勤劳动，本着成熟一本推出一本的开放性原则，将在许多优秀专业教师“发黄而厚重”的讲义的基础上，陆续提炼、扩展，出版能够完整涵盖工商管理大类学科知识体系的一系列精品教材。

本套系列教材的编写与出版，既源于基础和实践又面向未来。我们力争站在全新的发展起点上，准确把握“卓越管理工程师”的理念，深度跟进我国工商界对管理人才的需求和国际高等教育的发展趋势，构建布局合理、结构优化、类型多样、主动适应经济社会发展需要的直面应用的现代高等工商管理大类教材体系。本套高等院校“十二五”规划教材·工商管理大类系列第一批主要包括:《会计学》(非专业用)、《初级会计学》、《中级财务会计》、《统计学》、《会计电算化》、《税收筹划》、《财务分析》、《经济法概论》、《组织行为学》、《论语导读》、《管理学》、《市场营销》、《会计专业英语》、《成本会计》、《企业战略管理》、《人力资源管理》、《管理学原理与应用》、《管理心理学原理与应用》、《市场营销学原理与应用》、《电子商务》等20余种教材。

本套系列教材的编写，力求最大限度地汲取工商管理大类相关学科的最新研究成果，强化现代工商管理基本理论知识的科学性、系统性以及操作技术的针对性和实用性。为了帮助学生加深对教材的理解和掌握，每本教材大都配有学习指导书，它既是教师的好助手，又是学生的好向导。

本套系列教材的顺利出版，要感谢沈阳建筑大学等8所高校领导和教师们的大力支持，感谢哈尔滨工业大学出版社的鼎力帮助，感谢所有主编与参编的精诚合作，感谢所有相关兄弟院校同仁们的友好协作与真诚关怀!

尽管我们做了较长时间的准备，所有编写人员付出了艰辛的劳动，但由于编写人员学识有限，难免有不妥与疏漏之处，恳请读者不吝赐教，以便在今后修订时予以更正和完善。

高等院校“十二五”规划教材·工商管理大类系列 **编委会**

2011年6月

前 言

在现代企业制度下，企业的投资者、债权者、经营者和国家经济管理部门都站在各自的立场上，或从各自的目的和利益出发，关心企业的经营状况、财务状况和经济效益。企业投资者进行投资决策、债权者进行授信决策、经营者进行日常经营管理决策、国家经济管理部门进行宏观经济管理决策、企业职工进行职业生涯决策及参与企业管理决策、市场中介组织进行市场分析与提供财务中介服务等都需要进行深入的财务分析。同时，经济管理科学突飞猛进地发展，也促使企业财务分析的内容及其深度和广度日益拓展，不仅需要财务分析者系统掌握传统的财务分析内容，而且更需要了解和掌握新的更加丰富的财务分析内容，财务分析方法也日趋完善与丰富。这些都促使企业财务分析成为一门相对独立的重要的经济管理学科。为适应市场经济体制和现代企业制度的要求，满足专业教学的需求，笔者特编写了这部教材。

本书将最新的会计改革与现行的《企业会计制度》等内容融为一体，力求更好地把握新出现的概念和处理方法。为了符合循序渐进的学习原则，本书由浅及深分为四篇。第一篇为财务分析概论，介绍财务分析的基本理论和基本方法，使初学者打下坚实的基础；第二篇为财务报告分析，以会计报表为线索全面系统介绍财务报告的项目分析、结构分析和质量分析；第三篇为财务效率分析，分别介绍了企业盈利能力分析、营运能力分析、偿债能力分析；第四篇为综合分析评价，从侧重过去的角度介绍了财务综合分析与评价，从侧重未来的角度介绍了企业价值评估。

本书系统性强，实用性强，可作为高等学校会计学、财务管理、工商管理学、财政学、金融学等专业开设相应课程的教材使用，也可作为财务分析师、企业投资者、债权人、经营管理者、财务管理人员及宏观管理者进行财务分析的工具性用书。

本书第一章、第二章、第三章、第八章由包红霏编写，第九章、第十章由孟笑梅编写，第四章、第五章、第六章、第七章由傅国忠编写，第十一章、第十二章由金英编写。最后由包红霏负责定稿。感谢哈尔滨工业大学出版社的大力支持与鼓励。

本书在编写过程中参考了一些书籍和文献，并引用了有关的观点和资料，在此向相关的作者表示衷心的感谢。在编写本书过程中作者投入了大量的时间和精力，但由于理论水平和实践经验有限，疏漏与不足在所难免，恳请各位专家学者及广大读者批评指正。

编 者

2011 年 12 月

目　录

第一篇　财务分析概论

第二篇　财务报告分析

第三篇　财务效率分析

第四篇　综合分析评价

第一篇 财务分析概论

第一章 财务分析理论

第一节 财务分析的产生与发展

财务分析是系统分析和评价企业过去与现在的财务状况,并预测企业未来的财务情况,其主要内容为财务报告分析、财务效率分析、财务综合分析和企业价值分析等方面。对财务分析的产生与发展在早期做出重要贡献的是贷款人和投资者,是他们对财务报告信息的需要,影响着财务分析的产生与发展。在近代与现代,企业经理、银行家和其他人对财务信息的需要,进一步影响着财务分析的发展进程。

一、财务分析应用领域的发展

(一)银行领域

一般认为,财务分析最早产生于美国,是美国工业发展的产物。在美国工业大发展前,企业规模较小,银行根据个人信用贷款。然而,随着经济的发展,企业不能根据个人信用贷款,这样银行就更关心企业的财务状况,关心企业是否有偿还能力。自19世纪末20世纪初,美国银行开始要求申请贷款的企业提供资产负债表。当时,借贷资本在企业资本中的比重不断增加,银行家需要对贷款人进行信用调查和分析,借以判断客户的偿债能力,于是产生了财务分析。

(二)投资领域

到了20世纪20年代,资本市场形成以后,企业筹资范围扩大,非银行的贷款人和股权投资者增加,财务分析由为贷款银行服务扩展到为投资者服务。起初,投资者进行的财务分析是对经营者受托责任的履行情况进行分析。后来,随着会计责任由“解除受托责任”向“提供决策有用的信息”转变,投资者开始对企业盈利能力进行分析,帮助银行做出正确的投资决策。财务分析发展到比较完善的外部财务分析体系。

(三)经营领域

随着公司组织的进一步发展,不仅债权人、投资者进行财务分析,企业经营者也逐步认识到财务分析的重要性,开始进行财务分析。企业经营者进行财务分析一方面是为了改善盈利能力和偿债能力,以取得投资者和债权人的支持;另一方面是为了加强财务控制,为企业财务决策提供支持。财务分析从利用对外会计报表的分析,发展到不仅利用对外会计报表,更利用内部数据进行分析;从对企业历史状况的分析,发展到对未来发展的分析,形成了一套相当完整的财务分析体系。

(四)现代财务分析领域

现代财务分析的领域不断扩展,早已不限于初期的银行信贷分析和一般投资分析。全面、系统地筹资分析、投资分析、经营分析是财务分析的基本领域。随着经济发展、体制改革与现代公司制的出现,财务分析在资本市场、企业重组、绩效评价、企业评估等领域的应用也越来越广泛。

二、财务分析技术的发展

(一)比率分析

1919年,美国银行家亚历山大·沃尔首开财务分析和评价的先河,建立比率分析的体系。他发表了一篇文章批评银行家只依靠流动比率进行贷款决策。他指出,为了取得全面的认识,必须考虑财务报表间的各种关系,而不仅仅是流动资产与流动负债之间的关系。从那时起,通过计算一系列比率进行分析的方式迅速流行起来,许多对其了解很少的人开始在许多领域使用它。

(二)标准比率

1923年,James H. Bliss在一本书的前言中写到:在每一个行业,都有以行业活动为基础并反映行业特点的财务与经营比率。这些比率可通过行业平均比率来决定。这本书包含了许多行业相当多公司的平均或标准比率。比较标准的观点开始流行,许多组织开始计算这些标准。

(三)趋势百分比

1925年,在出版物中出现对比率分析的严厉批评,提出以下四个异议:第一,比率的变动可能仅仅被解释为两个相关因素之间的变动;第二,很难综合反映比率与计算它的财务报表的联系;第三,比率给人们不保险的最终印象;第四,比率不能给人财务报表关系的综合观点。斯帝芬提出了替代比率技术的方法,选择一年为基年,得到一系列相关基年的百分比,即趋势百分比。通过这种研究,可得到企业进步程度的综合印象。

(四)现代技术

现代财务分析技术是在传统分析技术基础上不断完善与发展的。如比率分析、趋势分析等虽然仍是现代财务分析的基本技术之一,同时,一些新的分析技术也应用于财务分析之中。如预测分析技术、实证分析技术、价值评估技术、电算化分析技术等。总之,当代财务分析技术体现了传统分析技术与现代分析技术的结合,手工分析技术与电算化分析技术的结合,规范分析技术与实证分析技术的结合,事后评价分析技术与事前预测分析技术的结合。

三、财务分析在我国的发展

(一)建立独立的财务分析学科体系是经济发展的客观需要

我国的财务分析思想出现较早,但真正开展财务分析工作还是在20世纪初。当时,在中国的一些外国洋行和中国金融资本家开始分析企业的经营效益和还债能力,但很少根据会计核算数据进行较全面的分析。

新中国成立后,在计划经济体制下,我国一直把财务分析作为企业经济活动分析的一部分。但在统收统支的计划经济体制下,经济活动分析的基本任务是分析企业各项计划的完成情况，财务分析在经济活动分析中是无足轻重的。

改革开放以来，随着企业自主权的扩大，财务分析引起了越来越多有识之士的重视，不仅经济活动分析中的财务分析内容得到充实，财务管理和财务会计等学科中都增加了财务分析的内容。但是，这些学科毕竟有其独立的理论与方法论体系，财务分析只不过作为这些学科体系的一部分，没能形成适应市场经济条件的独立的财务分析学理论体系与方法论体系。

（二）社会主义市场经济体制的完善为财务分析的发展提供了机遇

随着我国社会主义市场经济体制的建立、发展与完善，我国的宏观经济环境和微观经济体制都发生了很大变化。建立产权清晰、权责明确、政企分开、管理科学的现代企业制度已成为我国企业制度改革的目标和方向。在现代企业制度下，企业的所有者、债权者、经营者和政府经济管理者都站在各自的立场上，或从各自的目的和利益出发，关心企业的经营状况、财务状况和经济效益。国家在宏观经济政策和环境方面也为他们分析和掌握企业的经营和财务状况创造了条件。例如，统一了财务会计制度；完善了财务会计信息披露制度；建立了产权清晰的企业制度等。因此，社会主义市场经济体制的完善为财务分析的发展提供了机遇。

第二节 财务分析的内涵与目的

一、财务分析的基本内涵

财务分析是指有关利益相关主体利用企业等经济组织相关的会计、统计、税务、经营与管理活动等方面的资料，特别是财务报告等表格与文字信息，并结合企业所处地区、行业、市场、政策等外部环境，采用一系列专门的分析技术和方法，对企业有关的筹资活动、投资活动、经营活动的偿债能力、盈利能力和营运能力状况等进行分析与评价，以便全面客观地评价企业的营运活动、经营业绩和整体实力，为进一步的投资、融资决策以及管理控制等经营与财务活动提供依据的一系列分析研究行为。

我们可从以下几个角度正确理解财务分析的基本内涵。

（一）财务分析是一门综合性、边缘性学科

财务分析是在企业经济分析、财务管理和会计基础上形成的一门综合性、边缘性学科。所谓综合性、边缘性是指财务分析不是对原有学科中关于财务分析问题的简单重复或拼凑，而是依据经济理论和实践的要求，综合了相关学科的长处产生的一门具有独立的理论体系和方法论体系的经济应用科学。

（二）财务分析有完整的理论体系

随着财务分析的产生与发展，财务分析的理论体系不断完善。从财务分析的内涵、财务分析的目的、财务分析的作用、财务分析的内容，到财务分析的原则、财务分析的形式及财务分析的组织等，都日趋成熟。

（三）财务分析有健全的方法论体系

财务分析的实践使财务分析的方法不断发展和完善，它既有财务分析的一般方法，又有财务分析的专门技术方法,如水平分析法、垂直分析法、趋势分析法、比率分析法等都是财务分析的专门和有效的方法。

(四)财务分析有系统、客观的资料依据

财务分析的最基本资料是财务会计报表,财务会计报表体系和报表结构及内容的科学性、系统性、客观性为财务分析的系统性与客观性奠定了坚实的基础。另外,财务分析不仅以财务报表资料为依据,而且还参考管理会计报表、市场信息及其他有关资料,使财务分析资料更加真实、完整。

(五)财务分析有明确的目的和作用

财务分析的目的受财务分析主体和财务分析服务对象的制约,不同的财务分析主体进行财务分析的目的是不同的,不同的财务分析服务对象所关心的问题也是不同的。各种财务分析主体的分析目的和财务分析服务对象所关心的问题,也就构成了财务分析的目的或财务分析的研究目标。财务分析的作用从不同角度看是不同的。从财务分析的服务对象看,财务分析不仅对企业内部生产经营管理有着重要作用,而且对企业外部投资决策、贷款决策、赊销决策等有着重要作用。从财务分析的职能作用看,它对于正确预测、决策、计划、控制、考核、评价都有着重要作用。

二、财务分析的目的

财务分析的目的受财务分析主体和财务分析服务对象的制约,不同的财务分析主体进行财务分析的目的是不同的,不同的财务分析服务对象所关心的问题也是不同的。各种财务分析主体的分析目的和财务分析服务对象所关心的问题,也就构成了财务分析的目的或财务分析的研究目标。财务分析从分析的主体看,包括投资者进行的财务分析,经营者进行的财务分析,债权者进行的财务分析,以及其他相关经济组织或个人所进行的财务分析;财务分析从其服务对象看,也是投资者、经营者、债权人等。因此,无论从分析主体看,还是从分析服务对象看,研究财务分析的目的都可从以下几方面进行。

(一)投资者

投资者,包括现有的投资者及潜在的投资者,拥有企业最终资产的剩余要求权,也因此成为企业最终风险的承担者。出于对自身经济利益的关心,投资者常常需要及时了解企业总体的经营与获利情况。他们进行财务分析的动因,最根本的是出于资本保全与资本增值,希望借此了解企业的运行状况与投资回报,正确判断企业在资本市场上的投资价值。更进一步地,他们希望通过分析策划发现有效的投资机会,了解企业未来的发展趋势,分析企业在激烈的市场竞争中可能具备的竞争优势或隐含的风险,防范经营者或其他相关人员可能存在的舞弊和欺诈行为。作为企业的所有者和重大事项的最终决策者,投资者必然期望能够合理评价企业经营与盈利的风险,评估企业的潜在成长性,以便最终决定自己的投资进退策略,以及对企业经营管理者的继续聘任等问题。

(二)经营管理者

经营管理者或许并未拥有企业的任何股份。然而,作为被聘任方,经营管理者需要对企业董事会及股东大会负责,他们往往被授权进行企业的全面生产经营管理,并在一定程度上影响着企业的资本扩张，也因此对企业的营运业绩和持续发展起着举足轻重的直接影响和决定作用。他们是企业日常生产经营活动的决策者、组织者和管理者。为了在瞬息万变的市场竞争中站稳脚跟并发展壮大，他们不可避免地需要借助于财务分析，全面了解企业目前的财务状况，包括企业可以利用的经济资源类别、数量、分布及其质量，企业承担的债务构成与偿还期限等。同时，他们还需要了解企业对现有资产的利用效率和效果，检查各项财务计划指标的完成情况，了解企业目前的资金流入、流出动向并预测未来的现金流量构成，了解企业资产的流动性和资本结构弹性，发现企业可能存在的问题以便及时进行有效控制和科学规划。在全面了解企业内部情况的基础上，经营管理者还需要通过对国家经济发展水平、政策和行业变化以及竞争对手的分析，掌握自身目前所处的外部情况及所具备的竞争优势和可能存在的不足，审时度势，及时调整生产与经营战略，进一步抓住机遇，进行科学合理的资本经营、规模扩张、兼并收购等决策。

（三）债权者

企业债权者包括企业借款的银行及一些金融机构，以及购买企业债券的单位与个人等。债权者进行财务分析的目的与经营者和投资者都不同，银行等债权人一方面从各自经营或收益目的出发愿意将资金贷给某企业，另一方面又要非常小心地观察和分析该企业有无违约或清算破产的可能性。一般的说，银行、金融机构及其他债权人不仅要求本金的及时收回，而且要得到相应的报酬或收益，而这个收益的大小又与其承担的风险程度相适应，通常偿还期越长，风险越大。因此，从债权人角度进行财务分析的主要目的，一是看其对企业的借款或其他债权是否能及时、足额收回，即研究企业偿债能力的大小；二是看债权者的收益状况与风险程度是否相适应。为此，还应将偿债能力分析与盈利能力分析相结合。

（四）国家行政管理与监督部门

国家行政管理与监督部门主要指工商、物价、财政、税务以及审计等部门。它们进行财务分析，主要的目的应该是在全面了解和掌握相关企业、部门、行业以及国家等的整体发展与变动趋势的基础上取得下一步进行宏观调控所需要的经济信息，以便合理制定或修订有关经济方针与经济政策，加强宏观经济调控，实现经济资源的有效、合理配置和国民经济综合平衡与稳定发展。同时，作为国家财政、税务、工商等部门，有必要借助于财务分析，掌握经济主体遵守法律法规、按时足额缴纳相关税费等方面的情况。

（五）企业职工

作为企业运作的直接执行者，职工进行财务分析的一般目的，主要是为了预测所在企业的可持续性发展前景及规范性经营与获利状况。因为，企业员工的职业规划与发展、经济收入、福利待遇、有关保险水平等，都与企业的发展前景、财务状况及经营状况息息相关。

（六）关联单位

此处所指的关联单位，不仅仅包括会计准则中所特指的存在密切关联方关系的各有关企业、组织或个人，也包括与企业存在着竞争、合作或与企业之间具有重组、并购或有被并购意向等潜在经济利益的各类企业、组织与个人。他们对目标企业进行财务分析的目的，常常是与其战略目标相关联的，通常会涉及对企业的信用分析、财务状况分析、资产质量分析、竞争能力分析、未来市场分析以及投资价值分析等。

三、财务分析的作用

从财务分析的产生、发展到财务分析的目的，都说明财务分析是十分必要的。尤其在我国建立社会主义市场经济体制和现代企业制度的今天，财务分析的意义就更加深远，作用就更加重大。财务分析的作用从不同角度看是不同的。从财务分析的服务对象看，财务分析不仅对企业内部生产经营管理有着重要作用，而且对企业外部投资决策、贷款决策、赊销决策等也有着重要作用。从财务分析的职能作用看，它对于正确预测、决策、计划、控制、考核、评价都有着重要作用。这里主要从财务分析对评价企业过去、现在及未来的作用加以说明。

(一)财务分析可正确评价企业过去

正确评价过去，是说明现在和揭示未来的基础。财务分析通过对实际会计报表等资料的分析能够准确地说明企业过去的业绩状况，指出企业的成绩和问题及产生的原因，是主观原因还是客观原因等，这不仅对于正确评价企业过去的经营业绩是十分有益的，而且可对企业投资者和债权人的行为产生正确的影响。

(二)财务分析可全面反映企业现状

财务会计报表及管理会计报表等资料是企业各项生产经营活动的综合反映。但会计报表的格式及提供的数据往往是根据会计的特点和管理的一般需要而设计的，它不可能全面提供不同目的报表使用者所需要的各方面数据资料。财务分析，根据不同分析主体的分析目的，采用不同的分析手段和方法，可得出反映企业在该方面现状的指标，如反映企业资产结构的指标、企业权益结构的指标、企业支付能力和偿债能力的指标、企业营运状况的指标、企业盈利能力的指标等。通过这种分析，对于全面反映和评价企业的现状有重要作用。

(三)财务分析可用于估价企业未来

财务分析不仅可用于评价过去和反映现状，更重要的是它可通过对过去与现状的分析与评价，估价企业的未来发展状况与趋势。财务分析对企业未来的估价，第一，可为企业未来财务预测、财务决策和财务预算指明方向；第二，可为企业进行财务危机预测提供必要信息；第三，可准确评估企业的价值及价值创造，这对企业进行经营者绩效评价、资本经营和产权交易都是十分有益的。

第三节　财务分析的体系与内容

一、我国财务分析体系与内容构建

在研究财务分析产生与发展，界定财务分析内涵，明确财务分析目的与作用的基础上，需给出我国财务分析体系与内容构建，见图1.1。

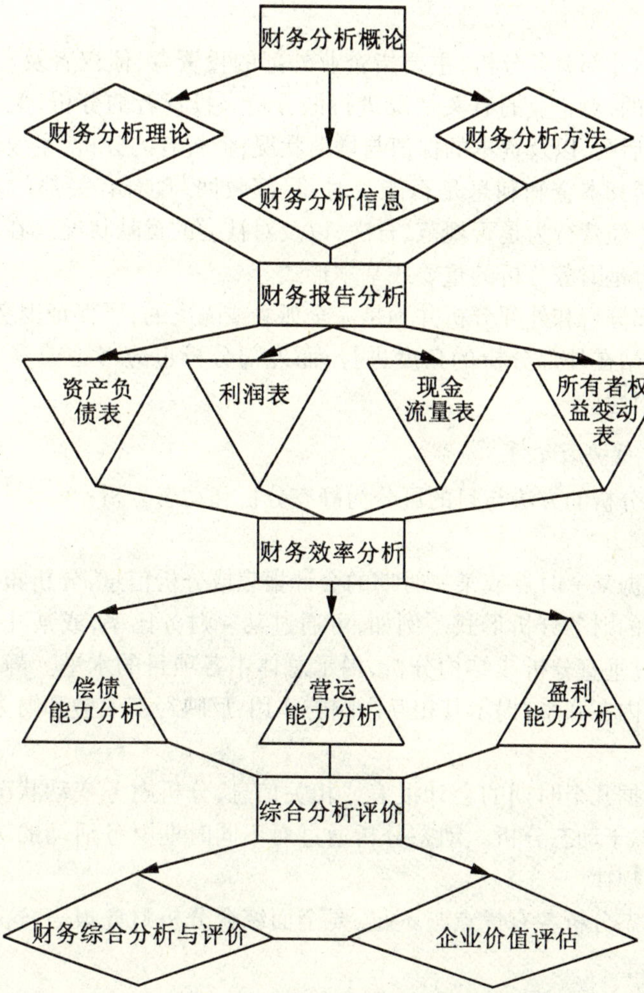

图1.1 财务分析体系与内容构建

二、财务分析的形式

由于进行财务分析的角度不同,财务分析形式也有所不同。明确不同的财务分析形式的特点及用途,对于准确分析企业财务状况,实现分析目标都有着重要的意义和作用。通常,财务分析的形式可从以下几方面进行划分。

(一)内部分析与外部分析

财务分析根据分析主体的不同,可分为内部分析与外部分析:

1.内部分析

内部分析,亦称内部财务分析,主要指企业内部经营者对企业财务状况的分析。内部分析的目的是判断和评价企业生产经营是否正常、顺利,如可通过流动性分析,检验企业的资金运营速度、贷款及债务的支付或偿还能力;通过收益性分析,可评价企业的盈利能力和资本保值、增值能力;通过对企业经营目标完成情况的分析,可考核与评价企业经营业绩,及时、准确地发现企业的成绩与不足,为企业未来生产经营的顺利进行,提高经济效益指明方向。

2. 外部分析

外部分析，亦称外部财务分析，主要指企业外部的投资者、债权者及政府部门等，根据各自需要或分析目的，对企业的有关情况进行的分析。投资者的分析，关心的主要是企业的盈利能力及发展后劲，以及资本的保值与增值状况；债权者的分析，主要看企业的偿债能力和信用情况，判断其本金和利息是否能及时、足额收回；政府有关部门对企业的财务分析，主要是看企业的经营行为是否规范、合法，以及对社会的贡献状况。在现代企业制度条件下，外部财务分析是财务分析的重要或基本形式。

应当指出，内部分析和外部分析并不是完全孤立或隔离的，要保证财务分析的准确性，内部分析有时也应站在外部分析的角度进行，而外部分析也应考虑或参考内部分析的结论，以避免出现片面性。

（二）静态分析与动态分析

财务分析根据分析的方法与目的可分为静态分析和动态分析：

1. 静态分析

静态分析是根据某一时点或某一时期的会计报表或分析信息，分析报表中各项目或报表之间各项目关系的财务分析形式。例如，可通过某一财务比率，或某几个财务比率揭示财务关系，也可通过垂直分析或结构分析，揭示总体中各项目的水平。静态分析的目的在于找出财务活动的内在联系，揭示其相互影响与作用，反映经济效益和财务现状。

2. 动态分析

动态分析是根据几个时期的会计报表或相关信息，分析财务变动状况。例如，水平分析、趋势分析等都属于动态分析。动态分析通过对不同时期财务活动的对比分析，揭示财务活动的变动及其规律。

静态分析与动态分析各有优点与不足，要全面综合分析财务报表，这两类分析都是必需的。

（三）全面分析与专题分析

财务分析根据分析的内容与范围的不同，可分为全面分析和专题分析：

1. 全面分析

全面分析是指对企业在一定时期的生产经营各方面的情况进行系统、综合、全面的分析与评价。全面分析的目的是找出企业生产经营中带有普遍性的问题，全面总结企业在这一时期的成绩与问题，为协调各部门关系，搞好下期生产经营安排奠定基础或提供依据。全面分析通常在年终进行，形成综合、全面的财务分析报告，向职工代表大会或股东代表大会汇报。

2. 专题分析

专题分析是指根据分析主体或分析目的的不同，对企业生产经营过程中某一方面的问题所进行的较深入的分析。如经营者对生产经营过程某一环节或某一方面存在的突出问题进行分析，投资者或债权者对自己关心的某个方面的问题进行分析等，都属于专题分析。专题分析能及时、深入地揭示企业在某方面的财务状况，为分析者提供详细的资料信息，对解决企业的关键性问题有重要作用。例如，当企业在某时期资金紧张时，通过财务专题分析，可从筹资结构、资产结构、现金流量及支付能力等方面，研究资金紧张的原因及解决的对策。

在财务分析中，应将全面分析与专题分析相结合，这样才能全面、深入地揭示企业的问题，正确地评价企业的各方面状况。

三、财务分析与相关学科关系

明确了财务分析的内容，还应进一步理解财务分析与财务管理、财务会计等学科的关系。

（一）财务分析与财务管理

目前在许多教材中，财务分析一直是作为财务管理的一个组成部分或其附属内容而存在的。就财务分析与财务管理的共同点来看，它们研究的都是企业的财务问题，都与企业的资金运动有关，因此，两者之间研究的最终对象是一致的，必然存在着内容上的密切联系。然而，“分析”与“管理”毕竟属于两个不同的概念，其主要区别有以下几个方面：

1. 研究问题的侧重点不同

财务分析侧重于对企业资本运营过程中所呈现的有关财务表现及其结果所进行的剖析，探讨其形成原因和内在链接及其影响；而财务管理则侧重于对企业资金运动的全过程，包括从资金的筹措到使用以及最终的分配去向等问题进行的定量分析研究。

2. 采用的方式方法以及形成的研究结果不同

财务分析与财务管理在研究过程中都包含着动态分析与静态分析、定性分析与定量分析的模式。然而，在定量分析中，财务分析较多采用了指标分析与统计分析的方法，如比较分析法、比率分析法、因素分析法等，着眼于分析问题，属于各有关方面决策的支持系统；而财务管理则较多采用了数学与统计模型、运筹学等方法，着眼于方案或项目的设定、评判与选择，属于管理决策系统。同时，财务分析的结果具有一定的确定性，是在企业会计与财务及其他经营管理相关资料的基础上进行的分析；而财务管理的一些结果则可能是不确定的，因为它可能是基于某些预测或假设等基础而估算出来的。

3. 运用的主体不完全相同

进行财务分析的主体不仅包括企业内部的经营管理者、企业员工等，同时也包括公司外部诸如债权人、竞争对手及其他相关信息的使用者，而财务管理的主体则以公司内部经营管理者为主。

总之，财务分析与财务管理既紧密相连又有所区别。财务分析贯穿于财务管理过程的始终，而财务管理的每一过程与环节也都蕴涵有相应的财务分析。

（二）财务分析与财务会计

1. 财务会计的基本职能

财务会计的基本职能是核算与监督，它通过对企业各项生产经营活动进行连续、系统的记录、分类、汇总、计算和总结，采用专门的会计处理方法，为各类使用者提供所需要的财务与会计信息（包括相应的财务报告）；而财务分析在很大程度上是建立在财务会计信息基础之上的，对财务会计所提供信息的进一步加工与解析利用。可以这样说，财务会计是对企业有关资金运动行为的信息搜集汇总与粗加工，而财务分析则是基于这一信息来源之上的深加工。两者相辅相成、互为补充。其中，财务分析结果的正确与否，很大程度上依赖于财务会计所提供信息的正确程度。

2. 财务报表会计分析

财务分析中的财务报表会计分析，要以会计原则、会计政策选择等为依据进行，因此，在某种程度上，会计分析也是财务会计的一部分。在西方的一些基础会计学中，通常都含有财务报表分析部分。我国的会计学中有时也包括会计分析部分，但是财务会计中的财务报表分析或会计分析，以及依据财务会计资料进行的分析并不是财务分析的全部含义，财务分析的内涵已说明，财务分析还包含对管理会计资料、其他业务核算资料和市场信息资料的分析。

综上所述，财务分析是建立在财务管理、财务会计、运筹学、统计分析、金融工程等相关知识的基础之上的一门应用性学科，是财务管理、财务会计、经营活动分析、资本市场与金融管理分析、统计分析等相关知识与技能的综合运用。随着财务分析内容的充实与发展，财务分析理论体系将逐步扩展与完善，分析技术也将不断得到改进与发展。

第四节 财务分析的条件与要求

一、财务分析的条件

明确了财务分析的目的、作用、内容及形式，为进行财务分析奠定了理论基础，然而，要搞好财务分析，充分发挥财务分析的作用，还必须搞清财务分析的前提条件。

（一）统一的财务会计制度

财务分析的基本资料依据是会计核算和报表资料。不同的会计制度，会计核算和报表的方法可能不同，会计账户和报表反映的内容可能不同等。这将给财务分析，尤其给外部财务分析带来极大困难。例如，在不同所有制企业会计制度不同情况下，企业的投资者和债权者不能根据不同性质的企业的会计资料直接进行对比分析，或者说，如果直接进行对比则可能得出错误的结论，这势必限制了财务分析的广泛应用。我国会计准则和财务通则的颁布实行，为进行财务分析创造了十分必要和有利的条件。由于有了统一的会计准则，人们可按照统一的概念基础、程序和手续编制会计报表，而会计报表使用者也有了阅读和分析会计报表的统一尺度。

（二）产权清晰的企业制度

从财务分析的产生、发展、目的、作用看，财务分析之所以如此重要而引起越来越多人的重视，是因为它能服务于企业利益的各个方面。而只有在产权清晰、权责分明的企业制度下，企业各方的权利与义务才得以确认，财务分析的主体才能实现多元化，财务分析的必要性才更加突出。在传统的计划经济体制下，企业投资者、经营者、债权者等关系模糊，产权不清、责任不明，人们不会关心和重视财务分析。而在市场经济条件下，随着现代企业制度的建立，企业产权逐渐清晰起来，投资者、经营者、债权者、宏观经济管理者各站在不同角度关心企业的生产和经营，从而形成财务分析主体的多元化，完善了财务分析的内容与方法。

（三）完善的信息披露体制

企业信息是进行财务分析的基础，没有及时、完备、准确的信息，要保证财务分析的正确性是不可能的。因此，完善信息披露体制是搞好财务分析的重要前提条件。而要做到这一点，企业在会计报表中不仅要按会计准则要求，全面、系统地反映企业的经营和财务状况，而且对会计程序和手续的变动也必须予以充分披露，以便会计报表的使用者能正确分析其对企业财务状况和财务成果的影响。另外，要建立健全信息市场，完善信息网络，使财务分析者能充分、及时取得各种分析信息。

二、财务分析的要求

在搞清财务分析条件的基础上，为健全与完善财务分析理论，搞好财务分析实务，必须注意作好以下几点。

(一)创造与完善财务分析条件

前面论述了搞好财务分析的前提条件，这也是进行财务分析的基本要求。要完善和发展财务分析理论与方法，首先必须满足这些条件，或采取措施创立与完善这些条件。具体地说，我国目前已经有了统一的会计制度，但是无论是会计准则，还是行业会计制度都需要进一步完善。一些会计资料还不能满足不同分析主体的需要或要求。建立现代企业制度已成为我国目前企业制度改革的重点和方向，这为财务分析开阔了前景，但是要建成现代企业制度，还需要我们不断地探索和奋斗。因此，当前必须注重对现有企业的改制，以建立适应财务分析要求的产权清晰的企业制度。信息披露问题是财务分析条件中的最关键问题，也是财务分析能否积极有效开展起来的主要问题。目前我国的信息披露体制还不够健全，渠道还不够畅通，这就要求我们在制度上对信息披露的完整性、时效性、准确性做出具体规定，为财务分析提供有用信息。

(二)学习与掌握财务分析方法

搞好财务分析，除了必要的外部条件或信息资料，关键还在于分析者的理论与实践水平。一个没有很好掌握财务分析理论和方法的分析者，再好的分析资料或信息，也可能得出错误的分析结论。财务分析是一门新的学科，而且在不断完善和发展之中。因此，不断学习和掌握财务分析理论与方法，是与企业有关的所有单位或个人都需要的。包括投资者、债权者、经营者、宏观管理者等，特别是一些主要决策者和参谋者更应系统学习和掌握财务分析方法。

(三)建立与健全财务分析组织

随着现代企业制度的建立，企业的财务分析工作将逐步走上制度化、规范化的道路。这就要求企业必须建立与健全完善的财务分析组织体系，及时、系统、全面地分析企业的经营状况和财务状况。财务分析组织应以财务部门为核心，进行比较全面综合的分析，横向各部门单位，纵向各车间、班组也应进行专题分析。应当指出，企业的财务分析组织并不一定只对本企业的财务状况和经营状况进行分析，在现代企业制度下，企业不仅仅关心自身经营，而且可能作为投资者、债权者与其他企业发生交易和往来。因此，对其他企业财务状况进行分析，也是财务分析组织的一项重要任务。只有建立健全各级分析组织，才能保证财务分析工作的顺利、有效进行。

思考题

1 财务分析的目的有哪些？

2 阐述财务分析体系与内容的构建。

3 财务分析为什么会形成独立的学科？

第二章 财务分析信息基础

第一节 财务分析的信息来源和评价标准

一、财务分析的信息来源

财务分析的信息来源是指进行财务分析所依据的资料及其取得途径。财务分析的目的和内容不同,应用的信息资料和来源也有所不同。根据财务分析所使用信息资料获得途径的不同,可以将其分为公开信息资料和企业内部信息资料两大类。

(一)公开信息资料

公开信息资料是指企业对外公开发布的信息资料,包括财务报告、审计报告、董事会报告和股东大会公告、临时公告等。

1.财务报告

财务报告是反映企业在会计期末财务状况,以及某一会计期间经营成果和现金流量的书面文件。我国会计准则规定,企业财务报告包括会计报表和报表附注两部分,其中会计报表由资产负债表、利润表、现金流量表、所有者权益变动表组成。财务报告提供的信息是对企业经营过程和结果的综合反映,是财务分析最重要的信息来源。

资产负债表是反映企业在某一特定日期(月末、季末、年末)财务状况的报表,表中按照一定的分类标准和一定的顺序,列示企业在某一特定日期的资产、负债、所有者权益数额及其相互关系,即企业的财务状况。

利润表是反映企业在一定时期内(月份、季度、年度)经营成果的报表,表中按照一定的分类标准和顺序,列示企业在某一时期的收入和费用,并通过计算确定企业的净利润(或净亏损)。

现金流量表是反映企业在某一会计期间内现金流入和流出情况的会计报表。在现金流量表上,将现金流量分为经营活动产生的现金流量、投资活动产生的现金流量、筹资活动产生的现金流量三大类。

所有者权益变动表,是全面反映企业在某一会计期间内所有者权益各组成部分增减变动情况的报表。在所有者权益变动表上,除了列示投资者投资和净利润对所有者权益变动的影响外,还列示了直接计入所有者权益的利得和损失。因此,所有者权益变动表在一定程度上反映了企业的综合收益,体现了会计的综合收益观。

上述四份报表各自独立,各有各的作用和表达方式,但是彼此之间存在密切的勾稽关系,它们相互联系、相互配合,完整地反映了企业经营活动的过程和结果。

会计报表按编制时间不同,可以分为年度报表(简称年报)、半年度报表、季度报表(简称季报)和月度报表(简称月报),分别在会计年度末、会计半年度末、季度末和月度末编制。半年度报表、季度报表、月度报表或其他任何一种会计年度内的报表,又统称为中期报表。中期报表和年度报表除了包含的时间不同外,其最大区别是年度报表需要审计和对外公开,而中期会计报表不一定需要审计和对外公开。

对于有控股子公司的母公司和企业集团而言,会计报表还分为个别报表和合并报表。个别报表以母公司或子公司为会计主体,只反映母公司和子公司各自的情况。合并报表则以母公司和子公司组成的企业集团为会计主体,将子公司的会计报表并入母公司,综合反映企业集团的财务状况、经营成果和现金流量情况。

2. 报表附注

由于会计报表格式与内容的固定性和规定性,使其所提供的会计信息量受到限制,因此企业除了编制会计报表外,还需要编制报表附注,提供文字信息。

报表附注是对在资产负债表、利润表、现金流量表、所有者权益变动表等报表中所列项目的文字描述或明细资料,以及对未能在这些报表中列示项目的说明。报表附注是财务报告的重要组成部分,与会计报表具有同等重要的作用。信息使用者通过附注可以获得更全面的财务信息,增强对表内信息的理解,提高会计信息的有用性和可理解性。

我国企业会计准则规定,报表附注的内容主要有:企业的基本情况;财务报告的编制基础和遵循企业会计准则的声明;重要会计政策和会计估计的说明;会计政策和会计估计的变更以及差错更正的说明;报表重要项目的说明;或有和承诺事项的说明;资产负债表日后事项的说明;关联方关系及其交易的说明;本期发生的企业重要资产的转让或出售、企业合并或分立事项等重大财务事项。为了全面分析企业的财务状况、经营成果和现金流量,财务分析者应当认真阅读报表附注,高度关注附注中披露的信息。

3. 董事会报告

董事会报告是上市公司年度报告中应当披露的内容。在董事会报告中,需要重点关注管理层的讨论与分析和公司投资情况两部分内容。

(1)管理层的讨论与分析。管理层讨论与分析在年度报告中占有重要地位,通常列示在董事会报告的首位。管理层讨论与分析是对外传递公司信息的有效渠道,表明了管理层对企业现状和未来发展前景的基本判断,有助于信息使用者了解企业经营状况、经营风险和不确定性,把握企业未来的发展方向。管理层讨论与分析是对财务报告的重要补充,提供了财务报告中无法涵盖的经营信息和预测信息,使信息使用者能够从管理者视角透视企业的经营本质。

在管理层讨论与分析中,要求披露的内容主要有如下两部分。

①对报告期内企业经营情况的总结和回顾。主要包括三方面内容:一是企业总体经营情况,主要阐述企业营业收入、营业利润、净利润的变动情况,并说明变动的主要原因;二是主要业务及其经营状况,要求按行业、产品或地区说明企业营业收入、营业成本、营业利润的构成及其增减变动情况;三是现金流量分析,说明企业经营活动、投资活动、筹资活动产生的现金流量及其增减变动情况。

此外,企业还可根据实际情况对与企业经营活动有关的重要信息进行披露,如企业主要生产设备的变动情况、设备利用情况、高层管理人员及核心技术人员变动情况等。

②对企业未来发展前景的展望。包括企业所处行业的发展趋势及对本企业的影响、企业的应对措施、企业的发展战略和经营计划、资金需求和使用计划等。

管理层讨论与分析中所披露的信息，有些是法律法规硬性规定披露的，但大多数是企业自愿披露，且大部分信息属于非财务信息，具有自愿性和前瞻性的特点。其前瞻性主要体现在：通过对企业财务数据进行文字说明，揭示企业经营活动的风险和不确定性；对企业所处行业发展趋势进行分析，并说明企业未来的应对措施、发展战略、经营规划、发展前景等。管理层讨论与分析的内容可以在一定程度上满足信息使用者对前瞻性信息的要求。

(2)公司投资情况。在公司投资情况中，要求披露的内容主要有两部分。一是企业在报告期内募集资金的总体使用情况，包括募集资金总额、本年度已使用募集资金总额、累计已使用募集资金总额、尚未使用募集资金总额以及尚未使用募集资金的用途和去向等；二是承诺项目的资金使用情况，要求对公司发行股票时在招股说明书中所承诺的投资项目进度及收益情况进行说明，包括承诺项目名称、募集资金拟投入金额、募集资金实际投入金额、项目进度、预计收益、实际产生收益状况等。如果项目未能按计划进度完成，要求说明原因。

公司投资情况中所披露的信息大都是法律法规规定的，且主要是财务信息。通过这些信息，可以了解企业对筹集资金的使用情况和对承诺事项的履行情况，分析其能否为企业带来新的利润增长点，评价企业未来的发展前景。

4. 企业公开披露的其他信息

企业公开披露的其他信息，主要指上市公司公开披露的审计报告、招股说明书、上市公告、临时公告等。

(1)审计报告。审计报告是注册会计师根据审计准则的规定，在实施审计工作后对被审计单位的会计报表是否符合公认会计准则而发表意见的书面文件。按照格式和内容的不同，审计报告分为标准审计报告和非标准审计报告。按照审计意见种类的不同，审计报告分为无保留意见审计报告、保留意见审计报告、否定意见审计报告和拒绝意见审计报告。标准审计报告是注册会计师出具的不附加强调意见段的无保留意见审计报告；非标准审计报告是注册会计师出具的带有强调意见段的无保留意见审计报告、保留意见审计报告、否定意见审计报告、拒绝意见审计报告。非标准审计报告的强调意见段是指注册会计师在审计意见段之后增加的段落，其有两个作用，一是对重大事项予以强调，以提醒信息使用者关注；二是说明出具此类审计意见的原因。

由于审计报告是注册会计师站在独立的第三方立场，对被审计单位会计报表的合法性、公允性发表的鉴证意见，因此对于财务分析人员判断报表的可靠性具有重大参考价值。特别是当审计报告为非标准审计报告时，财务分析人员应当给予高度关注。

(2)招股说明书和上市公告。招股说明书是公司申请发行股票时向公众发布的用于公开募集股份的书面文件。上市公司首次发行股票时必须制作招股说明书，招股说明书应详细说明发行人基本情况、公司治理结构、业务发展目标、募集资金用途、发行定价、股利分配政策等。招股说明书经过证监会批准后具有法律效力，并通过新闻媒体对外公开发布。

上市公告是股票上市交易前，发行人向社会公众披露的与股票上市有关的信息的书面文件，通常在公司股票获准在证券交易所交易后公布。上市公告除了包括招股说明书的内容外，还包括股票已发行情况和上市情况，发行人、实际控制人和股东情况，上市保荐人及其意见等。

招股说明书和上市公告对企业各方面情况的披露比较充分，是外部分析人员进行财务分析时不可或缺的重要资料。

(3)临时公告。临时公告是指上市公司发生法定重大事项时,对有关情况予以披露的书面文件。这里的法定重大事项是指可能对上市公司股票价格产生较大影响的事件,包括公司经营范围的改变、外部经营环境的变化、重大投资项目的实施、重大违约事件、公司高层管理人员变动等。临时公告的内容具有突发性特点,为了使投资者及时了解这些信息,防止证券市场中的不公平,我国证券法规定,上市公司在发生法定重大事项时应当发布临时公告。

5. 产业政策与行业信息

产业政策是政府部门为了合理调配经济资源,实现统筹发展而对某些产业实施干预的措施。政府通过制定不同的产业政策,可以改变经济资源在不同产业之间的分配。产业政策对企业的生产经营活动和未来发展产生直接影响,并改变企业的财务状况和经营成果。例如,国家对污染行业实行严格的治理政策,会增加企业治理环境污染的成本,对于行业内中小企业来说,挤压了其生存的空间,甚至可能导致其破产;但是对于实力雄厚的大企业,则意味着扩大了市场份额。进行财务分析时,关注国家产业政策的变化及其对企业经济活动的影响,有助于对企业的财务情况做出正确判断。

此外,企业的财务指标与企业所处的行业有直接关系。例如,房地产开发企业的资产负债率一般高于其他行业,商品流通企业的存货周转率高于制造业企业,汽车制造企业的固定资产高于服装加工行业的企业等。注意收集行业信息,从行业特点、业务流程等方面综合考虑,可以对企业的财务指标进行更客观的诠释。

此外,进行财务分析时还应关注国家的财政、金融、货币、汇率等宏观经济政策和宏观经济环境。宏观经济政策和环境的变化,预示着一个国家或地区经济发展的趋势,对企业未来的发展前景和经营风险会产生较大的影响。

(二)企业内部信息资料

企业内部信息资料是指企业不对外公开的经营活动资料,包括企业日常会计核算资料、生产和销售统计资料、预算资料等。日常会计核算资料主要指账簿资料和成本费用数据,这些资料可以提供详细信息,说明企业财务状况和经营成果形成的原因;生产和销售统计资料包括生产量、销售量、销售收入的实际完成情况;预算资料包括市场预测、财务预算、生产预算、销售预算等。

企业财务报告数据是对企业经营活动的综合反映并受企业经营活动的制约。财务报告数据只能概括反映企业的经营活动,如果仅根据财务报告进行分析,只能评价经营活动的结果,不能说明原因,无法满足企业改善管理的需要。例如,会计报表反映企业的营业成本增加,其原因可能是原材料成本上升,也可能是人工成本或制造费用上升。如果是原材料成本上升,可能是消耗量上升,也可能是单位价格上升。无论何种情况,仅根据财务报告提供的信息,都无法解释营业成本变动的原因。由于外部财务分析人员无法取得企业内部信息,因此无法对此做出准确的判断。而企业内部分析人员则可以通过查阅成本账簿做出准确判断。由于来自企业内部的资料能够揭示出更详细和具体的信息,能够说明财务报告数据背后的故事,因此对于企业管理者尤其重要。

二、财务分析的评价标准

财务分析标准是指对财务分析对象进行评价的基准。凡事有比较才有鉴别,通过比较才能分出优劣,财务分析也不例外。财务分析的最终目的是对企业的财务情况进行评价,判断其“好”与“坏”,而“好”与“坏”是相对的,仅从企业某一期的财务指标很难得出这种结论,必须将其与所确定的分析标准进行对比。可以说,财务分析的过程就是采用特定方法,计算各种指标并将其进行比较的过程,比较的基准就是财务分析标准。

(一)财务分析标准的种类

在财务分析实践中,常用的分析标准主要有目标标准、历史标准、行业标准。

1. 目标标准

目标标准是根据企业内部或外部有关背景资料、企业发展规划的要求,所确定的企业预期应达到最佳或理想标准,如计划标准、定额标准等。将实际指标与目标标准进行对比,可以了解企业预算或计划的完成情况,据此对企业的财务状况、经营成果和经营管理业绩进行评价。目标标准一般用于内部财务分析,在企业进行内部考核时使用较多。

2. 历史标准

历史标准可以是本企业历史的最高水平,也可以是本企业前一期或前几期的历史数据。将实际指标与历史标准进行对比,可以评价经营管理者的业绩,了解企业的发展趋势,判断企业的发展潜力。

企业财务状况和经营成果会受到企业内部和外部各种因素的影响,外部因素大多属于客观因素或不可控制因素,内部因素则属于主观因素或可控制因素。在对企业财务状况和经营成果进行分析的过程中,以本企业历史数据作为比较标准,可以有效剔出一部分外部环境因素对企业的影响,如实反映企业的实际水平和经营管理者的努力程度,更客观地评价和考核企业各部门的经营业绩。

3. 行业标准

行业标准是指同行业其他企业在相同时期的平均水平。行业标准可以根据同行业有关资料测算出来,也可以在相关数据库或统计年鉴中查找。将企业实际指标与行业标准进行对比,可以了解企业在行业中所处的地位,直接判断出企业财务状况和经营成果的优劣。因为行业标准代表的是行业平均水平,如果企业的实际指标优于行业标准,说明该企业财务情况较好;否则,说明其财务情况较差。如果企业已经处于国内同行业领先地位,分析时可以采用国内同行业最高水平或国外同行业平均水平作为比较的基准。

(二)财务分析标准的选择

目标标准、历史标准、行业标准从不同的角度构成了评价财务分析对象的基准,分析者可以根据分析目的和分析对象的实际情况,选择适当的分析标准。如果财务分析的目的是考察企业的预算完成情况,应选用目标标准;如果分析的目的是考察企业的发展趋势,应选用历史标准;如果分析的目的是对企业进行独立评价,应选用行业标准和历史标准。如果行业平均标准难以获得,也可以用同行业主要竞争对手的标准或行业最高水平标准来代替。在实际工作中,对分析标准的选择是灵活多样的,可以只使用一种标准,但更多的是综合使用多种标准进行多角度比较,以达到对企业财务状况和经营成果进行全方位考察的目的。应该注意的是,财务分析标准必须与分析对象的实际指标具有可比性。也就是说,不论是目标标准还是历史标准或行业标准,必须与财务分析对象在经营范围、生产规模、会计期间、会计政策和会计估计等方面尽量一致,如果遇到影响财务结果的重大非经常性事项,还应将其对财务状况和经营成果的影响予以剔除。

第二节 会计报表

一、会计报表的内涵

会计报表包括资产负债表、利润表、现金流量表及所有者权益变动表。在现代企业制度下,企业的所有者或投资者、债权者和经营者,以及政府管理部门和社会监督部门的官员等,要与企业发生投资、借贷、交易、管理、监督等活动,都需要依据财务报告信息对企业状况进行分析。因此,了解财务报告结构、内容及可提供的信息,是每个分析者所必需的。而要了解财务报告的内容,明确财务报告的作用,首先应掌握会计报表。

二、资产负债表

(一)基本结构与内容

资产负债表是反映企业在某一特定日期财务状况的报表。它是根据"资产 = 负债 + 所有者权益"的会计等式,依照一定的分类标准和一定的次序,把企业一定日期的资产、负债和所有者权益项目予以适当安排,按一定的要求编制而成的。我国会计制度规定的企业资产负债表的基本格式见表 2.1。

表 2.1 资产负债表

编制单位: 年 月 日 单位:

资产	期末余额	年初余额	负债和所有者权益	期末余额	年初余额
流动资产:			流动负债:		
货币资金			短期借款		
交易性金融资产			交易性金融负债		
应收票据			应付票据		
应收账款			应付账款		
预付账款			预收账款		
应收利息			应付职工薪酬		
应收股利			应交税费		
其他应收款			应付利息		
存货			应付股利		
一年内到期的非流动资产			其他应付款		
其他流动资产			一年内到期非流动负债		
流动资产合计			其他流动负债		
非流动资产:			流动负债合计		
可供出售金融资产			非流动负债:		
持有至到期投资			长期借款		
长期应收款			应付债券		
长期股权投资			长期应付款		
投资性房地产			专项应付款		
固定资产			预计负债		

续表 2.1

资产	期末余额	年初余额	负债和所有者权益	期末余额	年初余额
在建工程			递延所得税负债		
工程物资			其他非流动负债		
固定资产清理			非流动负债合计		
生产性生物资产			负债合计		
油气资产					
无形资产			所用者权益(或股东权益):		
开发支出			实收资本(或股本)		
商誉			资本公积		
长期待摊费用			减:库存股		
递延所得税资产			盈余公积		
其他非流动资产			未分配利润		
非流动资产合计			所用者权益(或股东权益)合计		
资产总计			负债和所用者权益(或股东权益)总计		

从表 2.1 可看出,资产负债表的结构是左右平衡式的,左方反映企业的各类资产,右方反映企业的负债和所有者权益,左右双方总额相等。

(二)资产项目的构成及作用

资产是指过去的交易、事项形成并由企业拥有或者控制的资源,该资源预期会给企业带来经济利益。资产按其流动性状况,一般分为流动资产、长期投资、固定资产、无形资产和其他资产等。各类资产的特点和组成项目是不同的,在企业生产经营中的作用也是不同的。资产负债表中的资产项目按上述分类,为财务分析提供了丰富的信息,起到了重要的作用。

第一,提供了企业变现能力的信息。资产项目按流动性分类,一般的说,流动资产的变现能力较强,而非流动资产的变现能力则较差;另外,在流动资产中,还可提供速动资产的信息。这些无论对债权人,还是经营者、投资者都是有用的。

第二,提供了企业资产结构信息。这有利于反映企业的经营状况和资源配置与使用的合理性程度。如有形资产与无形资产的结构合理性,流动资产与固定资产的结构合理性等。

第三,提供了反映企业资产管理水平的信息。如资产负债表中的应收账款项目的状况,可在一定程度上反映企业应收账款管理的水平。

(三)负债项目的构成及作用

负债是过去的交易、事项形成的现时义务,履行该义务预期会导致经济利益流出企业。负债是企业资金来源的重要组成部分。负债的基本特点是:第一,它将在未来时期付出企业的经济资源或未来的经济利益;第二,它必须是过去的交易和事项所发生的,其债务责任能够以货币确切地计量或者合理地估计。资产负债表中的负债项目是按到期日的远近顺序排列,即流动负债在前,非流动负债在后。资产负债表将负债分为流动负债和非流动负债,为财务分析提供了以下有用信息:

第一,提供了反映企业总体债务水平的信息。企业的负债特点说明,负债要按期偿还,另外，除结算等原因外，大部分负债要按固定利率支付利息。因此企业的负债水平问题是关系到企业经营战略、经营状况和效果的一个重要问题。企业债务规模的大小，反映了风险的大小。而且这种风险对于企业的债权者、投资者和经营者都是存在的。

第二，提供了反映企业债务结构的信息。由于负债分为短期负债和长期负债两类，而两类负债的特点又不同，因此为研究短期债务结构和长期债务结构提供了方便。企业经营者通过合理调整负债结构，一方面保证正常经营的资金需要，另一方面降低资金成本，提高经济效益。而对于企业的债权人，通过对债务结构的分析，可判断企业的偿债能力，特别是可分清企业的短期偿债能力和长期偿债能力。

（四）所有者权益项目的构成及作用

所有者权益是指所有者在企业资产中享有的经济利益，其金额为资产减去负债后的余额。它是企业资金来源的主要部分。所有者权益包括实收资本、资本公积、盈余公积和未分配利润四大项目。资产负债表中的所有者权益项目是按权益的永久程度高低排列，永久程度高的在前，低的在后。它们依次是：实收资本，资本公积，盈余公积和未分配利润。资产负债表对所有者权益项目的划分，为财务分析提供了如下信息：

第一，提供了反映企业所有者权益内部结构的信息。所有者权益内部结构反映了企业自有资金的来源构成，这个结构的合理性对于企业投资者或所有者的利益有着重要的影响。

第二，提供了企业收益分配情况的信息。企业收益的分配主要指利润的分配，它的分配程序和方法应按国家的有关规定进行。盈余公积和未分配利润等项目的变动可反映出利润分配的状况。这些不仅是投资者所关心的，政府管理的监督部门也对利润分配情况感兴趣。

除上述资产、负债、所有者权益项目各自提供的分析信息外，将三者结合起来，还可综合提供以下信息：

第一，提供分析企业偿债能力的信息。分析企业偿债能力实际上是将企业的债务状况与相应的资产保证相比较。资产负债表完整地提供了这方面的信息，包括短期偿债能力分析的信息和长期偿债能力分析的信息。

第二，提供分析企业权益结构的信息。所谓权益是指负债与所有者权益的统称，权益结构就是指负债和所有者权益在总资产或在权益中的比重，它对于研究企业的财务风险以及长期偿债能力都是有益的。

三、利润表

（一）基本结构与内容

利润表是反映企业在一定会计期间经营成果的报表。利润表是一种动态报表，它利用企业一定时期的收入、成本费用及税金数据，确定企业的利润。

利润表有两种格式，一是单步式利润表；二是多步式利润表。

第一，单步式利润表。单步式利润表的基本特点，是将本期发生的所有收入汇集在一起，将所有的成本费用汇集在一起，然后将总收入减去总成本费用得出本期利润。单步式利润表能清晰地反映出企业在一定时期的总收入、总成本费用和利润额，编制方便，勾稽关系清楚，即总收入 - 成本费用 = 利润额。但是，它没有准确反映利润形成的过程及各种收入与相应成本费用之间的关系,没能为深入分析提供更多的信息。

第二,多步式利润表。多步式利润表与单步式不同,它的特点是按利润形成的几个环节,分步骤地将有关收入与成本费用相减,从而得出各步骤的利润额。多步式利润表是我国会计制度规定的报表格式,它的一般格式见表2.2。

表2.2 利润表

编制单位: 年度 单位:

项目	本期金额	上期金额
一、营业收入		
减:营业成本		
营业税金及附加		
销售费用		
管理费用		
财务费用		
资产减值损失		
加:公允价值变动收益(损失以"-"号填列)		
投资收益(损失以"-"号填列)		
二、营业利润		
加:营业外收入		
减:营业外支出		
其中:非流动资产处置净损失		
三、利润总额(亏损以"-"号填列)		
减:所得税费用		
四、净利润(净亏损以"-"号填列)		
五、每股收益		
(一)基本每股收益		
(二)稀释每股收益		

(二)利润表的信息作用

利润表的格式内容及基本勾稽关系,为财务分析提供了有用的信息。从财务分析的不同角度看,利润表可提供的信息及其作用主要有以下几点。

第一,提供了反映企业财务成果的信息。企业的财务成果,即企业的实现利润,是企业经营的根本目标所在,是企业经营者、投资者,以及长期债权者都十分关心的信息。利润表系统明确地提供了企业不同业务的财务成果信息,对于分析评价各方面的经营业绩,以及与同类企业的同类业务对比,都是有益的。

第二,提供了反映企业盈利能力的信息。企业盈利能力是企业投资者和经营者都非常关心的问题。它不仅可用于评价企业的经营业绩,而且是投资者、经营者决策的重要依据。盈利能力通常体现了财务成果与其相关的一些指标之间的比率关系,如财务成果与收入的比率关系,财务成果与成本费用的比率关系等。利润表不仅提供了财务成果的信息,也提供了盈利能力分析所需要的收入信息和成本费用信息,这对于评价企业盈利能力是十分重要的。另外,其他反映盈利能力的指标的计算,也离不开利润表提供的数据。

第三,提供了反映企业营业收入、成本费用状况的信息。企业营业收入和成本费用状况是企业生产经营状况的直接和具体体现,因此对营业业务的分析往往成为经营分析中的重点问题。通过营业收入和成本费用的分析,可找出企业生产经营过程中存在的问题和不足,这对于评价企业业绩,规划企业未来都是有重要作用的。

四、现金流量表

(一)基本结构与内容

现金流量表是反映企业在一定会计期间现金和现金等价物(以下简称现金)流入和流出的报表。现金流量表实际上是资金变动表的一种形式。资金变动表或资金来源与运用表,是根据企业在一定时期内各种资产和权益项目的增减变化,来分析反映资金的取得来源和资金的流出用途,说明财务动态的会计报表,或者是反映企业资金流转状况的报表。资金来源与运用表根据其编制基础不同,有五种编制方式。以现金为基础编制的资金表实际上就是现金流量表,用现金的来源、运用、增加、减少来说明企业财务状况的变动。表中的现金不仅是指会计上的现金,而且包括银行存款和其他现金等价物。我国目前企业会计制度中规定企业编报的现金流量表的一般格式见表2.3。

表2.3　现金流量表

编制单位:　　　　　　　　　　年　　　　　　　　　　单位:

项目	本期金额	上期金额
一、经营活动产生的现金流量		
销售商品、提供劳务收到现金		
收到的税费返还		
收到其他与经营有关的现金		
经营活动现金流入小计		
购买商品、接受劳务支付的现金		
支付给职工以及为职工支付的现金		
支付的各项税费		
支付的其他与经营有关的现金		
经营活动现金流出小计		
经营活动产生的现金流量净额		
二、投资活动产生的现金流量		
收回投资所收到的现金		
取得投资收益所收到的现金		
处置固定资产、无形资产和其他长期资产收回的现金净额		
处置子公司及其他营业单位收到的现金净额		
收到其他与投资活动有关的现金		
投资活动现金流入小计		
购建固定资产、无形资产和其他长期资产所支付的现金		
投资所支付的现金		
取得子公司及其他营业单位支付的现金净额		
投资活动现金流出小计		
投资活动产生的现金流量净额		
三、筹资活动产生的现金流量		
吸收投资收到的现金		
取得借款收到的现金		

续表2.3

项目	本期金额	上期金额
收到的其他与筹资活动有关的现金		
筹资活动现金流入小计		
偿还债务支付的现金		
分配股利、利润和偿付利息支付的现金		
支付的其他与筹资活动有关的现金		
筹资活动现金流出小计		
筹资活动产生现金流量净额		
四、汇率变动对现金及现金等价物的影响		
五、现金及现金等价物净增加额		
加:期初现金及现金等价物余额		
六、期末现金及现金等价物余额		

现金流量表补充资料

项目	本期金额	上期金额
1.将净利润调整为经营活动的现金流量:		
净利润		
加:资产减值准备		
固定资产折旧、油气资产折耗、生产性生物资产折旧		
无形资产摊销		
长期待摊费用摊销		
处置固定资产、无形资产和其他长期资产损失(收益以"-"号填列)		
固定资产报废损失(收益以"-"号填列)		
公允价值变动损失(收益以"-"号填列)		
财务费用(收益以"-"号填列)		
投资损失(收益以"-"号填列)		
递延所得税资产减少(增加以"-"号填列)		
递延所得税负债增加(减少以"-"号填列)		
存货的减少(增加以"-"号填列)		
经营性应收项目的减少(增加以"-"号填列)		
经营性应付项目的增加(减少以"-"号填列)		
其他		
经营活动产生的现金流量净额		
2.不涉及现金收支的重大投资和筹资活动		
债务转为股本		
一年内到期的可转换债券		
融资租入固定资产		
3.现金及现金等价物净变动情况:		
现金的期末余额		
减:现金的期初余额		
加:现金等价物的期末余额		
减:现金等价物的期初余额		
现金及等价物净增加额		

（二）现金流量表的信息作用

现金流量表提供了反映企业财务状况变动情况的详细的信息，为分析研究企业的资金来源与资金运用情况提供了依据。它提供的信息与作用主要表现在以下几个方面。

第一，提供了企业资金（特别是现金，下同）来源与运用的信息。这对于分析企业资金来源与运用的合理性，判断企业的营运状况和效果，评价企业的经营业绩都是非常有益的。

第二，提供了企业现金增减变动原因的信息。特别是通过经营现金流量、投资现金流量和筹资现金流量的揭示，可搞清企业现金增减变动的具体原因。不仅可明确企业当期现金增减的合理性，而且可为改善企业资金管理指明方向。

第三，提供了资产负债表和利润表分析所需要的信息。分析资产负债表的资产、负债和所有者权益的状况与变动，以及分析利润表中的利润形成与分配状况与变动，仅从两表自身分析有时是不够的，或者是难以说清的。其实，资产、负债、所有者权益、收入、费用、利润都是互相联系的，但将它们分在两个表中反映，割裂了它们之间的联系。现金流量表提供的信息，将资产负债表与利润表衔接起来，说明了利润形成与分配、资金来源与运用的关系，这对于分析研究企业总体经营、财务状况有着重要意义与作用。

五、所有者权益变动表

（一）基本结构与内容

所有者权益变动表是反映企业所有者权益各项目增减变动情况的报表。其格式与内容见表2.4。

（二）所有者权益变动表的信息作用

日常分析中，人们习惯于在没有追加投资的前提下，简单地认为，所有者权益的增加就意味着企业当期盈利，投资者投入资本得到了经营回报。它忽视了引起所有者权益变动的除了经营获利与追加投资之外，还存在其他不涉及当期利润、但构成资本利得或损失的影响因素。

对所有者权益变动表的阅读分析，有助于报表使用者了解引起所有者权益变动的真正原因及其影响程度，全面客观地评价企业的综合效益。通过计算净利润对所有者权益的贡献大小可以正确分析企业实际经营获利水平和资本真实的增值幅度。而对那些由于政策变更、会计差错更正、资产评估增值、金融资产公允价值变动等原因引起的所有者权益变动的比较，可以帮助报表使用者对其他相关影响因素有一个较为全面的认识，了解资本利得或损失在财务报告中的影响作用，以便信息使用者在客观评价的基础上做出正确决策。

表2.4 所有者权益(股东权益)变动表

编制单位: 年度 单位:元

项目	本年金额						上年金额					
	实收资本(或股本)	资本公积	减:库存股	盈余公积	未分配利润	所有者权益(股东权益)合计	实收资本(或股本)	资本公积	减:库存股	盈余公积	未分配利润	所有者权益(股东权益)合计
一、上年年末余额												
加:会计政策变更												
前期差错更正												
二、本年年初余额												
三、本年增减变动金额(减少以"-"号填列)												
(一)净利润												
(二)直接计入所有者(股东)权益的利得或损失												
1.可供出售金融资产公允价值变动净额												
2.权益法下被投资单位其他股东权益变动的影响												
3.与计入所有者权益项目相关的所得税影响												
4.其他												
上述(一)和(二)小计												
(三)投资者投入和减少资本												
1.投资者投入资本												
2.股份支付计入股东权益的金额												
3.其他												
(四)利润分配												
1.提取盈余公积												
2.对所有者(或股东)的分配												
3.其他												
(五)所有者(或股东)权益内部结转												
1.资本公积转增资本(或股本)												
2.盈余公积转增资本(或股本)												
3.盈余公积弥补亏损												
4.其他												
四、本年年末余额												

六、会计报表的局限性

一般的说,会计报表的局限性主要体现在以下几方面。

（一）会计报表计量的局限性

所谓会计报表计量的局限性是指会计报表都是以货币为计量单位计量的,不能反映企业经营中的非货币性事项。货币计量虽然有其重要意义与作用,但企业经营中的非货币性事项,如产量、质量、劳动力及设备状况等对分析企业财务状况和经营状况也是非常必要的。另外,以货币为计量手段,在物价变动较大情况下,特别是在通货膨胀情况下,会对分析数据的准确性产生不利影响,甚至产生歪曲,以导致分析结果的错误。

（二）会计报表内容的局限性

会计报表内容的局限性主要体现在:第一,会计报表由于制度原因、保密原因或规范原因等,不能提供详尽的因素分析数据,如各成本项目数据、材料消耗、人工消耗数据等;第二,会计报表不能反映企业未来将要发生的事项,只是对历史情况的反映;第三,会计报表不能表明企业采用的具体会计原则和会计方法,如在存货计价方法方面和折旧方法方面,不同的企业可根据要求采用不同的方法,而不同的方法对其计量结果是有影响的。

（三）会计报表时间的局限性

会计报表的编报通常是按月,有些报表是按年进行的,且报表形成或报出时间与报表内容反映的时间之间又存在一段距离。因此,会计报表信息并不一定反映分析时企业的真实情况。尤其在当今市场竞争激烈、情况瞬息万变的时代,明确报表时间上的局限性是十分重要的。

第三节 会计报表附注

会计报表附注是为了便于会计报表使用者理解会计报表的内容而对会计报表的编制基础、编制依据、编制原则和方法及主要项目等所做的解释和进一步说明。编制和提供会计报表附注,有利于会计报表使用者全面、正确地理解会计报表。

一、会计报表附注的内容

（一）不符合基本会计假设的说明

基本会计假设包括会计主体假设、持续经营假设、分期核算假设和货币计量假设。如果会计报表不符合其中任一假设,都应加以说明。

（二）重要会计政策和会计估计及其变更情况、变更原因及其对财务状况和经营成果的影响

会计政策是指企业在会计核算时所遵循的具体原则以及企业所采纳的具体会计处理方法。它们应适应企业的情况,并能符合正确反映企业财务状况和经营成果的要求。不同的会计政策能够产生不同成果和财务状况。所以适当地表达会计政策,对于公正地反映会计报表,对于会计报表使用者掌握信息、做出决策至关重要。目前世界各国都制定了有关

会计政策披露的具体准则。企业通常需要在会计报告中加以说明的会计政策包括:合并政策、外币折算、收入的确认、所得税的核算、存货的计价、长期投资的核算、坏账损失的核算、借款费用的处理、记账原则和计价基础、固定资产折旧的计提方法、无形资产的摊销方法、利润分配政策等。

会计估计是指企业对其结果不确定的交易或事项以最近可利用的信息为基础所作的判断。企业需要进行的重要会计估计包括:固定资产的折旧年限和净残值、坏账准备、存货贬值损失、无形资产受益期、递延资产的分摊期、或有损失、收入确认中的相关估计等。

变更事项包括会计政策的变更、会计估计的变更等。企业本期所采用的一种会计政策与前期的不一致时,附注应当说明改变会计政策的情况、原因及其影响。当企业采用了会计准则没有规定的会计政策时,附注更应详细说明。由于有关情况的变化,某些会计估计需要作相应改变。例如,改变坏账准备计提比例、改变固定资产折旧年限等。

(三)或有事项和资产负债表日后事项的说明

或有事项指编表日已经存在但有较大的不确定性、其最终结果有赖于未来的各种因素决定,因而今后可能发生,也可能不发生的事项。或有事项,分或有损失和或有收益两种。对或有损失不论其发生的可能性有多大,根据稳健原则应在附注中充分披露。或有损失通常包括:已贴现商业承兑汇票形成的或有负债;未决诉讼、仲裁形成的或有负债;为其他单位提供债务担保形成的或有负债等。对或有收益,一般不需要在附注中说明。如属极有可能实现的或发生的或有收益,可在附注中加以说明,但需要注意说明的方式,使用的措辞要谨慎,以避免会计报告的使用者误解。

资产负债表日后事项是指资产负债表日之后至审计报告日之前发生的重大事项。按其发生的性质可分为直接影响本期会计报表的事项;可能严重影响企业未来财务状况和经营成果的事项;可能影响未来经营或计价的事项。对第一种,因往往可以在会计报告公开之前得到确切信息,故这种事项也称为需调整的事项,一般与其他会计事项一样调整处理,如果信息得到较晚,对会计报表做出全面更正已不可能,则应作为附注的内容加以披露。第二种包括企业合并或分立、资产重组、发行股票或债券、购买或出售固定资产、发生重大债务、重大的建设项目、外汇汇率的变动、意外的重大损失等,因其对企业未来的财务状况和经营成果影响严重,所以必须在附注中加以说明。如有可能,还要包括对其财务影响的估计。而对第三种,则可以比照或有事项来处理。

(四)关联方关系及其交易的说明

关联方关系及其交易说明包括:

(1)在存在控制关系的情况下,关联方如为企业时,不论它们之间有无交易,都应按会计准则的要求加以说明。

(2)在企业与关联方发生交易情况下,企业应说明关联方关系的性质、交易类型及其交易要素。

(3)关联方交易应分别按关联方以及交易类型予以说明,类型相同的关联方交易,在不影响会计报表使用者正确理解的情况下可以合并说明。

(4)对于关联方交易价格的确定,如果高于或低于一般交易价格的,应说明其价格的公允性。

（五）重要资产转让及其出售情况

企业在当年如果发生重要资产转让、出售等业务事项，应就业务事项的有关具体情况进行说明。

（六）企业合并、分立

企业在当年如果发生合并或分立，应该就有关的情况进行说明。

（七）重大投资、融资活动

（八）会计报表中重要项目的明细资料

例如：

（1）对主要报表项目的明细说明。例如，对存货说明原材料、在途材料、在产品、产成品等。

（2）对相同的报表项目在两年比较报表中的数额变动幅度在一定比例（如30%）以上的，说明其变动原因。例如应收账款年末余额比年初余额增长在40%以上，说明变动原因是否由于本年度赊销增加和顾客拖欠等因素所致。

（3）在会计报表中无法表述的一些重要项目的详细内容。例如，在建工程的投资、批文和资金，长期借款的条件（担保或是信用）。

（九）有助于理解和分析会计报表需要说明的其他事项

二、会计报表附注的作用

会计报表中所规定的内容具有一定的固定性和稳定性，只能提供定量的财务信息，其所能反映的财务信息受到一定限制。会计报表附注是会计报表的补充，主要是对会计报表不能包括的内容，或者披露不详尽的内容作进一步的解释说明。

企业编制会计报表附注，可以提高会计信息的可比性、增进会计信息的可理解性、促使会计信息充分披露，从而提高会计信息的质量，使报表使用者对企业的财务状况、经营成果和现金流动情况获得更充分的了解，并有利于报表使用者做出正确的决策。

思考题

1 企业在会计报告中通常需要加以说明的会计政策和会计估计有哪些？

2 注册会计师在审计报告中对所审计的会计报告可提出哪四种意见？

3 会计报表信息的局限性有哪些？

第三章　财务分析程序与方法

第一节　财务分析的程序

一、信息搜集整理阶段

财务分析信息搜集整理阶段主要有以下三个步骤。

（一）明确财务分析目的

进行财务分析，首先必须明确为什么要进行财务分析，是要评价企业经营业绩？是要进行投资决策？还是要制定未来经营策略？只有明确了财务分析的目的，才能正确地搜集整理信息，选择正确的分析方法，从而得出正确的结论。

（二）明确财务分析范围

明确了分析目标之后，财务分析者还要根据分析工作量和分析难易程度，制定分析方案，明确分析范围，确定是进行全面分析还是有重点的分析。基于成本效益的考虑，并不是每个财务分析者都要对企业的财务状况和经营成果进行全面分析，更多情况下是仅对企业的某一个方面进行分析，或者在全面分析的同时有重点地对某一方面进行分析。因此，要求分析者在确定分析目标之后，应明确分析范围，制定分析方案，节约收集资料和分析计算等环节的成本，在满足财务分析主体需要的前提下，提高工作效率。

（三）搜集整理财务分析信息

财务分析信息是财务分析的基础，信息搜集整理的及时性、完整性、准确性，对分析的正确性有着直接的影响。信息的搜集整理应根据分析的目的和计划进行。但这并不是说不需要经常性、一般性的信息搜集与整理。其实，只有平时日积月累各种信息，才能根据不同的分析目的及时提供所需信息。

二、企业战略分析

企业战略分析是通过对企业所在行业或企业拟进入行业的分析，明确企业自身地位及应采取的竞争战略。企业战略分析通常包括行业分析和企业竞争战略分析。行业分析的目的在于分析行业的盈利水平与盈利潜力，因为不同行业的盈利能力和潜力大小是可能不同的。影响行业盈利能力因素有许多，归纳起来主要可分为两类：一是行业的竞争程度，二是市场谈判或议价能力。企业战略分析的关键在于企业如何根据行业分析的结果，正确选择企业的竞争战略，使企业保持持久竞争优势和高盈利能力。企业进行竞争的战略有许许多多，最重要的竞争战略主要有两种，即低成本竞争战略和产品差异战略。

通过企业战略分析，分析人员能深入了解企业的经济状况和经济环境，从而能进行客观、正确的财务报告分析与财务效率分析。

企业战略分析的内容将在本章第三节进行阐述。

三、财务报告分析阶段

由于会计政策的可选择性，因此会计报表中的数据难免受企业管理当局主观意愿的影响，甚至有可能包括管理当局有意操纵的信息。进行财务分析时需要了解企业所选择的会计政策、会计估计的恰当性，评估会计报表对企业经济活动反映的真实程度，揭示企业的资产结构、资本结构和财务弹性。因此，要进行财务报告分析。

（一）了解企业的会计政策

选用不同的会计政策，会导致会计核算结果有很大区别。进行财务报告分析时，首先应了解企业所选用的会计政策，评价其是否与企业的行业特征和经营战略相适应。

会计政策中有些可选择性大一些，如固定资产折旧、存货计价、长期股权投资核算、无形资产摊销及资产减值准备的计提等；也有些可选择性小一些，如对研究开发费用的处理、外币折算等。会计政策的可选择性越大，对企业业绩的影响也越大，也最容易成为企业管理者操控会计报表数据的手段，财务分析者应对此保持足够的谨慎。

（二）评价企业的会计政策是否稳健

当企业管理者拥有较大的会计政策选择权时，他们可以根据自己的需要加以运用，而在不同的会计政策下核算出的企业财务状况和经营成果往往大相径庭。

在现行的会计准则中，对某一经济事项的会计处理往往有多种备选的会计处理方法，从而为企业借助于会计方法的选择来实现预期的经济效果提供了客观条件。当经营情况较好时，企业可能会选择更为稳健的会计政策；当经营情况欠佳时，企业可能会通过改变会计政策使账面上的经营业绩变得好一些。进行财务报告分析时应当充分关注企业对会计政策选择的偏好，判断管理者选择会计政策的意图，了解会计政策选择对企业财务状况和经营成果的影响。

（三）评价企业资源的配置是否合理

资产是企业的经济资源，其配置和使用是否合理直接影响企业的经营业绩，通过分析企业的资产管理制度、资产计价方法、资产结构以及资产结构与资本结构之间的关系等，可以了解企业资产配置是否合理、管理是否科学，判断企业资产的质量，了解企业的财务弹性。

（四）评价企业的经营活动是否正常

根据会计报表各项目之间内在的勾稽关系，可以对企业的经营活动进行细致的考察和分析，判断企业经营活动有无异常以及是否存在财务舞弊行为。例如，存货或应收账款项目异常增加、提取或冲销大额资产减值准备、净利润与经营活动现金净流量差异扩大以及随意改变会计政策等，都应引起财务分析人员的充分关注。

（五）评价会计信息披露的质量

企业会计信息披露的载体除了会计报表外，还有报表附注、董事会报告、监事会报告及各种临时公告等。企业会计准则中规定的披露内容，属于强制性信息披露，是对会计信息披露的最低要求。在此基础上，企业管理层可以选择是否进行自愿性信息披露以及自愿披露的内容。一般而言，从自愿性信息披露的深度和广度可以了解企业会计信息披露的质量,进而判断会计报表的可信度。

财务报告分析的内容将在第四章、第五章、第六章、第七章分别进行阐述。

四、财务效率分析阶段

财务效率分析是财务分析的核心环节,在这一环节中主要根据报表数据计算大量的财务比率指标,以揭示企业的偿债能力、营运能力、盈利能力,并对企业整体情况进行综合评价,判断企业的经营业绩和业绩的可持续性,它主要包括以下步骤。

(一)财务指标分析

财务指标包括绝对数指标和相对数指标两种。对财务指标进行分析,特别是进行财务比率指标分析,是财务分析的一种重要方法或形式。财务指标能准确反映某方面的财务状况。进行财务分析,应根据分析的目的和要求选择正确的分析指标。债权人要进行企业偿债能力分析,他必须选择反映偿债能力的指标或反映流动性情况的指标进行分析,如流动比率、速动比率、资产负债率等;而一个潜在投资者要进行对企业投资的决策分析,他则应选择反映企业盈利能力的指标进行分析,如总资产报酬率、资本收益率,以及股利报偿率和股利发放率等。正确选择与计算财务指标是正确判断与评价企业财务状况的关键所在。

(二)基本因素分析

财务分析不仅要解释现象,而且应分析原因。因素分析法就是要在报表整体分析和财务指标分析的基础上,对一些主要指标的完成情况,从其影响因素角度,深入进行定量分析,确定各因素对其影响方向和程度,为企业正确进行财务评价提供最基本的依据。

财务效率分析的内容将在第八章、第九章、第十章分别进行阐述。

五、财务分析综合评价阶段

财务分析综合评价阶段是在财务效率分析的基础上,对企业价值以及企业综合绩效等所做的判断,具体又可分为以下步骤。

(一)财务综合分析与评价

财务综合分析与评价是在应用各种财务分析方法进行分析的基础上,将定量分析结果、定性分析判断及实际调查情况结合起来,以得出财务分析结论的过程。财务分析结论是财务分析的关键步骤,结论的正确与否是判断财务分析质量的唯一标准。一个正确分析结论的得出,往往需要经过几次反复。财务综合分析与评价的内容将在第十一章进行阐述。

(二)财务预测与价值评估

财务分析既是一个财务管理循环的结束,又是另一财务管理循环的开始。应用历史或现实财务分析结果预测未来财务状况与企业价值,是现代财务分析的重要任务之一。因此,财务分析不能仅满足于事后分析原因,得出结论,而且要对企业未来发展及价值状况进行分析与评价。企业价值评估的内容将在第十二章进行阐述。

第二节 财务分析的方法

一、水平分析法

水平分析法，指将反映企业报告期财务状况的信息（特别指会计报表信息资料）与反映企业前期或历史某一时期财务状况的信息进行对比，研究企业各项经营业绩或财务状况的发展变动情况的一种财务分析方法。水平分析法所进行的对比，一般而言，不是指单指标对比，而是对反映某方面情况的报表的全面、综合对比分析，尤其在对会计报表分析中应用较多。因此，通常也将水平分析法称为会计报表分析方法。水平分析法的基本要点是，将报表资料中不同时期的同项数据进行对比，对比的方式有以下几种：

一是绝对值增减变动，其计算公式为

$$\text{绝对值变动数量}=\text{分析期某项指标实际数}-\text{基期同项指标实际数}$$

二是增减变动率，其计算公式为

$$\text{变动率}(\%)=\frac{\text{变动绝对值}}{\text{基期实际数量}}\times 100\%$$

三是变动比率值，其计算公式为

$$\text{变动比率值}=\frac{\text{分析期实际数值}}{\text{基期实际数值}}$$

上式中所说的基期，可指上年度，也可指以前某年度。水平分析中应同时进行绝对值和变动率或比率两种形式的对比，因为仅以某种形式对比，可能得出错误的结论。关于水平分析法的实例，参见第四章、第五章、第六章、第七章。

应当指出，水平分析法通过将企业报告期的财务会计资料与前期对比，揭示各方面存在的问题，对于全面深入分析企业财务状况奠定了基础。因此水平分析法是财务报告分析的基本方法。另外，水平分析法可用于一些可比性较高的同类企业之间的对比分析，以找出企业间存在的差距。但是，水平分析法在不同企业应用中，一定要注意其可比性问题，即使在同一企业应用，对于差异的评价也应考虑其对比基础。另外，水平分析中，应将两种对比方式结合运用，仅用变动量，或仅用变动率都可能得出片面的，甚至是错误的结论。

二、垂直分析法

垂直分析与水平分析不同，它的基本点不是将企业报告期的分析数据直接与基期进行对比，求出增减变动量和增减变动率，而是通过计算报表中各项目占总体的比重或结构，反映报表中的项目与总体关系情况及其变动情况。会计报表经过垂直分析法处理后，通常称为同度量报表，或称总体结构报表、共同比报表等。如同度量资产负债表、同度量利润表、同度量成本表等，都是应用垂直分析法得到的。垂直分析法的一般步骤是：

第一，确定报表中各项目占总额的比重或百分比，其计算公式为

$$\text{某项目的比重}=\frac{\text{该项目金额}}{\text{该项目金额}}\times 100\%$$

第二，通过各项目的比重，分析各项目在企业经营中的重要性。一般项目比重越大，说

明其重要程度越高,对总体的影响越大。

第三,将分析期各项目的比重与前期同项目比重对比,研究各项目的比重变动情况。也可将本企业报告期项目比重与同类企业的可比项目比重进行对比,研究本企业与同类企业的不同,以及成绩和存在的问题。

关于垂直分析法的应用实例,参见第四章、第五章、第六章、第七章。

三、趋势分析法

趋势分析法是根据企业连续几年或几个时期的分析资料,运用指数或完成率的计算,确定分析期各有关项目的变动情况和趋势的一种财务分析方法。趋势分析法既可用于对会计报表的整体分析,既研究一定时期报表各项目的变动趋势,也可对某些主要指标的发展趋势进行分析。趋势分析法的一般步骤是:

第一,计算趋势比率或指数。通常指数的计算有两种方法,一是定基指数,二是环比指数。定基指数就是各个时期的指数都是以某一固定时期为基期来计算的。环比指数则是各个时期的指数以前一期为基期来计算的。趋势分析法通常采用定基指数。

第二,根据指数计算结果,评价与判断企业各项指标的变动趋势及其合理性。

第三,预测未来的发展趋势。根据企业以前各期的变动情况,研究其变动趋势或规律,从而可预测出企业未来发展变动情况。

下面举例说明趋势分析方法的应用。某企业 2005 ~ 2009 年有关销售额、利润、每股收益及每股股息资料见表 3.1。

表 3.1　企业销售、利润及每股收益等资料表

	2009	2008	2007	2006	2005
销售额(万元)	17 034	13 305	11 550	10 631	10 600
税后利润(万元)	1 397	1 178	374	332	923
每股收益(元)	4.31	3.52	1.1	0.97	2.54
每股股息(元)	1.9	1.71	1.63	1.62	1.6

根据表 3.1 的资料,运用趋势分析法可得出趋势分析表,见表 3.2。

表 3.2　趋势分析表%

	2009	2008	2007	2006	2005
销售额	128.03	115.19	108.64	100.29	100.00
税后利润	118.59	314.97	112.65	35.97	100.00
每股收益	122.44	320.00	113.40	38.19	100.00
每股股息	111.11	104.91	100.62	101.25	100.00

从上面趋势分析表可看出,该企业几年来的销售额和每股股息在逐年增长,特别是 2005 年和 2006 年增长较快;税后利润和每股收益在 2006 年和 2007 年有所下降,2008 年和 2009 年有较大幅度增长。从总体状况看,企业自 2005 年以来,2006 年和 2007 年的盈利状况有所下降,2008 年和 2009 年各项指标完成的都比较好;从各指标之间的关系看,每股收益的平均增长速度最快,高于销售、利润和每股股息的平均增长速度。企业几年来的发展趋势说明,企业的经营状况和财务状况不断改善,如果这个趋势能保持下去,2010 年的状况也会较好。

四、比率分析法

(一)比率分析法的定义

比率分析法是利用指标之间的相互关系,通过计算财务比率来考察和评价企业财务状况和经营成果的一种方法。比率分析法是财务分析的最基本、最重要的方法。正因为如此,有人甚至将财务分析与比率分析等同起来,认为财务分析就是比率分析。比率分析法实质上是将影响财务状况的两个相关因素联系起来,通过计算比率,反映它们之间的关系,借以评价企业财务状况和经营状况的一种财务分析方法。比率分析的形式有:第一,百分率,如流动比率为200%;第二,比率,如速动比率为1:1;第三,分数,如负债为总资产的1/2。比率分析以其简单、明了、可比性强等优点而在财务分析实践中得到广泛采用。

(二)比率分析指标

由于财务分析的目的不同,分析的角度不同,比率分析法中的比率有许多分类形式。有的从会计报表的种类来划分比率,有的从分析主体来划分比率,有的从反映财务状况角度来划分比率,等等。本书将比率分析指标分为盈利能力比率、营运能力比率、偿债能力比率,参见第八章、第九章、第十章。

(三)比率分析法的局限性

在财务分析中,比率分析用途最广,但也有局限性,突出表现在:比率分析属于静态分析,对于预测未来并非绝对合理可靠。比率分析所使用的数据为账面价值,难以反映物价水准的影响。可见,在运用比率分析时,一是要注意将各种比率有机联系起来进行全面分析,不可单独地看某种或各种比率,否则便难以准确地判断公司的整体情况;二是要注意审查公司的性质和实际情况,而不单是着眼于会计报表;三是要注意结合差额分析,这样才能对公司的历史、现状和将来有一个详尽的分析、了解,达到财务分析的目的。

五、因素分析法

因素分析法是依据分析指标与其影响因素之间的关系,按照一定的程序和方法,确定各因素对分析指标差异影响程度的一种技术方法。因素分析法是经济活动分析中最重要的方法之一,也是财务分析的方法之一。因素分析法根据其分析特点可分为连环替代法和差额计算法两种。

(一)连环替代法

连环替代法是因素分析法的基本形式,有人甚至将连环替代法与因素分析法看成是同一概念,即连环替代法就是因素分析法,或因素分析法就是连环替代法。连环替代法的名称由其分析程序的特点决定的。为正确理解连环替代法,首先应明确连环替代法的一般程序或步骤。

1. 连环替代法的程序

连环替代法的程序由以下几个步骤组成:

(1)确定分析指标与其影响因素之间的关系。确定分析指标与其影响因素之间关系的方法,通常是用指标分解法,即将经济指标在计算公式的基础上进行分解或扩展,从而得出

各影响因素与分析指标之间的关系式。如对于总资产报酬率指标，要确定它与影响因素之间的关系，可按下式进行分解，即

$$总资产报酬率 = \frac{息税前利润}{平均资产总额} \times 100\% =$$

$$\frac{销售净额}{平均资产总额} \times \frac{息税前利润}{销售净额} \times 100\% =$$

$$\frac{总产值}{平均资产总额} \times \frac{销售净额}{总产值} \times \frac{息税前利润}{销售净额} \times 100\% =$$

$$总资产产值率 \times 产品销售率 \times 销售(息税前)利润率$$

分析指标与影响因素之间的关系式，既说明哪些因素影响分析指标，又说明这些因素与分析指标之间的关系及顺序。如上式中影响总资产报酬率的有总资产产值率、产品销售率和销售利润率三个因素；它们都与总资产报酬率成正比例关系；它们的排列顺序是，总资产产值率在先，其次是产品销售率，最后是销售利润率。

(2)根据分析指标的报告期数值与基期数值列出两个关系式，或指标体系，确定分析对象。如对于总资产报酬率而言，两个指标体系为

基期总资产报酬率 = 基期资产产值率 × 基期产品销售率 × 基期销售利润率

实际总资产报酬率 = 实际资产产值率 × 实际产品销售率 × 实际销售利润率

分析对象 = 实际总资产报酬率 - 基期总资产报酬率

(3)连环顺序替代，计算替代结果。所谓连环顺序替代就是以基期指标体系为计算基础，用实际指标体系中的每一因素的实际数顺序地替代其相应的基期数，每次替代一个因素，替代后的因素被保留下来。计算替代结果，就是在每次替代后，按关系式计算其结果。有几个因素就替代几次，并相应确定计算结果。

(4)比较各因素的替代结果，确定各因素对分析指标的影响程度。比较替代结果是连环进行的，即将每次替代所计算的结果与这一因素被替代前的结果进行对比，二者的差额就是替代因素对分析对象的影响程度。

(5)检验分析结果。即将各因素对分析指标的影响额相加，其代数和应等于分析对象。如果二者相等，说明分析结果可能是正确的；如果二者不相等，则说明分析结果一定是错误的。

连环替代法的程序或步骤是紧密相连、缺一不可的，尤其是前四个步骤，任何一步出现错误，都会出现错误结果。下面举例说明连环替代法的步骤和应用。

某企业2009年和2010年有关总资产报酬率、总资产产值率、产品销售率和销售利润率的资料见表3.3。

表3.3 企业财务指标表%

	2010	2009
总资产产值率	80	82
产品销售率	98	94
销售利润率	30	22
总资产报酬率	23.52	16.96

要求：分析各因素变动对总资产报酬率的影响程度。

根据连环替代法的程序和上述对总资产报酬率的因素分解式，可得出：

实际指标体系：80% ×98% ×30% =23.52%

基期指标体系:82% ×94% ×22% =16.96%

分析对象是:23.52% -16.96% = +6.56%

在此基础上,按照第三步骤的做法进行连环顺序替代,并计算每次替代后的结果:

基期指标体系:82% ×94% ×22% =16.96%

替代第一因素:80% ×94% ×22% =16.54%

替代第二因素:80% ×98% ×22% =17.25%

替代第三因素(或实际指标体系):80% ×98% ×30% =23.52%

根据第四步骤,确定各因素对总资产报酬率的影响程度:

总资产产值率的影响:16.54% -16.96% = -0.42%

产品销售率的影响:17.25% -16.54% = +0.71%

销售利润率的影响:23.52% -17.25% = +6.27%

最后检验分析结果:-0.42% +0.71% +6.27% = +6.56%

2.应用连环替代法应注意的问题

连环替代法,作为因素分析方法的主要形式,在实践中应用比较广泛。但是,应用连环替代法过程中必须注意以下几个问题。

(1)因素分解的相关性。所谓因素分解的相关性,是指分析指标与其影响因素之间必须真正相关,即有实际经济意义。各影响因素的变动确实能说明分析指标差异产生的原因。这就是说,经济意义上的因素分解与数学上的因素分解不同,不是在数学算式上相等就行,而要看经济意义。例如,将影响材料费用的因素分解为下面两个等式,从数学上都是成立的,即

材料费用=产品产量×单位产品材料费用

材料费用=工人人数×每人消耗材料费用

但是从经济意义上说,只有前一个因素分解式是正确的,后一因素分解式在经济上没有任何意义。因为工人人数和每人消耗材料费用到底是增加有利,还是减少有利无法从这个式子说清楚。当然,有经济意义的因素分解式并不是唯一的,一个经济指标从不同角度看,可分解为不同的有经济意义的因素分解式。这就需要我们在因素分解时,根据分析的目的和要求,确定合适的因素分解式,以找出分析指标变动的真正原因。

(2)分析前提的假定性。所谓分析前提的假定性是指分析某一因素对经济指标差异的影响时,必须假定其他因素不变,否则就不能分清各单一因素对分析对象的影响程度。但是实际上,有些因素对经济指标的影响是共同作用的结果,如果共同影响的因素越多,那么这种假定的准确性就越差,分析结果的准确性也就会降低。因此,在因素分解时,并非分解的因素越多越好,而应根据实际情况,具体问题具体分析,尽量减少对相互影响较大的因素再分解,使之与分析前提的假设基本相符。否则,因素分解过细,从表面看有利于分清原因和责任,但是在共同影响因素较多时,反而影响了分析结果的正确性。

(3)因素替代的顺序性。前面谈到,因素分解不仅要因素确定准确,而且因素排列顺序也不能交换,这里特别要强调的是不存在乘法交换律问题。因为分析前提假定性的原因,按不同顺序计算的结果是不同的。那么,如何确定正确的替代顺序呢?这是一个理论上和实践中都没有很好解决的问题。传统的方法是依据数量指标在前,质量指标在后的原则进行排列;现在也有人提出依据重要性原则排列,即主要的影响因素排在前面,次要因素排在

后面。但是无论何种排列方法,都缺少坚实的理论基础。正因为如此,许多人对连环替代法提出异议,并试图加以改善,但至今仍无人们公认的好的解决方法。一般的说,替代顺序在前的因素对经济指标影响的程度不受其他因素影响或影响较小,因素排列在后的因素中含有其他因素共同作用的成分。从这个角度看问题,为分清责任,将对分析指标影响较大的、并能明确责任的因素放在前面可能要好一些。

(4)顺序替代的连环性。连环性是指在确定各因素变动对分析对象影响时,都是将某因素替代后的结果与该因素替代前的结果对比,一环套一环。这样才既能保证各因素对分析对象影响结果的可分性,又便于检验分析结果的准确性。因为只有连环替代并确定各因素影响额,才能保证各因素对经济指标的影响之和与分析对象相等。

(二)差额计算法

差额计算法是连环替代法的一种简化形式,当然也是因素分析法的一种形式。差额计算法作为连环替代法的简化形式,其因素分析的原理与连环替代法是相同的。区别只在于分析程序上,差额计算法比连环替代法简化,即它可直接利用各影响因素的实际数与基期数的差额,在其他因素不变的假定条件下,计算各因素对分析指标的影响程度。或者说差额计算法是将连环替代法的第三步骤和第四步骤合并为一个步骤进行。

这个步骤的基本点就是:确定各因素实际数与基期数之间的差额,并在此基础上乘以排列在该因素前面各因素的实际数和排列在该因素后面各因素的基期数,所得出的结果就是该因素变动对分析指标的影响数。

下面根据表3.3提供的数据,运用差额计算法分析各因素变动对总资产报酬率的影响程度。

分析对象:23.52% -16.96% = +6.56%

因素分析:

1.总资产产值率的影响:(80% -82%)×94% ×22% = -0.42%

2.产品销售率的影响:80% ×(98% -94%)×22% = +0.71%

3.销售利润率的影响:80% ×98% ×(30% -22%) = +6.27%

最后检验分析结果:-0.24% +0.71% +6.27% = +6.56%

应当指出,应用连环替代法应注意的问题,在应用差额计算法时同样要注意。除此之外,还应注意的是,并非所有连环替代法都可按上述差额计算法的方式进行简化。特别是在各影响因素之间不是连乘的情况下,运用差额计算法必须慎重。在因素分解式中存在加、减、除法的情况下,一定要注意这个问题,否则将得出错误的结果。

第三节 企业战略分析

通过战略分析可以对公司的经营环境进行定性的了解,为后续的财务报告分析和财务效率分析确立牢固基础。通过战略分析,还可以辨认影响公司盈利状况的主要因素和主要风险,从而评估公司当前业绩的可持续性并对未来业绩做出合理预测。

战略分析应当围绕着公司的价值创造能力展开。公司的价值创造能力取决于自身盈利能力与资本成本之间的差异。资本成本的高低主要由资本市场决定,而公司盈利能力的高低却主要取决于自身的战略选择。其影响因素具体包括:公司所处的行业、公司的竞争定位以及公司如何在各经营部门间创造协同效应。与之相对应,战略分析一般包括行业分析、竞争战略分析。

一、行业分析

(一)行业生命周期分析

生命周期理论是20世纪90年代以来国际上流行的一种管理理论。一般而言,行业生命周期是指从行业出现到行业完全退出市场所经历的时间。行业生命周期的长短主要由市场对该行业产品的需求状况所决定,一般可以分为四个阶段:投入期、成长期、成熟期和衰退期。下面分别介绍行业不同生命周期的情况。

1. 投入期

在这一阶段,由于新行业刚刚诞生或初建不久,而只有为数不多的创业公司投资于这个新兴的产业,由于投入阶段行业的创立投资和产品的研究、开发费用较高,而产品市场需求狭小(因为大众对其尚缺乏了解),销售收入较低,因此这些创业公司财务上可能不但没有盈利,反而普遍亏损。同时,较高的产品成本和价格与较小的市场需求还使这些创业公司面临很大的风险。

2. 成长期

在成长阶段,新行业的产品经过广泛宣传和消费者的试用,逐渐以其自身的特点赢得了消费者的欢迎或偏好,市场需求开始上升,新行业也随之繁荣起来。与市场需求变化相适应,供给方面相应的出现了一系列的变化。由于市场前景良好,投资于新行业的厂商大量增加,产品也逐步从单一、低质、高价向多样、优质和低价方向发展,因而新行业出现了生产厂商和产品相互竞争的局面,市场的需求日趋饱和。生产厂商不能单纯地依靠扩大生产量,提高市场的份额来增加收入,而必须依靠追加生产,提高生产技术,降低成本,以及研制和开发新产品的方法来争取竞争优势,战胜竞争对手和维持企业的生存。

3. 成熟期

行业的成熟阶段是一个相对较长的时期。在这一时期里,在竞争中生存下来的少数大厂商垄断了整个行业的市场,每个厂商都占有一定比例的市场份额。由于彼此势均力敌,市场份额比例发生变化的程度较小。厂商与产品之间的竞争手段逐渐从价格手段转向各种非价格手段,如提高质量、改善性能和加强售后维修服务等。在行业成熟阶段,行业增长速度降到一个更加适度的水平。

4. 衰退期

这一时期出现在较长的稳定阶段后。由于新产品和大量替代品的出现,原行业的市场需求开始逐渐减少,产品的销售量也开始下降,某些厂商开始向其他更有利可图的行业转移资金。因而原行业出现了厂商数目减少,利润下降的萧条景象。至此,整个行业便进入了生命周期的最后阶段。在衰退阶段里,厂商的数目逐步减少,市场逐渐萎缩,利润率停滞或不断下降。当正常利润无法维持或现有投资折旧完毕后,整个行业便逐渐解体了。

(二)行业获利能力分析

不同行业的获利能力有很大的差异。“竞争战略之父”、哈佛大学波特教授(Michael

E. Porter)在1982年出版的《竞争战略》一书中，提出了分析行业平均盈利能力的“五大力量理论”。根据波特教授著名的“五大力量理论”，一个行业的盈利能力由下列五大力量所决定：①现有企业间的竞争；②新进入企业的威胁；③替代产品的威胁；④产品买方的议价能力；⑤供应商的议价能力。在《运用财务报表进行企业分析与估价》一书中，佩普等三位教授对这五种竞争力量的作用机理进行了简要的阐述。

1. 现有企业间的竞争

这种竞争力量是企业所面临的最强大压力。现有竞争者根据自己的一整套规划，运用各种手段（价格、质量、品种、服务、担保、广告、销售网络、创新等）力图在市场上占据有利地位和争夺更多的消费者，对同行其他企业构成了极大的威胁。以下因素决定了现有企业间的竞争强度。

(1)行业增长率。如果一个行业保持高速增长率，那么现有企业就无需通过从其他企业夺取市场份额来获得增长。相反，如果在一个行业增长率很低，甚至是负增长的行业中，现有企业获得发展的唯一途径只能是从竞争对手那里夺取市场份额。

(2)竞争者的集中和均衡。同行业中的企业数量及其规模决定了该行业的集中程度，集中程度影响同行业中各企业协调定价和其他竞争方式的程度。例如，如果行业中只有一个控制性企业，那么它可以制定并实施竞争规则。同样，如果行业中只有两三个同样规模的竞争者，那么它们可以通过私下协作以避免恶性价格竞争。而如果行业中有许多小规模企业，则价格竞争可能十分激烈。

(3)产品的独特性和转换成本。产品的独特性可以降低同行业中各企业直接竞争的激烈程度。如果同行业中各种产品十分相似，那么客户可能根据价格的高低随时准备从一家企业转向另一家企业，此时转换成本将影响客户的转换倾向。当转换成本很低时，可能会刺激同行业之间的价格竞争。

(4)规模经济或学习成本、固定成本与变动成本的比率。如果学习曲线很陡或行业中存在明显的规模经济效应，那么同行业各企业之间将进行争夺市场份额的激烈竞争。同样，如果固定成本与变动成本的比率很高，企业就可能诉诸价格战以充分利用剩余生产能力，这在航空业尤其明显。

(5)剩余生产能力和退出障碍。如果行业生产能力超过市场需求，企业就会产生强烈的降价动机以充分利用其生产能力。如果企业从行业中退出存在重大障碍，剩余生产能力问题可能加剧。当资产的专用性很高，或者存在导致退出成本很高的规则时，退出壁垒较高。我国汽车、家电行业就是这样的特点，这些行业产能过剩，固定资产通用性低，由于无法退出，价格战在这些行业司空见惯。

2. 新进入企业的威胁

潜在的行业新进入者是行业竞争的一种重要力量，这些新进入者大都拥有新的生产能力和某些必需的资源，期待能建立有利的市场地位。一方面，新进入者加入该行业，会带来生产能力的扩大，带来对市场占有率的要求，这必然引起与现有企业的激烈竞争，使产品价格下跌；另一方面，新加入者要获得资源进行生产，从而可能使得行业生产成本升高。这两方面都会导致行业的获利能力下降。以下因素决定新加入企业威胁的大小。

(1)规模经济。如果存在巨大的规模经济效应，那么在与现有企业的竞争中，新进入者往往面临着明显的成本劣势。比如制药业、软饮料业和电信业等。

(2)先行优势。行业中现有企业可能通过先行优势来阻止新加入者。先行优势可能包括行业标准、与廉价原材料供应商的特别协议、政府的经营许可、学习成本、转换成本等。

(3)分销渠道和关系网的进入。现有分销渠道的有限容量以及开发新的分销渠道的巨额成本将成为新企业进入的巨大障碍。比如会计服务业、投资银行业和广告业等。

(4)法律障碍。一些法律障碍,如专利权和版权等,也可能阻碍新进入者。比如医疗业、广播和电信业。

3. 替代产品的威胁

某一行业的企业有时常会与另一行业的企业处于相互竞争的状态中,其原因是这些企业的产品具有相互替代的性质。替代产品的价格如果比较低,它投入市场就会使本行业产品的价格上限只能处在较低的水平,这就限制了本行业的收益。本行业与生产替代产品的其他行业进行的竞争,常常需要本行业所有企业采取共同措施和集体行动。

4. 买方的议价能力

买方的议价能力主要受两个因素影响:价格敏感性和交易地位。

(1)价格敏感性。价格敏感性决定了买方愿意进行讨价还价的程度。当产品缺乏独特性且转换成本较低,或者产品在买方成本总额中占较大比重时,买方可能更愿意花费必要的资源来寻找成本较低的产品。此外,该产品对提高买方产品质量的重要性也会影响买方的价格敏感性。

(2)交易地位。交易地位决定了买方能否成功使价格降低。交易地位取决于各方不与对方进行交易所需付出的成本。一般而言,买方的交易地位受供应商数量、单一买方的购买数量、买方可选择的产品数量、买方的产品转换成本以及买方向后整合威胁等因素的影响。例如,在汽车行业中,汽车制造商与零部件制造商相比处于有利的交易地位,因为汽车制造商购买量大,可选择的产品多,而且转换成本低。

5. 供应商的议价能力

对供应商议价能力的分析与买方议价能力分析相同。当供应商数量很少且客户可选择的替代品很少时,供应商具有强势地位。例如,在软饮料行业,可口可乐和百事可乐的议价能力很强,而金属罐供应商的议价能力较弱,因为金属罐厂商之间竞争十分激烈,而且存在塑料瓶替代金属罐的威胁。当供应商提供的产品或劳务对购买方企业很重要时,供应商也比购买方更有优势。比如,在航空业中,飞行导航器供应商具有很强的议价能力。最后,当供应商能够实施确实有效的向前整合威胁时,供应商也会处于强势地位。比如,IBM是计算机主机的大供应商,而且自身也从事计算机租赁业务,因此相对与计算机租赁公司而言,IBM的议价能力很强。

(三)企业核心竞争力分析

企业的核心竞争能力一般是指企业借以在市场竞争中取得并扩大竞争优势的决定性力量。企业的核心竞争能力可能指完成某项活动所需要的优秀技能,可能指企业技术诀窍的范围和深度,也可能指那些能够产生具有很大竞争价值的生产能力的一系列具体技能的组合。通常来说,核心竞争能力的产生是组织各个不同部分有效组合的结果,是个体资源整合的结果。在实践中,不同企业所表现出来的核心能力是多种多样的:生产高质量产品的技能;创建和操作一个能够快速而准确的处理客户订单系统的诀窍;新产品的快速开发;

提供很好的售后服务的能力；选择良好的零售地点的技能；开发出受人欢迎的产品和革新能力；采购和产品展销的技能；在重要技术上的特有知识；研究客户需求和品位以及准确寻求市场变化趋势的良好方法的体系；同客户就产品的新用途和使用方式进行合作的技能；综合使用多种技术创造一个全新的产品的能力等。

从外部特征分析，企业的核心竞争力主要表现在五个方面。

1. 价值性

核心竞争力富有战略价值，这种价值性主要表现在两个层次上：首先，必须对顾客所关心的价值有关键性的贡献，即只有那些确实能为顾客提供根本性效用的技能才能表明企业在此方面具有核心竞争力。其次，能为企业创造长期性的竞争主动权，并能为企业创造超过同行业平均利润的超值利润。

2. 差异性

核心竞争力是企业在长期的实践中以特有的方式逐步积累起来的，具有突出的路径依赖性，是竞争对手无法模仿的或通过努力无法很快就能建立起来的。

3. 延展性

核心竞争力不是局限于某一领域或产品，而是内含于多种业务领域拓展与新产品开发中，并为此提供相应支持。如佳能公司在光学知识、微处理器、超微摄影技术方面具有核心竞争力，从而使其在照相机、显微摄影装置、激光打印机等领域取得统治地位。

4. 不可交易性

核心竞争力作为企业的无形资产，与企业相伴而生，无法通过市场向企业进行交易转让。

5. 阶段性

企业核心竞争力是相对其他企业的竞争能力而言的，是某一时期企业在市场竞争中处于优势地位的一种表现。但这种优势地位的形成并不是相对固定的，竞争对手会通过努力来冲击这种优势地位。如果拥有核心竞争力的企业不对现有核心竞争力进行维护，并培育新的核心竞争力，那么这种竞争优势地位就有可能被对手占领。

二、竞争战略分析

（一）波特分析法

企业的盈利能力不仅受到行业结构的影响，也受到自身所选择的竞争战略的影响。竞争战略分析涉及确定企业在行业中进行竞争的基础。波特教授在1985年出版的《竞争优势》一书中总结出能够为企业带来竞争优势的两大战略：成本优势和差异化优势。

低成本战略指的是以较低的成本提供产品或服务。企业可能通过规模经济、学习曲线、提高生产效率、简化产品设计、降低投入成本和提高组织效率等方式来获得成本优势。成本优势战略适用于对产品或服务价格弹性较为敏感的顾客。采用这种战略的企业往往投资于有效的生产规模，重视能够降低生产成本的设计，努力降低管理费用，极少投资于高风险的研发费用，避免为小规模目标客户群提供服务。它们必须拥有重视成本控制的组织架构和控制系统。

差异化战略则是指以低于客户所愿意支付的溢价的增量成本，比竞争对手更好地满足特定目标客户的需求。产品差异化可以凭借产品质量、产品多样性、产品捆绑销售等实现方式，也可以通过投资于商标、产品外观、信誉等方面实现。采用此战略的企业必须对研究开发、工程技术和销售能力等进行较大投资，企业的组织结构和控制系统也需要鼓励创造和革新。差异化战略强调的是市场细分，千方百计地满足不同年龄、性别、收入的客户在消费上的独特需求和偏好，在选择了特定的竞争战略后，企业必须获取该战略所必需的核心能力。

（二）其他竞争战略分析方法

1. SWOT 分析法

SWOT 分析就是把企业内外环境所形成的优势（Strengths）、劣势（Weaknesses）、机会（Opportunities）和威胁（Threats）四个方面的情况结合起来分析，以寻找最适合企业实际情况的竞争战略。表 3.4 列示了 SWOT 分析中一般所要考虑的因素。

表 3.4　SWOT 因素

	威胁（T）	机会（O）
外部环境	市场增长缓慢 行业竞争激烈 新的竞争者 替代产品的压力 顾客议价能力的提高 供应商议价能力的提高 政府政策的负面影响 通货膨胀	市场增长迅速 争取到新的用户群 在同行业中信誉较好 多元化经营 扩展产品线 纵向一体化 政府政策的扶持 增加互补品
	（优势）S	（劣势）W
内部条件	具有规模经济 成本优势 技术创新能力 生产能力合理 良好的财务资源 具备核心能力 产品质量好、性价比高 营销能力强	生产能力低 成本高 研发能力低 管理不善 资金紧张 产品线范围过窄 设备老化 营销渠道不畅通

在具体分析了公司的 SWOT 因素后，可以进行竞争战略选择，即 SO 战略、WO 战略、ST 战略和 WT 战略。

SO 战略就是依靠内部优势去抓住外部机会的战略。比如，一个资源雄厚（内在优势）的企业发现某一国际市场未曾饱和（外在机会），那么它就应该采取 SO 战略去开拓这一国际市场。

WO 战略是利用外部机会来改进内部弱点的战略。比如，一个面对计算机服务需求增长的企业（外在机会），却十分缺乏技术专家（内在劣势），那么就应该采用 WO 战略培养、招聘技术专家，或购入一个高技术的计算机公司。

ST 战略就是利用企业的优势，避免或减轻外部威胁的打击。如一个企业的销售渠道（内在优势）很多，但是由于各种限制又不允许它经营其他商品（外在威胁），那么就应该采取 ST 战略，走集中型、多样化的道路。

WT战略就是克服内部弱点和避免外部威胁的战略。如一个商品质量差(内在劣势)、供应渠道不可靠(外在威胁)的企业应该采取WT战略,强化企业管理,提高产品质位,稳定供应渠道,或走联合、合并之路以谋生存和发展。

2. 价值链分析法

如果把企业笼统地看做一个整体,就很难清晰地分析出各个企业的竞争优势,而深入研究企业内部的设计、生产、营销、交货等环节以及辅助活动等许多相互衔接的过程,则可能有效地发现企业的竞争优势来源。基于此,波特教授提出了价值链(Value Chain)的概念,并利用这一战略工具来分析企业竞争优势的形成和建立途径。波特教授认为,企业通过完成一系列作业而产生价值。一个企业产生的最终价值是通过顾客愿意为企业的产品或劳务所支付的货币量来计算的,如果这种价值超过了完成所有要求的作业的总成本,则该企业就有利可图。

企业的价值链体现为价值系统的一系列活动,包括企业与外部环境所构成的产业价值链以及企业内部的价值链。从产业价值链的分析中,可以看出企业在整个产业价值创造中的位置,确定企业在整个产业价值创造中的份额,从而判断企业在产业内部的角色和整体竞争力的状况,以及同一产业价值链上其他企业的整合程度对自身造成的威胁。企业内部价值链是具体分析企业竞争力状况的有效工具。每个企业都是设计、生产、营销、交货及对产品生产和销售起辅助作用的各种活动的集合,所有这些活动都可以在内部价值链中表现出来。虽然相同行业的企业价值链会有相似之处,但竞争对手之间价值链的不同之处往往就是竞争优势的关键来源。

从竞争的角度看,价值是买方愿意为企业提供给它们的产品所支付的价格,因此价值可以用总收入衡量。如果企业所得到的价值超过创造产品所花费的各种成本,那么企业就有盈利。所以在分析企业竞争地位和竞争优势时必须使用价值而不是成本,因为有些高成本的企业反而可以获得更多的价格溢价,而低成本企业可能只获得很少的价值与成本的差额。

3. PEST分析法

PEST分析法主要是针对外部环境(特别是宏观环境)的分析方法。一般而言,宏观外部环境因素可以概括为以下四类:政治因素(Political)、经济因素(Economic)、社会因素(Social)和技术因素(Technological)。关于这四类因素的分析即所谓的PEST分析。

政治因素是指对企业经营活动具有现实和潜在作用与影响的政治力量,同时也包括对企业经营活动加以限制和要求的法律和法规等。具体来说,政治因素分析主要包括企业所处地区的政局稳定状况,执政党所要推行的基本政策以及这些政策的连续性和稳定性(包括行业政策、税收政策、政府订货和补贴政策等)。

经济因素将影响企业发展速度、发展空间、经营成本和盈利水平。在众多经济因素中,首先要分析的是宏观经济的总体状况。一般来说,首先,在宏观经济趋好的大环境下,市场扩大,需求增加,企业的发展机会就多;反之亦然。其次,必须分析社会和个人的可支配收入,因为可支配收入决定了购买能力,进而决定了潜在的市场容量。除了可支配收入总量外,可支配收入的分配结构也会影响具体行业所面临的市场容量。除了上述宏观经济总体状况外,企业还应当考虑利率水平、失业率、通货膨胀率等因素,这些因素将影响企业的投资决策和定价决策。

社会因素主要包括社会文化、社会习俗、社会道德观念、社会公众的价值观念、员工的工作态度以及人口统计特征等。变化中的社会因素将影响社会对企业产品或劳务的需要，也能改变企业的战略选择。

技术因素不但指那些引起革命性变革的发明，而且还包括与企业生产有关的新技术、新工艺、新材料的出现、发展趋势及运用前景。技术革新既为企业提供了发展的契机，也使企业面临挑战。在分析技术因素时可以从以下方面进行考察：政府对技术的支持力度、技术的最新发展、技术的发展重点、专利保护情况、技术的孵化过程、技术所能带来的效率提高等。

思考题

1 水平分析法与垂直分析法的区别。

2 财务分析信息搜集整理阶段包括哪几个步骤？

3 比率分析的作用与不足。

4 运用因素分析法应注意哪些问题？

第二篇　财务报告分析

第四章　资产负债表分析

第一节　资产负债表分析的目的与内容

一、资产负债表分析的目的

资产负债表分析的目的在于了解企业对财务状况的反映程度及所提供会计信息的质量。据此，对企业资产和权益的变动情况及企业财务状况做出恰当的评价。

（一）揭示资产负债表中资产、负债及所有者权益项目的内涵

资产负债表上的数据是企业相关经营活动的直接结果，但这种结果是通过企业会计依据相关的会计政策，按照具体会计处理方法进行会计处理编制出来的。因此，企业采用何种会计政策及会计处理方法，必然会对资产负债表的数据产生影响。要解读资产负债表中相关项目的真正内涵，还要了解企业所依据的会计政策和采用的会计方法。

（二）了解企业财务状况的变动情况和变动原因

企业在经营过程中，资产规模及结构会不断发生变动，与之相适应的资金来源也会发生变动，资产负债表只是静态地反映变动的后果。而企业的资产、负债及所有者权益在企业经管一段时期后发生了什么样的变动，以及变动的原因是什么，需要对资产负债表分析才能知道，并在此基础上对其变动状况的原因做出合理的解释。

（三）评价企业会计对企业经营状况的反映程度

资产负债表是否充分反映了企业经营状况，其信息的真实性如何，资产负债表本身不能说明这个问题。企业若存在粉饰与欺诈财务报表的动机，可能会歪曲或隐瞒重要的会计信息。因此，若报表使用者把资产负债表的信息拿来就用，而不对其信息质量进行分析，就了解不到企业的真实财务状况，只有对资产负责表进行分析后才能对其信息反映的真实程度做出评价。

（四）评价企业的会计政策

会计政策，是指企业进行会计核算和编制会计报表时所采用的具体原则、方法和程序。只有在对同一经济业务所允许采用的会计处理方法存在多种选择时，会计政策才具有实际意义，因而会计政策存在一个"选择"问题。企业所选择的会计政策，将构成企业会计制度的一个重要方面。通过资产负债表相关项目的分析可以评价企业会计政策的选择、变更等给企业带来的影响。

（五）修正资产负债表的数据

资产负债表是进行财务分析的重要基础资料，即使企业不是出于某种目的进行调整，资产负债表的数据也不能完全真实地反映其经营成果。会计政策的选择与变更、会计估计

的选择与变更等企业经营以外的因素也对资产负债表数据有一定的影响。资产负债表分析就是要揭示出资产负债表数据所体现的财务状况与真实财务状况之间的差异，进而对差异进行调整，修正会计数据，为进一步利用资产负债表的信息打下基础。

二、资产负债表分析的内容

资产负债表包括表头、基本内容和补充资料等。其中表头部分是编报单位名称、报表名称、报表数据所反映的日期、金额单位及币种等内容。基本内容部分列示资产、负债及所有者权益等内容。补充资料列示或反映一些在基本内容中未能提供的重要信息或未能充分说明的信息。这部分资料或在资产负债表基本内容下部列示，或在报表附注中列示。

我国企业资产负债表的排列及各项目的含义，受《企业会计准则》的直接制约。表中资产方按照资产变现能力由强到弱的顺序依次为流动资产和非流动资产；在负债与所有者权益方，则按负债偿还的先后顺序依次为流动负债和非流动负债；所有者权益则在负债的下方。这种格式与“资产 = 负债 + 所有者权益”的会计等式完全吻合，这种格式也被称为水平式或账户式。在会计实务中可能出现一些项目排列上的变化，但基本内容不会变。

资产负债表分析主要包括以下内容。

(一)资产负债表项目分析

资产负债表项目分析分为总体情况的水平分析和具体的项目分析。

(二)资产负债表结构分析

资产负债表结构分析就是通过资产负债表中各项目与总资产或总权益进行对比，分析企业的资产构成、负债的构成和所有者权益的构成，揭示企业资产结构和资本结构的合理程度，研究企业资产结构优化、资本结构优化及资产结构与资本结构适应程度优化等问题。

(三)资产负债表质量分析

资产负债表质量分析就是在资产负债表项目全面分析的基础上，对企业资产、负债和所有者权益的主要项目进行深入分析，评价资产质量与负债质量，从而分析与揭示企业生产经营活动、经营管理水平、会计政策及会计变更对筹资与投资的影响，为企业的健康发展提供依据。

这三个内容将在后面的三节中分别讲述。本章对资产负债表的项目分析、结构分析和质量分析以 SYMC 公司的资产负债表为例，见表 4.1。

表 4.1　SYMC 资产负债表表

2010 年 12 月 31 日　　单位：人民币元

资产	年初余额	期末余额	负债和股东权益	年初余额	期末余额
流动资产：			流动负债：		
货币资金	36 717.92	27 794.38	短期借款	220 974.36	275 029.59
交易性金融资产			交易性金融负债		
应收票据	14 672.33	2 144.39	应付票据	42 274.12	1 577.91
应收账款	93 156.95	91 464.99	应付账款	139 560.21	189 297.30
预付款项	73 184.25	86 205.55	预收款项	7 199.42	21 148.41
应收利息			应付职工薪酬	4 854.47	5 786.21
应收股利	13 872.92	6 989.90	应交税费	5 158.35	1 943.69

续表 4.1

资产	年初余额	期末余额	负债和股东权益	年初余额	期末余额
其他应收款	109 541.38	131 280.47	应付利息	287.64	
存货	143 688.76	221 486.25	应付股利	659.49	658.51
一年内到期的非流动资产			其他应付款	48 804.63	27 810.68
其他流动资产			一年内到期的非流动负债	3 768.12	35 946.83
流动资产合计	484 834.51	567 365.93	其他流动负债		
非流动资产:			流动负债合计	473 540.81	559 199.13
可供出售金融资产			非流动负债:		
持有至到期投资			长期借款	56 015.78	55 226.82
长期应收款			应付债券		
长期股权投资	27 705.10	30 096.60	长期应付款	9 325.50	5 326.17
投资性房地产			专项应付款	11.52	1 842.45
固定资产	55 047.90	68 862.64	预计负债		
在建工程	26 421.04	18 642.56	递延所得税负债		
工程物资			其他非流动负债	4 333.53	8 479.90
固定资产清理			非流动负债合计	69 686.33	70 875.34
生产性生物资产			负债合计	543 227.14	630 074.47
油气资产			股东权益:		
无形资产	28 868.88	32 355.19	股本	43 035.18	43 035.18
开发支出	198.01	1 008.18	资本公积	30 019.44	30 019.44
商誉			减:库存股		
长期待摊费用	196.95		专项储备		71.35
递延所得税资产	3 358.11	3 250.56	盈余公积	6 286.51	7 096.89
其他非流动资产			一般风险准备		
非流动资产合计	141 795.99	154 215.73	未分配利润	4 062.23	11 284.33
			股东权益合计	83 403.36	91 507.19
资产总计	626 630.50	721 581.66	负债和股东权益总计	626 630.50	721 581.66

第二节　资产负债表项目分析

一、资产负债表水平分析

资产负债表水平分析就是要从总体上概括了解资产、权益的变动情况,揭示出资产、负债和所有者权益的变动,分析变动的原因。

资产负债表水平分析的依据是资产负债表,通过采用水平分析法,将资产负债表的实际数与选定的标准进行比较,编制出资产负债表水平分析表,在此基础上进行水平分析。

(一)编制资产负债表的水平分析表

资产负债表的水平分析表是将分析期的资产负债表各项目数值与基期(上年或计划、预算等)数进行比较,计算出变动额、变动率以及该项目对资产总额、负债总额和所有者权益总额的影响程度。根据表 4.1 编制资产负债表水平分析表 4.2。

表 4.2　SYMC 资产负债表水平分析表

2010 年 12 月 31 日　　单位:人民币元

资产	年初余额	期末余额	变动情况		对总资产影响(%)
			变动额	变动(%)	
流动资产:					
货币资金	36 717.92	27 794.38	-892 3.54	-24.30%	-1.42%
交易性金融资产					
应收票据	14 672.33	2 144.39	-125 27.94	-85.38%	-2.00%
应收账款	93 156.95	91 464.99	-169 1.96	-1.82%	-0.27%
预付款项	73 184.25	86 205.55	13 021.30	17.79%	2.08%
应收利息					
应收股利	13 872.92	6 989.90	-688 3.02	-49.61%	-1.10%
其他应收款	109 541.38	131 280.47	21 739.09	19.85%	3.47%
存货	143 688.76	221 486.25	77 797.49	54.14%	12.42%
一年内到期的非流动资产					
其他流动资产					
流动资产合计	484 834.51	567 365.93	82 531.42	17.02%	13.17%
非流动资产:					
可供出售金融资产					
持有至到期投资					
长期应收款					
长期股权投资	27 705.10	30 096.60	2 391.50	8.63%	0.38%
投资性房地产					
固定资产	55 047.90	68 862.64	13 814.74	25.10%	2.20%
在建工程	26 421.04	18 642.56	-777 8.48	-29.44%	-1.24%
工程物资					
固定资产清理					
生产性生物资产					
油气资产					
无形资产	28 868.88	32 355.19	3 486.31	12.08%	0.56%
开发支出	198.01	1 008.18	810.17	409.16%	0.13%
商誉					
长期待摊费用	196.95		-196.95	-100.00%	-0.03%
递延所得税资产	3 358.11	3 250.56	-107.55	-3.20%	-0.02%
其他非流动资产					
非流动资产合计	141 795.99	154 215.73	12 419.74	8.76%	1.98%
资产总计	626 630.50	721 581.66	94 951.16	15.15%	15.15%
流动负债:					
短期借款	220 974.36	275 029.59	54 055.23	24.46%	8.63%
交易性金融负债					
应付票据	42 274.12	1 577.91	-406 96.21	-96.27%	-6.49%
应付账款	139 560.21	189 297.30	49 737.09	35.64%	7.94%
预收款项	7 199.42	21 148.41	13 948.99	193.75%	2.23%
应付职工薪酬	4 854.47	5 786.21	931.74	19.19%	0.15%

续表 4.2

资产	年初余额	期末余额	变动情况		对总资产影响(%)
			变动额	变动(%)	
应交税费	5 158.35	1 943.69	-3 214.66	-62.32%	-0.51%
应付利息	287.64		-287.64	-100.00%	-0.05%
应付股利	659.49	658.51	-0.98	-0.15%	0.00%
其他应付款	48 804.63	27 810.68	-20 993.95	-43.02%	-3.35%
一年内到期的非流动负债	3 768.12	35 946.83	32 178.71	853.97%	5.14%
其他流动负债					
流动负债合计	473 540.81	559 199.13	85 658.32	18.09%	13.67%
非流动负债:					
长期借款	56 015.78	55 226.82	-788.96	-1.41%	-0.13%
应付债券					
长期应付款	9 325.50	5 326.17	-3 999.33	-42.89%	-0.64%
专项应付款	11.52	1 842.45	1 830.93	15893.49%	0.29%
预计负债					
递延所得税负债					
其他非流动负债	4 333.53	8 479.90	4 146.37	95.68%	0.66%
非流动负债合计	69 686.33	70 875.34	1 189.01	1.71%	0.19%
负债合计	543 227.14	630 074.47	86 847.33	15.99%	13.86%
股东权益:					
股本	43 035.18	43 035.18	0.00	0.00%	0.00%
资本公积	30 019.44	30 019.44	0.00	0.00%	0.00%
减:库存股					
专项储备		71.35	71.35		0.01%
盈余公积	6 286.51	7 096.89	810.38	12.89%	0.13%
一般风险准备					
未分配利润	4 062.23	11 284.33	7 222.10	177.79%	1.15%
股东权益合计	83 403.36	91 507.19	8 103.83	9.72%	1.29%
负债和股东权益总计	626 630.50	721 581.66	94 951.16	15.15%	15.15%

(二)资产负债表的水平分析

通过水平分析,可以看出 SYMC 公司资产总额 2010 年较上年增加 15.15% ,增加额为 94 951.16元,可以说资产规模增长较大。其中,流动资产较上年增加 13.17%,增加额为 82 531.42 元,增加幅度较大。流动资产的增加主要是由预付账款存货的大幅增加所致。而非流动资产增加较少,增长率为 1.98%,增长额为 12 419.74 元,其增加主要是由固定资产的增长所致,表明企业的生产能力有所增加。

从企业的负债和股东权益状况来看,负债有所增加。负债增长额为 86 847.33 元,增幅达到了 13.86%。其中流动负债增幅很大,达到了 13.67% ,增长额 85 658.32 元。流动负债的增加在一定程度上表明企业的短期偿债风险有所增大。而非流动负债变动较小,比较稳定。从股东权益角度来看,企业的股东权益较上年增长较小。

从水平分析来看,企业的资产规模及权益规模都有所增加,负债也在合理的范围内有所增加。

二、资产负债表具体项目分析

(一)流动资产项目分析

在资产负债表中,流动资产项目包括货币资金、交易性金融资产、应收票据、应收账款、预付账款、其他应收款、存货、一年内到期的非流动资产等。

1. 货币资金分析

企业为了满足交易性、投机性及预防性的需要必须持有一定量的货币资金。从财务管理角度来看,过低的货币资金持有量会影响企业的正常经营活动及短期偿债能力;过高的货币资金持有量会降低资金的收益性,增加持有的机会成本,并反映企业的货币资金管理不善。

(1)货币资金的规模分析。影响企业货币资金规模的因素主要有以下几点。

①企业资产规模、业务收支规模。一般来说,企业货币资金的规模应与资产规模、业务收支规模相匹配。资产总额越大,相应的货币资金规模也越大;业务收支越频繁,货币资金需要量越大,处于货币形态的资产也越多。

②行业特点。不同的行业有不同的业务特点,因而其合理的货币资金结构也不相同。例如,零售业与工业企业在相同的资产规模下,其货币资金的规模可能相差很大。

③企业筹资能力。一般来说,若企业的筹资能力强,能较迅速地筹集到所需的资金,则没有必要持有大量的货币资金,企业的货币资金规模会较小;反之,若企业的筹资能力较差,在短期内很难筹集到所需金额,则需要持有一定规模的货币资金作保证。所以反过来看一个企业的货币资金规模也可以了解这个企业的筹资能力。

④企业对货币资金的运用能力。货币资金是收益性较低的资产,因此若企业持有较大规模的货币资金,为企业带来的收益就很小。若企业运用货币资金的能力较强,将货币资金用于投资活动,则会给企业带来较高的收益,因此企业便没有必要持有较大规模的货币资金。

⑤货币资金的用途是否被限定。如果有部分的货币资金用途被限定或被冻结,加上企业日常的周转资金,那么货币资金规模必然加大。

⑥人为操纵的影响。如果货币资金规模异常,而又无法找到合理的原因,那么分析人员就应注意,该项目是否有可能被人为操纵。

(2)货币资金变动原因分析。对货币资金进行会计分析,还要特别关注货币资金规模的变动,应结合现金流量表的内容分析货币资金规模变动的来源或去向的合理性。货币资金发生增减变动,可能基于以下原因。①销售规模的变动;②信用政策的变动;③为大笔现金支出做准备;④筹集资金尚未使用。

2. 交易性金融资产分析

交易性金融资产属于变现能力较强的资产,对该项目进行分析,应当重点关注其规模的变动。由于股票等金融工具的公允价值来自于股票市场的收盘价,所以在分析时还应关注相关市场信息。对交易性金融资产分析应关注以下要点。

(1)交易性金融资产的风险性分析。企业持有大量现金将会降低资产的收益性,所以大多数企业都会选择将一部分闲置的现金投入证券市场,希望能够在保持较高资产流动性的同时尽可能提高资产收益率。然而无风险套利的机会非常罕见，所以企业进行金融资产投资时必然有一定的风险，因此其金融资产投资活动的规模应合理控制。

(2)交易性金融资产项目调节货币资金分析。从财务管理角度讲，企业持有大量货币资金是不符合现金管理要求的，所以有的企业为避免巨额的货币资金会引起分析人员的关注，就要想办法来压缩过高货币资金余额。为了保持流动性，又能不引起分析人员的注意，企业便将资产负债表中货币资金项目的一部分放到交易性金融资产项目中反映。

(3)交易性金融资产持有的目的性分析。由于交易性金融资产具有变现速度快、持有时间短、盈亏浮动性强的特征，因此该项目在报表中的表现具有金额经常波动、投资收益与亏损易变等特点。如果报表中交易性金融资产金额跨年度持久不变，投资收益稳定，则企业有可能故意将长期投资的一部分人为地划为交易性金融资产，以改善资产流动性状况。

3. 应收账款分析

应收账款是指企业因销售商品、提供劳务等应向购货单位或接受劳务单位收取的款项。尽管企业都倾向于现金销售，但应收账款几乎是无法避免的。应收账款对于企业的价值在于支撑销售规模的扩大。对应收账款的分析可以从以下几方面进行。

(1)应收账款规模合理性分析。判断应收账款规模的合理性，首先应结合企业所处行业进行分析。例如，商品零售业一般多采用现销方式，故其应收账款较少。而大部分工业企业一般采取赊销方式，从而形成较多的商业债权，应收账款数额较大。其次，企业应收账款规模还与生产经营规模和信用政策有直接联系。

一般可以通过对比分析来发现应收账款规模的异常。

①对比前后几个会计年度的应收账款及坏账准备的有关信息，查看是否有重大波动，这可以从应收账款的总量及应收账款分别占营业收入及资产总额的比例来分析。

②与同行业的其他企业进行对比。这种分析一般是比率分析，因为同行业内的企业商业模式大体相同。一般而言，应收账款的比例及坏账损失率也应具有一定的可比性，当然这种分析也可以跨年度进行，即对比分析两家或多家企业多年的情况，从横截面上分析判断应收账款质量的好坏。

③应收账款与现金流量、营业收入进行对比分析，也即对应收款的来龙去脉进行分析。应收账款的产生源于营业收入的增长，若二者的增长比率相差过多，则应当提高警惕，分析其原因。一般而言，应收账款的回收(减少)伴随着货币资金的相应增加。

因此，应收账款的增减变动与营业收入，以及现金流量表中销售商品、提供劳务收到的现金应该有一个大概的数量勾稽关系，若三者之间严重脱节，则应追查原因，以便做出更为全面的分析与评价。

(2)应收账款规模变动原因分析。企业销售产品是形成应收账款的直接原因，在其他条件不变时，应收账款会随着销售规模的增加而同步增加。如果企业的应收账款增长率超过营业收入、流动资产和速动资产等项目的增长率，就可以初步判断其应收账款存在不合理增长的倾向。

(3)应收账款账龄分析。一般而言，未过信用期或已过信用期但拖欠期较短的债权发生坏账的可能性较小，而拖欠时间越久的债权发生坏账的可能性越大。

一般来说，1 年以内的应收账款在企业信用期限范围内，1 ~ 2 年的应收账款有一定逾期，但仍属正常，3 年的应收账款风险较大；而 3 年以上的因经营活动形成的应收账款可回收性极小,可能的解决方法只能是债务重组。企业一般会在财务报表附注中提供应收账款的账龄信息,可以借此分析应收账款的质量。

(4)应收账款的债务人分析。一般来说,与企业业务关系稳定、经营效益好、信誉度高的债务人,其偿还应收账款的可能性较高;反之,则应收账款回收的可能性较低。债务人分析具体包括以下几项。

①债务人的区域性分析。由于区域经济发展水平、法制环境以及特定的经济状况等条件的差异,导致不同地区的企业其信用状况会不同。我国企业不良应收账款的分布呈现出明显的地域特征,如在浙江和上海经济活跃,分布在该区域的应收账款不良率比较低;而以广东为代表的部分地区,经济发展迅速,但是不良应收账款率也较高。

②债务人的财务实力分析。评价债务人的财务实力,需要对债务人的财务状况进行了解。简单的方法是查阅债务人单位的资本实力和交易记录,用这种方法可以识别出一些"皮包"公司,或者,根本就是虚构的公司。

③债务人的集中度分析。可以用类似下表的方法分析,见表4.3。

表4.3 债务人的集中度分析表

账龄	客户数量	占应收账款比重(%)
1年以下		
1~2年		
3年及以上		
合计		

这里主要是看企业的应收账款是否集中在少数客户身上,如果集中程度过高,比如20%~30%的客户数占有70%~80%的应收账款,则风险可能相对较高,当然这还要看客户的质量进行具体分析。

④债务人的关联性分析。

(5)坏账准备计提的合理性分析。根据会计稳健性原则,企业的应收账款应当计提一定比例的坏账准备。由于坏账准备的计提具有一定的任意性,所以财务分析人员应格外关注企业关于坏账准备方面的信息披露,尤其关注坏账准备的计提比例。若坏账准备的计提比例过低,则有潜在亏损挂账之嫌;若计提比例过高,则可能有人为加大企业费用,调节当期利润的企图。对于坏账准备的分析,应结合企业具体的会计政策来进行。

4. 其他应收款分析

其他应收款属于企业主营业务以外的债权,如应收的各项赔款、罚款、存储的保证金,应向职工个人收取的垫付款项等。其他应收款主要有以下分析要点。

(1)利润调节分析。一些公司常常把其他应收款作为企业调整成本费用和利润的手段,把一些应该计入当期费用的支出或本应计入其他项目的内容放在其他应收款中,从而高估利润或隐藏亏损。

(2)关联方占用分析。一些公司的"其他应收款"期末余额巨大,也有可能是资金被关联方占用或被管理层挪用而形成的,如拆借给母公司的资金等。另外,相当多的托管收益、资产置换收益等没有现金到账,以及上市公司的大额资金被关联公司无偿占用,即使有偿,收益也是挂账。大量的关联方其他应收款不能收回,一方面形成了企业不良资产,另一方面还虚拟了企业的其他业务收入。

(3)抽逃税金或其他违规行为分析。个别企业利用所谓的职业判断,将正常的赊销收入中应计入应收账款的业务,计入其他应收款,以此"合理避税"。此外,也有可能隐含企业的违规行为,如非法拆借资金、给个人的销售回扣、抽逃注册资金等。

5. 存货分析

存货总是处于不断地销售、重置或耗用当中,它通常在一年以内或是一个经营周期内被销售或者耗用,因而具有较强的变现能力,所以将其划分为流动资产。但是,存货的变现能力相对于货币资金、应收账款等流动资产而言又稍低一些。

(1)存货真实性分析。对这一项目进行分析,应结合资产负债表附注给出的存货结构及种类的详细信息。同时,存货的真实性分析应结合企业的内部控制制度分析来进行。企业存货的质量,不仅取决于存货的账面数字,还与企业存货的管理制度密切相关。由于存货种类多,数量大,如果没有完善的管理制度控制,极易流失。

(2)存货的结构分析。一个企业在正常情况下,其存货结构应保持相对稳定性,分析时应特别注意对变动较大的项目进行重点分析。任何存货比重的剧烈变动,都表明企业生产经营过程中有异常情况发生,因此应深入分析其原因,以便最终能够判断存货结构的合理性。

(3)存货的计价。资产负债表中,各种存货是以实际成本反映的,但在日常会计核算中,由于同类存货的进价成本不一定相同,在计算耗用成本或销售成本时,就要采用一定的计价方法进行核算。存货发出采用不同的计价方法,对企业的财务状况、盈亏情况会产生不同的影响

在实际工作中,一些企业往往利用不同的存货计价方法,来实现其操纵利润的目的,因此,企业当期的存货计价方法发生变更时,要注意分析变更的真正原因及其对当期利润的影响。

(4)存货跌价准备分析。一般而言,计提存货跌价准备会产生如下几方面的影响。

①由于存货跌价准备是作为存货的减项出现的,因而计提存货跌价准备会减少存货资产的价值。

②增加本期的管理费用,从而减少当期利润。

③由于计提准备后的存货账面价值较低,以后期间存货耗用或者销售时,所结转的成本也较低,从而产生较高的利润,即对未来会计期间的利润产生积极的影响。

会计准则要求期末存货按照成本与市价孰低法计价:一方面,它有利于促使企业按照稳健性的要求提供更为可靠的财务报表,避免虚增资产、利润和所有者权益;另一方面,也给企业调节利润提供了一种较为便利的工具,尤其是当企业有特殊动机的时候,如上市公司需要扭亏为盈,或者需"脱帽"或者公司有融资需求的时候,更容易利用计提准备进行利润操纵。

(二)非流动资产项目分析

1. 可供出售金融资产分析

可供出售金融资产的会计处理与以公允价值变动且其变动计入当期损益的金融资产的会计处理有类似之处,但也有不同。具体而言,初始确认时,都应按公允价值计量,但对于可供出售的金融资产,相关交易费用应计入初始入账金额;资产负债表日,都应按公允价值计

量,但对于可供出售金融资产,公允价值变动不是计入当期损益,而是计入所有者权益。

对可供出售金融资产的会计分析,应关注其会计处理的正确性,以及其变动规模的大小及合理性。

2. 长期股权投资分析

(1)长期股权投资持有目的分析。一般来说,企业进行长期股权投资的目的有以下几个。

①出于企业战略性考虑;②通过多元化经营而降低经营风险、稳定经营收益;③为将来某些特定目的积累资金;④粉饰财务状况

(2)长期股权投资年度内重大变化分析。长期股权投资年度内的重大变化,有以下3种情况。

①收回或者转让某些长期股权投资。

②增加新的长期股权投资。企业增加新的长期股权投资的目的有可能是:企业根据其战略规划,采取扩张型投资策略,扩大对外投资规模;为了实现业绩的增长而进行的投资组合调整;为了盘活资产存量而进行资产重组活动,以提高资产的利用效率;还有可能是为满足企业操纵利润的目的。

③因权益法确认投资收益而导致长期股权投资增加。一般认为这种增加是一种"泡沫"资产的增加,对企业难以产生实质性贡献。

(3)长期股权投资收益确认方法分析。企业会计准则对成本法和权益法的应用作了规定,下列长期股权投资应当采用成本法核算。

①投资企业能够对被投资单位实施控制的长期股权投资。

②投资企业对被投资单位不具有共同控制或重大影响,并且在活跃市场中没有报价、公允价值不能可靠计量。而投资企业对被投资单位具有共同控制或重大影响的长期股权投资,应当采用权益法。

成本法与权益法各有特点,也各有利弊。成本法操作简便,而且在被投资企业有盈利的情况下,使得投资方财务状况的表达更为稳健,净收益与现金流量比较接近。但是,成本法不能全面反映长期股权投资的真实价值,同时如果投资方实际上能够对被投资企业的利润分配政策施加重要影响,那么该方法也就容易被投资方用来操纵自身的投资收益通过操纵被投资企业各年度的利润分配。如果被投资企业经营亏损却不反映,这也表现出了不稳健。权益法的主要优点是:能够全面反映企业长期股权投资的真实价值,也不易被投资方用来操纵自身的投资收益,而且在被投资企业发生亏损时,使得投资方财务状况的表达更为稳健。但是,权益法操作比较复杂,而且在被投资企业有盈利时,使得投资方财务状况的表达不够稳健,报告净收益与现金流量之间的差异可能很大,企业出于调节利润的考虑,往往会在成本法还是权益法的选择上做文章。典型的做法是:对于盈利的被投资企业,采用权益法核算,而对于亏损的被投资企业,采用成本法核算。

(4)长期股权投资减值准备分析。计提长期股权投资减值准备应分为以下两种情况。

①按照成本法核算的、在活跃市场中没有报价、公允价值不能可靠计量的长期股权投资,在发生减值后,应当将该项投资的账面价值与按照类似金融资产当时市场收益率对未来现金流量折现确定的现值之间的差额,确认为减值损失,计入当期损益;计提的减值损失,不得转回。

②其他长期股权投资项目,当该项投资的可收回金额低于其账面价值时,应当将其账面价值减记至可回收金额,减记的金额确认为资产减值损失,计人当期损益,同时计提相应的资产减值准备;资产减值损失一经确认,在以后会计期间不得转回。

3. 投资性房地产分析

投资性房地应按照成本进行初始计量。投资性房地产后续计量通常采用成本模式,只有在特定条件的情况下才能采用公允价值模式进行计量,即企业有确凿证据表明其投资性房地产的公允价值能够持续可靠取得。但是,同一企业通常只能采用一种模式对所有的投资性房地产进行后续计量,不能同时采用两种模式。

企业采用成本模式对投资性房地产进行后续计量的,若客观证据表明投资性房地产的公允价值可持续可靠地获得,则可以由成本模式改为公允价值模式。但采用公允价值模式进行后续计量的,不能改为成本模式。

4. 固定资产分析

(1)固定资产的规模分析。

(2)固定资产的结构分析。

(3)固定资产折旧的计提分析。

采用合理的固定资产折旧方法计提固定资产折旧额,对于加强企业经济核算,正确计算产品成本和企业盈利,对于足额补偿固定资产损耗,保证固定资产再生的顺利进行均有重要意义。同时,采用不同的折旧方法,对企业的利润及纳税会产生不同的影响。

在进行固定资产折旧分析时,财务分析人员应该注意以下几方面的问题。

①分析企业固定资产折旧方法的合理性。企业选择折旧方法应从企业实际情况出发,但是在实际中企业往往利用折旧方法的选择,来达到调整固定资产净值和利润的目的。

②观察企业的固定资产折旧方法是否前后一致。因为折旧方法一经确定,除非企业的经营环境发生变化,一般不得随意变更。企业变更固定资产折旧方法,可能隐藏一些不可告人的动机。

③分析企业对固定资产净残值及使用年限的估计是否符合国家有关规定,是否符合企业的实际情况。在实际中,一些采用直线法折旧的企业在固定资产没有减少的情况下,通过延长折旧年限,使得折旧费用大量减少,转眼之间就"扭亏为盈"。

对于这样的会计失真现象,财务分析人员在分析时应持谨慎态度,并利用相关信息进行调整。

(4)固定资产减值分析。固定资产减值需要专业性很强的职业判断。分析者分析企业的固定资产减值问题时,要注意企业对固定资产的使用目的,绝不是为了将其出售"收回",而是在长期使用过程中逐渐收回。因此,必须考虑固定资产在企业被利用的状态如何,如果固定资产能够按照既定的用途被企业所利用,即使其市场价格已经低于账面价值,也不能认为企业的固定资产质量低劣。

企业会计准则规定固定资产的资产减值损失不得转回,这在一定程度上避免了上市公司利用资产减值操纵利润。同时,企业会计准则对可收回金额做了明确的解释:可收回金额是指公允价值减去处置费用后的净额与未来现金流量现值孰高;公允价值,综合考虑销售协议价格、市场价格、比较价格;未来现金流量现值,综合考虑未来现金流量、使用寿命、折现率等;把资产可回收金额与资产账面价值比较;确认资产减值损失的同时计提资产减值准备,减值资产的折旧和摊销在未来进行调整。

5. 无形资产分析

(1)无形资产的规模分析。解读无形资产,首先应对其总额进行数量判断,即将无形资产与资产总额进行比较。进行比较时应当结合行业、企业生产经营规模及企业生产经营生命周期来开展。随着知识经济的到来,以电子信息技术为代表的高科技行业迅速崛起,企业的无形资产占资产总额的比重,传统行业(如商品流通企业、工业企业)较低,一般在10%以下,而高新技术企业较高,为30%左右,甚至更高。

(2)无形资产的确认分析。与有形资产相比,无形资产能够给企业带来未来经济利益的大小具有不确定性。这些无形资产的经济价值在很大程度上受企业的外部因素影响,预期的获利能力不能准确地加以确定。无形资产的取得成本不能代表其经济价值,一项取得成本很高的无形资产可能给企业带来较小的经济利益,而取得成本较低的无形资产则可能给企业带来较大的利益。对此,须要关注会计报表附注,分析无形资产的确认是否符合《企业会计准则第6号——无形资产》规定的确认条件。

在资产负债表上作为无形资产列示的主要是企业从外部取得的无形资产。如果企业出现无形资产的不正常增加,则应关注是否是企业为了减少研究和开发支出对利润表的冲击而进行的一种处理。

(3)无形资产的类别比重分析。无形资产分为可辨认无形资产和不可辨认无形资产。可辨认无形资产包括专利权、非专利技术、商标权、著作权、土地使用权、特许权、电子计算机软件、网址和域名等;不可辨认的无形资产是指商誉。一般而言,专利权、商标权、著作权、土地使用权、特许权等无形资产价值质量较高,且易于鉴定。如果企业的无形资产以非专利技术、商誉为主,则容易产生资产的"泡沫"。

(4)无形资产的减值准备。无形资产是一种技术含量很高的特殊资源,它的价值确认存在着高风险。风险是未来预期结果的不确定性程度,表现为由于高估无形资产而背离价值的"泡沫"现象。如果发现下述一种或数种情况,应对无形资产的可收回金额进行估计,并将该无形资产的账面价值超过可回收金额的部分确认为减值准备。

①该无形资产已被其他新技术所取代,使其为企业创造经济利益的能力受到重大影响。

②该无形资产的市价在当期大幅下跌在剩余摊销年限预期不全恢复。

③该无形资产已超过法律保护期限,但仍然具有部分使用人民价值。

④其他是以表明该无形资产的账面集体领导价值已超过可回收金额的情形。

(三)负债及所有者权益项目分析

1. 负债项目分析

偿债能力成为衡量企业财务实力的重要指标,用以揭示企业的财务风险情况。

(1)短期借款分析。企业借入短期借款的目的,一般是为了维持正常的生产经营活动。具有一定数量的短期借款,表明企业拥有较好的商业信用,获得了金融机构的有力支持。

对短期借款规模的分析,主要注意以下两点。

①与流动资产的规模相适应。一般而言,短期借款应当以小于流动资产的数额为上限。

②流动资产规模的变动。短期借款数量的多少往往取决于企业生产经营和业务活动

对流动资金的需要量、现有流动资金的沉淀和短缺情况等。短期借款发生变化,其原因不外乎两大方面:生产经营的需要,企业负债筹资政策的变动。

(2)应付账款分析。分析应收账款的规模时应注意以下问题。

①应付账款的质量界定。判断企业应付账款的质量应与存货相联系,在企业供货商赊销政策一定的条件下,企业的应付账款规模应该与企业的采购规模保持一定的对应关系,且应付账款一般不应高于存货。在企业产销较为平稳的条件下,企业的应付账款规模还应该与企业的营业收入保持一定的对应关系。企业的应付账款平均付账期应保持稳定。但是,如果企业的购货和销售状况没有发生很大的变化,企业的供货商也没有主动放宽赊销的信用政策,则企业应付账款规模的不正常增加、应付账款平均付账期的不正常延长,就是企业支付能力恶化、资产质量恶化、利润质量恶化的表现。对此,应当结合行业、企业生产经营规模、企业经营生命周期及企业的信用政策来分析。一般而言,成长型企业的应付账款较少,而成熟型的企业则较多。

②应付账款规模的变动。企业应付账款规模变动的原因主要有以下几点:企业销售规模的变动;为充分利用无成本资金;提供商业信用企业的信用政策发生变化;企业资金的充裕程度。

(3)其他应付款分析。其他应付款是各期收入和利润的"调节器",当收入多的时候,先在这儿存放,以备不景气的年度使用。

①其他应付款的内容分析。通常情况下,其他应付款只核算企业应付其他单位或个人的零星款项,这些暂收、应付款构成了企业的一项非经常性负债。然而,其他应付款这个科目金额较大,再查明细更是鱼龙混杂,有许多企业将很多不该进的费用都往里填。因为其他应付款常常会隐瞒收入,所以分析人员应将其他应付款明细科目与应收账款明细科目互相核对。如果发现其他应付款中的债权人实际上是购买公司产品的购货方,则应进一步审查公司是否有隐瞒收入的行为。

②关联方分析。关联方分析主要应注意是否存在不合理的拆借。

(4)预收账款分析。预收账款是指企业商品销售尚未发生或劳务尚未提供,而向购货方收取的货款或定金。分析预收账款项目应关注的要点如下。

①预收账款的内容。判断企业预收账款的质量主要用企业经营的生命周期进行衡量。在实际工作中,往往利用预收账款项目调整企业的当期损益,逃避税收。例如,企业在完成销售或收到货款后,为逃税而不作收入处理,将其挂入"预收账款"之中。对此,应严加关注和防范。

②预收账款是一种"良性"债务。一般而言,预收账款是一种"主动"的债务,它表明收款企业的产品结构和销路较好,生产的产品供不应求,也意味着该企业具有较好的未来盈利能力和偿债能力。

③实物清偿。预收账款是一种特殊的债务,在偿付时不是以现金支付,而要以实物支付。

(5)长期借款分析。企业有一定数量的长期借款,表明企业获得了金融机构的有力支持,拥有较好的商业信用和比较稳定的融资渠道。对长期借款进行分析时应注意以下几点。

①与固定资产、无形资产的规模相适应。金融机构对于发放此项信贷有明确的用途和

控制，因此长期借款必须与当期固定资产、无形资产的规模相适应。一般而言，长期借款应当以小于固定资产与无形资产之和的数额为上限。

②与企业当期收益相适应。长期借款使企业在一定时期内形成了一项固定的利息费用。对此，应注重其产出是否大于投入，即资金运用收益是否高于借款利率，可利用财务杠杆进行分析。

③长期借款利息费用的处理。企业会计准则规定，长期借款的利息费用，应当按照权责发生制原则的要求，按期预提计入所购建资产的成本（即予以资本化）或直接计入当期损益（即予以费用化）。由于长期借款利息费用数额较大，直接影响资产账面价值和当期损益的高低，因此必须关注会计报表附注中关于借款费用的会计政策，分析长期借款利息费用的会计处理（资本化或费用化）的合理性。

(6)预计负债分析。我国《企业会计准则第13号——或有事项》中，或有负债被定义为“或有负债，是指过去的交易或者事项形成的潜在义务，其存在须通过未来不确定事项的发生或不发生予以证实；或过去的交易或者事项形成的现时义务，履行该义务不是很可能导致经济利益流出企业或该义务的金额不能可靠计量。”

与或有事项相关的义务同时满足下列条件的，应当确认为预计负债。①该义务是企业承担的现时义务。②履行该义务很可能导致经济利益流出企业。③该义务的金额能够可靠地计量。

与负债相比，或有负债、预计负债在确认和计量上更为复杂。因为后两者的存在与否及金额、受款人和偿付日期主要取决于有关的未来事项是否发生，因此带有很大的不确定性。如果未来事项确定发生，或有负债就成为一项实际的负债；如果未来事项不发生，这种债务义务就不存在。本着传统的稳健性原则，对或有负债进行确认和披露是必要的，不过或有负债的确认和计量要比一般负债更为复杂。

分析或有负债要注意两点：①有的公司故意向投资者隐瞒或有事项的存在。②有的公司将或有事项的披露分散在财务报告的几个部分中。

2. 股东权益项目分析

股东权益可以反映企业资本来源，有助于向股东、债权人等提供有关资本来源、净资产的增减变动、分配能力等对其决策有用的信息。分析股东权益质量时应注意以下两个问题。

①总量判断。资产总额代表了一个企业的生产经营规模。掌握一个企业的资产总额固然重要，但更要关注其净资产有多少，因为净资产表明企业生产经营的最终结果。

②结构判断。分析者可将该项目分为内部和外部两大类，然后进行期末与期初的配比。

在基本确认了股东权益的数额后，还需对股东权益的各个项目进行具体分析。

(1)股本分析。分析股本的规模时应注意以下三个问题。

①实收资本的总额。我国《公司法》规定，在有限责任公司中，以生产经营或商品批发为主的公司，其注册资本不得少于50万元，以商品零售为主的公司，其注册资本不得少于30万元，科技开发、咨询、服务性公司，其注册资本不得少于10万元，而股份有限公司注册资本的最低限额为1 000万元，上市公司资产总额（注册资本）不得少于5 000万元。

②股本与企业的注册资本配比。投入资本是投资者实际投入企业的资金数额，一般情况下，投资者的投入资本，即构成企业的实收资本，也正好等于其在登记机关的注册资本。若实收资本远远低于注册资本，需进一步阅读会计报表附注及公司合同的有关说明，是否

为注册资本不到位或者抽逃注册资本,对此应予以高度重视。

③考察股东权益内部的股东持股构成状况与企业未来发展的适应性。在对公司进行分析时,要首先了解公司控股股东的情况及公司所属子公司情况,了解控股股东的控股比率、公司对控股股东的重要性、控股股东所拥有的其他资产及控股股东的财务状况等。按照企业股权持有者对企业的影响程度,一般可以将企业的股东分为控制性股东、重大影响性股东和非重大影响性股东三类。控制性股东有权决定一个企业的财务和经营政策;重大影响股东则对一个企业的财务和经营决策有参与决策的权利。

(2)资本公积分析。分析资本公积项目应注意以下问题。

①资本公积项目与股本(或股东权益总额)配比。在实际工作中,有的企业为了小集团的利益,在不具备法定资产评估条件的情况下,通过虚假评估来虚增净资产,以达到粉饰企业财务指标(如资产负债率、每股净资产)和企业形象的目的。

②资本公积的用途。根据我国《公司法》等法律的规定,资本公积的用途主要是用来转增资本(或股本)的。资本公积从本质上讲属于投入资本的范畴,由于我国采用注册资本制度等原因导致了资本公积的产生,所以将资本公积转增资本可以更好地反映所有者的权益。

资本公积转增资本虽然没有改变企业的所有者权益(净资产)总额,但是资本公积转增资本可以改变企业投入资本的结构,体现企业稳健、持续发展的潜力。因为企业股本不能用于投资者的分配或者用于弥补亏损。对于股份有限公司而言,它会增加投资者持有的股份,从而增加公司股份的流通量,进而可以激活股价,提高股票的交易量和资本的流动性。

③资本公积转增资本的来源。资本公积形成的来源按其用途主要包括两类:一类是可以直接用于转增资本的资本公积,它包括资本(或股本)溢价、接受现金捐赠、拨款转入、外币资本折算差额和其他资本公积等;另一类是不可以直接用于转增资本的资本公积,它包括接受捐赠非现金资产准备和股权投资准备等。

(3)盈余公积分析。对盈余公积进行质量分析时应注意以下问题。①总量判断;②结构判断;③用途合理性判断。

将盈余公积的期末数与期初数配比,若盈余公积期末数额大大少于期初数额,则需进一步分析盈余公积用途的合理性。

(4)未分配利润分析。企业在使用未分配利润上有较大的自主权,受国家法律和法规的限制比较少。分析分配利润时应注意。

①未分配利润是一个变量,可能是正数(未分配的利润),也可能是负数(未弥补的亏损),可将该项目的期末数与期初数配比,以观察其变动曲线和发展趋势。

②对资产负债表上未分配利润项目的时间界定,应分为(1~11月份)与年终利润分配后(12月份)两部分来解读。平时该项目由企业的年初未分配利润与本年利润两部分构成,而年终利润分配后该项目是利润分配后的余额,以此进一步分析和揭示企业的财务状况。

③现金股利分析。对于我国近年来上市公司的"派现热"应理性看待,需要注意以下事项:根据有关政策,分红派现是上市公司再融资的条件之一,所以有些公司的派现目的往往是为了再融资;"分红"成为大股东套现的一种手段;分配现金股利也是有些公司为提高净资产收益率而使用的手段。

第三节 资产负债表结构分析

一、资产负债表结构分析表的编制

结构分析，就是纵向分析，属于比较分析法的一种类型。结构分析的基本点是通过计算财务报表中各项目的数据与总体（或称报表合计数）的比重来反映财务报表中各项目的相对重要性和财务报表的总体结构关系，以得出该项目在总体中的位置、重要性与变化情况，计算公式为

$$某项目的比重=\frac{该项目金额}{各项目合计}\times 100\%$$

通过垂直分析可以了解企业的经营是否有发展进步及其发展进步的程度和速度见表4.4。

表4.4 SYMC公司资产负债表垂直分析表

2010年12月31日　　单位：人民币元

资产	年初余额	期末余额	期初(%)	期末(%)	变动情况
流动资产：					
货币资金	36 717.92	27 794.38	5.86%	3.85%	-2.01%
交易性金融资产					
应收票据	14 672.33	2 144.39	2.34%	0.30%	-2.04%
应收账款	93 156.95	91 464.99	14.87%	12.68%	-2.19%
预付款项	73 184.25	86 205.55	11.68%	11.95%	0.27%
应收利息					
应收股利	13 872.92	6 989.90	2.21%	0.97%	-1.25%
其他应收款	109 541.38	131 280.47	17.48%	18.19%	0.71%
存货	143 688.76	221 486.25	22.93%	30.69%	7.76%
一年内到期的非流动资产					
其他流动资产					
流动资产合计	484 834.51	567 365.93	77.37%	78.63%	1.26%
非流动资产：					
可供出售金融资产					
持有至到期投资					
长期应收款					
长期股权投资	27 705.10	30 096.60	4.42%	4.17%	-0.25%
投资性房地产					
固定资产	55 047.90	68 862.64	8.78%	9.54%	0.76%
在建工程	26 421.04	18 642.56	4.22%	2.58%	-1.63%
工程物资					
固定资产清理					
生产性生物资产					
油气资产					
无形资产	28 868.88	32 355.19	4.61%	4.48%	-0.12%
开发支出	198.01	1 008.18	0.03%	0.14%	0.11%
商誉					
长期待摊费用	196.95		0.03%	0.00%	-0.03%

续表 4.4

资产	年初余额	期末余额	期初(%)	期末(%)	变动情况
递延所得税资产	3 358.11	3 250.56	0.54%	0.45%	-0.09%
其他非流动资产					
非流动资产合计	141 795.99	154 215.73	22.63%	21.37%	-1.26%
资产总计	626 630.50	721 581.66	100.00%	100.00%	0.00%
流动负债:					
短期借款	220 974.36	275 029.59	35.26%	38.11%	2.85%
交易性金融负债					
应付票据	42 274.12	1 577.91	6.75%	0.22%	-6.53%
应付账款	139 560.21	189 297.30	22.27%	26.23%	3.96%
预收款项	7 199.42	21 148.41	1.15%	2.93%	1.78%
应付职工薪酬	4 854.47	5 786.21	0.77%	0.80%	0.03%
应交税费	5 158.35	1 943.69	0.82%	0.27%	-0.55%
应付利息	287.64		0.05%	0.00%	-0.05%
应付股利	659.49	658.51	0.11%	0.09%	-0.01%
其他应付款	48 804.63	27 810.68	7.79%	3.85%	-3.93%
一年内到期的非流动负债	3 768.12	35 946.83	0.60%	4.98%	4.38%
其他流动负债					
流动负债合计	473 540.81	559 199.13	75.57%	77.50%	1.93%
非流动负债:					
长期借款	56 015.78	55 226.82	8.94%	7.65%	-1.29%
应付债券					
长期应付款	9 325.50	5 326.17	1.49%	0.74%	-0.75%
专项应付款	11.52	1 842.45	0.00%	0.26%	0.25%
预计负债					
递延所得税负债					
其他非流动负债	4 333.53	8 479.90	0.69%	1.18%	0.48%
非流动负债合计	69 686.33	70 875.34	11.12%	9.82%	-1.30%
负债合计	543 227.14	630 074.47	86.69%	87.32%	0.63%
股东权益:					
股本	43 035.18	43 035.18	6.87%	5.96%	-0.90%
资本公积	30 019.44	30 019.44	4.79%	4.16%	-0.63%
减:库存股					
专项储备		71.35	0.00%	0.01%	0.01%
盈余公积	6 286.51	7 096.89	1.00%	0.98%	-0.02%
一般风险准备					
未分配利润	4 062.23	11 284.33	0.65%	1.56%	0.92%
股东权益合计	83 403.36	91 507.19	13.31%	12.68%	-0.63%
负债和股东权益总计	626 630.50	721 581.66	100.00%	100.00%	0.00%

二、资产负债表的结构分析

结构分析主要是分析各项目占全部的比重进而判断其合理性，财务分析人员可以从以下角度对资产结构进行分析。

（一）从流动资产与非流动资产比例角度分析

2010 年该公司的流动资产占资产总额的 78.63%，2006 年该公司的流动资产占资产总额的 77.37%，可见该公司的流动资产占全部资产的比重很高。另外，结合该公司制造业的行业特点，公司的应收账款、预付账款和存货比例较高，反映了该公司的资产流动性很好。由于该公司的流动资产比例较大，可观察出该公司的生产能力水平较高、运营能力较强。

（二）从有形资产和无形资产比例角度分析

该公司 2010 年与 2009 年相比其无形资产占资产总额比重略有下降，但 2010 年较 2009 年的开发支出有大幅提高，尽管比例还不是很高，但这种现象说明该企业自主开发能力有所增强，这一点与对该企业的调查结果相符：该企业是一家机械制造企业，近年来该企业由主要集成国外产品正在向集成与自主开发并重、逐步向自主开发转型。

（三）从固定资产和流动资产比例角度分析

在企业资产结构体系中，固定资产与流动资产之间的结构比例是最重要的内容。固定资产与流动资产之间的结构比例通常称为固流结构。在企业经营规模一定的条件下，如果固定资产存量过大，则会使正常的生产能力不能充分发挥，造成固定资产的部分闲置或生产能力利用不足；如果流动资产存量过大，则又会造成流动资产闲置，影响企业的盈利能力。无论以上哪种情况出现，最终都会影响企业资产的利用效果。

对一个企业而言，主要有以下三种固流结构策略可供选择。

（1）适中的固流结构策略。采取这种策略，通常使固定资产存量与流动资产存量的比例保持本企业的平均水平。在该种情况下，企业的盈利水平一般，风险程度也一般。

（2）保守的固流结构策略。采取这种策略，流动资产比例较高，由于流动资产增加，提高了企业资产的流动性，因此降低了企业的风险，但同时也会降低企业的盈利水平。

（3）冒险的固流结构策略。采取这种策略，流动资产比例较低，资产的流动性较低。虽然因为固定资产占用量增加而相应提高了企业的盈利水平，但同时也给企业带来了较大的风险。

企业具体采用哪种结构应结合盈利水平与风险、行业特点、企业经营规模等各方面因素综合考虑。

这里所讲的平均水平是指同行业的平均水平，不同时期、不同企业所采用的数据应有所不同。比如，可以与国内同行业企业比较、与本地区同行业企业比较，也可以与国际同行业企业比较，主要看本企业在行业中所处位置来选择比较的基准数据。

SYMC 公司 2010 年固定资产占资产总额比重为 8.78%，而流动资产比重为 77.37%，两者之间的比例为 1:8.8，这种结构是否合理还应结合该公司的行业特点等相关信息才能做出正确的判断。

（四）流动资产内部结构分析

企业流动资产内部结构是指各类流动资产在全部流动资产中所占的比重。由于流动资产的变现能力不同，通常可将流动资产分为速动资产和存货两类，因此研究流动资产内部结构，可通过计算与分析流动资产中速动资产和存货比重来进行。表 4.5 是 SYMC 公司的流动资产内部结构分析表。

表4.5 流动资产内部结构分析表

单位:万元

项目	2010年	2009	年差异
速动资产	60.96%	70.36%	-9.40%
存货	39.04%	29.64%	9.40%
流动资产合计	100%	100%	

从以上分析可看出,该公司2010年的速动资产占全部流动资产的比重为60.96%,是比较高的。这一方面有利于提高公司资产流动性,另一方面也说明公司的资金可能过多地滞留在速动资产上,使得企业资金使用效率偏低。而公司的存货占全部流动资产的比重从2009年的29.64%提升为39.04%,上升幅度不太大,原因可能是该公司扩大生产规模所致。

从该公司的资本结构来看,2009年负债占86.69%,权益占13.31%,2010年负债占87.32%%,权益占12.68%。可以说该公司资本结构中负债所占比例较大,公司的财务风险较高。从资本结构这两年的变动来看,资本结构比例略有变化,但变化不大,说明该公司的资本结构是比较稳定的。

从负债的结构构成来看,2010年流动负债占负债总额的88.75%,非流动负债占负债总额的11.25%;而2009年的负债构成为流动负债占87.17%,非流动负债占12.83%。2010年与2009年相比,流动负债所占的比重有所增加。这在一定程度上说明了该公司的短期偿债风险有所加大,在进一步的偿债能力分析中应该给予关注。

对比2009年和2010年的报表数据,SYMC公司的股东权益结构为2010年12.68%,2009年为13.31%,变化不大,比较稳定。

三、应用结构分析需要注意的问题

应用结构分析需要注意以下问题。

(一)总体基础的唯一性

财务报表分析中,总是将财务报表中某一关键项目当作一个整体,然后再把构成这一整体的部分与之进行对比,因此总体基础的选择需要事先明确。一般来说,如果对资产负债表进行垂直分析,则选择资产总额作为总体基础;除此以外,财务报表使用者还可以根据需要进一步确定不同的总体基础,如流动资产总额(进行流动资产结构分析)、存货总额(进行存货结构分析)、流动负债总额(进行流动负债结构分析)等。

(二)分析角度的多维性

对于同一种总体基础,报表使用者可以从不同维度进行分析,从而满足不同的分析目的。例如,对于资产结构分析,可以从流动资产与非流动资产比例角度分析,也可以从有形资产与无形资产角度分析;对于应收账款结构分析,既可以进行账龄结构分析,也可以进行客户结构分析;对于负债结构,不仅可以进行负债期限结构分析,还可以进行负债方式结构分析、负债成本结构分析;对于营业收入结构,既可以分析营业收入来源的业务结构,也可以分析营业收入来源的地区结构。

(三)项目数据的可比性

在进行同一企业前后期或不同企业同一期的结构分析时,要保持计算口径一致。因为如果同一企业前后期或不同企业同一期对于同一个项目采取不同的会计政策和会计估计，会直接导致数据的不可比。例如，对于同一类型的固定资产采用不同的折旧方法会导致企业固定资产价值大小不同。再如，两个企业或同一企业不同时期，即使实际情况完全相同，也会因为采用不同的存货计价方法，对期末存货、企业利润等产生重大影响。如果遇到这种情形，财务报表使用者需要对报表数据进行调整后再做分析。

第四节　资产负债表质量分析

一、流动资产质量分析

（一）货币资金质量分析

对企业货币资金质量的分析，主要应从以下几个方面进行。

1. 分析企业日常货币资金规模是否适当

为维持企业经营活动的正常运转，企业必须保有一定的货币资金余额。从财务管理的角度来看，过低的货币资金保有量将严重影响企业的正常经营活动、制约企业发展；而过高的货币资金保有则会浪费投资机会，同时还会增加企业的筹资成本。因此，判断企业日常货币资金规模是否适当，就成为分析企业货币资金运用质量的一个重要方面。

企业货币资金的规模（余额）会由于企业的具体情况而不同。企业货币资金的规模是否适当，主要取决于下列因素。

（1）企业的资产规模。

（2）业务收支规模。

（3）企业的行业特点。

（4）企业对货币资金的运用能力。

（5）企业近期偿债的资金需求。

（6）企业的利润状况和相应的现金后果。

（7）所处的融资环境等。

2. 分析企业货币资金的收付制度

在货币资金的收入方面，由于收款主要由销售而引起，因此，与货币资金收入有关的内部控制制度主要应该涉及销售过程和具体的收款过程两个方面。主要包括。

（1）客户的选择（主要应评估客户的未来偿债能力）。

（2）对特定客户销售特定商品种类、数量的决定。

（3）销售数量与折扣等级的决定。

（4）收款条件（预收、现销、赊销或组合）的决定。

（5）商品或产品出库数量和质量的确定。

（6）债权催收工作部门的确定。

（7）具体收款环节以及会计处理。

在货币资金的支出方面，由于付款主要由采购而引起，因此，与货币资金支出有关的内部控制制度主要应该涉及采购过程和具体的付款过程两个方面。主要包括。

(1)对采购需求的确定(包括采购种类、数量、质量以及必要性和合理性的确定)。

(2)对采购时机的确定。

(3)对供货商的选择(主要应评估不同供货商在质量、价格、交货条件以及售后服务等方面的质量差异)。

(4)从特定供货商采购特定商品种类的决定。

(5)从特定供货商采购特定商品数量的决定。

(6)采购数量与折扣等级的谈判与决定。

(7)付款条件(预付、现付、赊购或组合)的决定。

(8)采购商品或产品入库数量和质量的确定。

(9)具体付款环节以及会计处理。

在上述主要环节中,企业应当尽可能地由具有不同授权的人员或部门来完成,以保证企业内部各部门或人员在业务上的互相牵制。

3. 分析企业货币资金动态质量

由于物价波动、技术发展等方面的原因,相同数量金额的货币资金在不同时点的购买力会有所波动。

在企业的经济业务涉及多种货币、企业的货币资金有多种货币的条件下,由于不同货币币值有不同的未来走向,不同货币币值的走向决定了相应货币的质量。

对企业保有的各种货币进行汇率趋势分析,可以确定企业持有的货币资金的未来质量。

(二)交易性金融资产质量分析

分析交易性金融资产的质量特征时,应关注其公允价值这一计量属性,着重分析该项目的盈利性大小。具体地说,应从如下两方面进行分析。

(1)分析同期利润表中的"公允价值变动损益"及其在会计报表附注中对该项目的详细说明,通过把握因交易性金融资产投资而产生的公允价值变动损益为正还是为负,来确定该项资产的盈利能力。

(2)分析同期利润表中的"投资收益"及其在会计报表附注中对该项目的详细说明,通过把握因交易性金融资产投资而产生的投资收益为正还是为负,来确定该项资产的盈利能力。

当然,若此项投资的规模过大,必然影响企业的正常生产经营,也有人为地将长期投资划转入该项目挂账以"改善"其流动比率之嫌。我们可以从其规模的波动情况、现金支付能力、投资收益构成等方面进行判断。

(三)应收票据质量分析

在我国的会计实务中,在资产负债表上,应收票据反映的是企业未到期收款也未向银行贴现的应收票据面值。对于已贴现的应收票据,则视为企业的一项或有负债。

因此,在分析该项目时,应结合会计报表附注中的相关披露以了解企业是否存在已贴现的商业汇票,据以判断其是否会影响企业将来的偿债能力。

(四)应收账款质量分析

企业应收账款规模越大,其发生坏账的可能性也越大,对于应收账款项目来说,分析其变现性的大小是对其进行质量分析的关键。

对应收账款变现性的分析,主要从以下几个方面进行。

1. 对债权的账龄进行分析

债权的账龄分析就是对客户所欠账款时间的长短进行分析。由于债权的账龄长短与发生坏账可能性的大小成正比,据此可对不同账龄的债权判断其质量的高低,也可为制定或调整企业的信用政策提供依据,为企业组织催账工作和估计坏账提供依据。

2. 对债务人的构成进行分析

在很多情况下,企业债权的质量,不仅与债权的账龄有关,还与债务人的构成有关。因此,在有条件的情况下,可以通过对债务人的构成分析来对债权的质量进行分析。

对债务人的构成进行分析,可以从以下几个方面进行。

(1)从债务人的行业构成进行分析,如民用品、工程项目、政府项目("千年不还、万年不赖")。

(2)从债务人的区域构成进行分析。

(3)从债务人的所有权性质进行分析。

(4)从债权企业与债务人的关联状况进行分析。

(5)从债务人的稳定程度进行分析。

(6)从债务人的信用构成进行分析。

3. 对形成债权的内部经手人构成进行分析

大量的实践表明,形成债权的内部经手人对企业债权的质量影响重大,如经手人员流动情况、责任心等。

在分析应收账款的质量时要特别关注企业坏账准备计提的合理性。应收账款作为一项金融资产,应当在资产负债表日对其进行减值检查,将其账面价值与预计未来现金流量现值之间的差额确认为减值损失,计入当期损益。

(五)存货质量分析

对存货的质量分析,应当结合该项目本身的物理属性和预期效用,从真实性、盈利性、变现性以及周转性及存货项目等几个方面进行重点分析。

1. 真实性分析

存货是企业重要的实物资产,因此,首先应经常对库存的实物存货价值与其账面价值进行核对,看其是否相符;其次,应检查其待售商品是否完好无损,产成品的质量是否符合相应的产品等级要求,库存的原材料是否属于生产所需,等等,以保证存货的真实性、合理性。

对存货真实性的分析,可以初步确定企业存货的状态,为分析存货的被利用价值和变现价值奠定基础。

2. 盈利性分析

存货的毛利率在很大程度上体现了企业在存货项目上的获利空间,也反映了企业在日常经营活动中的初始获利空间。

毛利率下降,或者意味着企业的产品在市场上的竞争力下降,或者意味着企业的产品生命周期出现了转折,或者意味着企业生产的产品面临着激烈的竞争。当然,企业年度间毛利率的变化也有可能是企业通过低转或高转成本、改变存货计价和盘存方式等手段,人为进行利润操纵的结果。

在对存货进行质量分析时,应尽量排除各种主观因素的影响。

3. 变现性分析

通过对存货跌价准备计提的分析,考察存货的变现性时,应首先对其计提的合理性进行判别。一方面,要特别关注企业是否存在利用存货项目进行潜亏挂账的问题。一些企业利用存货项目的种类繁杂、金额庞大、重置频繁、计价方法多样、审计难度大等特点,采用种种非法手段,将积压产品、残品等已经失去了变现性的存货,通过在存货项目中长期挂账,来隐蔽潜在的亏损局面。另一方面,还要注意考察企业是否通过存货跌价准备计提进行巨额摊销,为来年的"扭亏为盈"提供机会。

此外,还要关注报表附注有关存货担保、抵押方面的说明。如果企业存在上述情况,这部分存货的变现性就会受到影响。

4. 周转性分析

存货周转率是一个动态的内部管理指标,其反映一定时期的存货流转的速度。从公式上看,它是销售成本和平均存货水平的比值,通常越大越好。尽管存货周转率为一数值,但它同样是一个动态运营的反应。因为销售成本决定于公司的采购成本、转换成本、其他成本和成本计算方法,而平均的存货水平也是连续运营作用的综合结果。企业关注的焦点在于减少存货和加速流转。减少存货可以有效减少资金占用和降低经营风险,改善公司的财务状况和提高抵抗风险的能力。加速流转可以有效提高公司的盈利能力,从而创造更多的价值。在周转一次可以产生毛利的情况下,在其他条件相同时,企业存货周转速度越快,一定时期的盈利水平也就越高。

5. 存货项目分析

存货主要分为库存材料、在产品、产成品等项目。分析存货构成的项目时,应仔细阅读报表附注中披露的存货构成项目和金额,还应结合市场销售情况,关注库存材料是否保持在再生产正常进行的最低水平;在产品是否保持在一个稳定的水平而使生产过程持续进行;产成品不同品种的赢利能力、技术状态、市场发展前景等的状况不同,企业是否过分依赖某一种产品或几种产品。

现代企业都尽量通过各种有效的管理手段来降低存货规模,不仅可以减少资金占用,而且还可以减少仓储费用,降低市场变化可能带来的风险,企业待售的产品尤其要少。

(六)其他流动资产项目的质量分析

1. 预付账款分析

一般情况下,企业的预付账款债权不会构成流动资产的主体部分。如果企业的预付账款较高,则可能与企业所处行业的经营特点和付款方式相关;也可能是由企业以往的商业信用不高引起;当然还有可能是企业向有关单位提供贷款的信号,如果是这种情况,则该项目很有可能成为不良资产区域。

然而在供货商较为稳定的条件下,企业的预付账款应该按照约定转化为存货。因此,正常的预付账款质量较高。

2. 其他应收款分析

在实际工作中,一些企业为了种种目的,常常把其他应收款作为企业调整成本费用和利润的手段,把一些本应该计入当期费用的支出或本应计入其他项目的内容放在其他应收款中。因此,分析其他应收款时,最主要的是观察其他应收款的增减变动趋势,如果发现企业的其他应收款余额过大甚至超过应收账款,就应注意分析是否存在操纵利润的情况。

其他应收款不是企业主要的债权项目,数额及所占比例不应过大。如果其数额过高即为不正常。因此,应借助报表附注仔细分析其具体构成项目的内容和发生时间,特别是金额较大、时间较长、来自关联方的其他应收款。要警惕企业利用该项目粉饰利润、大股东抽逃或无偿占用资金及转移销售收入偷逃税款等行为。

其他应收款多指与企业生产经营相关性不大的拖欠款。关联方尤其是大股东占用上市公司资金是目前证券市场上较为常见的一种现象,若长期不归还,可能导致上市公司资产质量恶化。

二、主要非流动资产质量分析

(一)可供出售金融资产质量分析

在分析该项目时,要关注其分类是否恰当,确认是否符合相应的标准,会计处理是否正确。尽管按照规定,一旦划定为交易性金融资产,不能再重分类为其他类别的金融资产,其他类别的金融资产也不能再重分类为交易性金融资产。但企业还是有可能出于粉饰业绩的目的,将升值的金融资产划分为交易性金融资产,把公允价值变动收益直接确认为当期损益;而将贬值的金融资产划分为可供出售金融资产,把公允价值变动损失通过计入资本公积来避免其对当期损益造成的负面影响。

(二)持有至到期投资质量分析

持有至到期投资的目的主要是通过定期收取利息来获得长期稳定的收益,同时又由于到期收回本金从而在很大程度上降低了投资风险。

1. 持有至到期投资的盈利性分析

企业购买国债、企业债券以及金融债券是持有至到期投资的主要内容,其投资收益为定期收取的利息。对持有至到期投资盈利性的分析,首先应当根据当时宏观金融市场环境,判断投资收益的相对水平。一般地说,持有至到期投资的收益率应高于同期银行存款利率,具体收益水平要视债券种类以及所承受的风险大小来定。另外还要注意,持有至到期投资的投资收益是按照权责发生制原则确定的,并不与现金流入量相对应,投资企业是否收到利息,都要按应收利息计算出当期的投资收益。大多数情况下,投资收益的确认都先于利息的收取,由此会在一定程度上导致投资收益与现金收入的不一致。

2. 持有至到期投资的变现性分析

(1)根据其项目构成及其债务人构成分析。对持有至到期投资而言,虽然投资者按照约定,将定期收取利息、到期收回本金,但是债务人能否定期支付利息、到期偿还本金,取决于债务人在需要偿还的时点是否有足够的现金。因此,有必要对其项目构成及其债务人构成进行分析,并在此基础上对债务人的偿债能力做出进一步的判断,从而评价该项目的变现性。分析时可参阅会计报表附注中关于持有至到期投资明细表,并结合其他市场信息因素进行判断。

(2)根据持有至到期投资的减值情况来分析。通过分析该项目的减值准备的计提情况,便可直接判断持有至到期投资的变现性。要必须注意企业出于粉饰业绩的目的,通过少提或多提减值准备的方式来达到虚增或虚减持有至到期投资账面价值和利润的目的。按照我国会计准则的规定,固定资产、无形资产、长期股权投资以及采用成本模式计量的投资性房地产所计提的资产减值准备一经计提不得再转回,而对持有至到期投资、贷款和应收款项等金融资产,计提减值准备后如有可观证据表明该项目价值有所回升,且客观上与确认该损失后的事项有关(如债务人的信用评级已提高)的,原计提的减值准备允许予以转回。因此,要特别注意企业对该项目的调整。

(三)长期股权投资质量分析

在分析企业的长期股权投资项目时,应重点从其盈利性和变现性角度进行分析。

1. 盈利性分析

长期股权投资项目的盈利性具有较大的波动性,具体的分析要依据其投资方向、年内所发生的重大变化、投资所运用的资产种类、投资收益确认方法等因素来确定。

(1)股权投资方向。在考察长期股权投资方向时,应该主要考察的是投资方的投资方向或者与其核心竞争力之间构成的关系。

(2)长期股权投资年度内的重大变化。长期股权投资年度内的重大变化有以下几种情况:①收回或者转让某些长期股权投资而导致长期股权投资减少。②增加新的长期股权投资而导致长期股权投资增加。③因权益法确认投资收益而导致长期股权投资增加。

(3)长期股权投资所运用资产种类。企业既可用货币资金对外投资,也可用表内的非货币资源对外投资,还可用表外的无形资产对外投资。

(4)长期股权投资收益确认方法。成本法下的投资收益确认与货币资金的流入有直接关系,即成本法下的投资收益不会带来利润(投资收益)和长期投资的"泡沫"(这里的"泡沫"是指不能用于支付或者分配的资产和利润)成分。

权益法下在被投资方有利润时,不论被投资方是否分配现金股利,投资方均按照被投资方的新增净利润的持股份额确认投资收益,同时确认长期投资资产金额的增加。在被投资方分配现金股利时,则相应冲减长期投资的金额。但是,从整体来看,被投资方不可能将其实现的净利润全部作为现金股利分配掉。因此,权益法确认投资收益会不可避免地出现投资收益和长期股权投资的"泡沫"成分。"泡沫"成分的大小,取决于被投资方分派现金股利的程度。

(5)投资收益确认方法选择偏好。在很多情况下,企业在应该采用权益法进行长期股权投资核算、确认投资收益的条件下却采用成本法,或者暂时中断运用权益法,改用成本法进行长期股权投资。

企业不用权益法的主要出发点并不是不希望企业的资产和利润出现"泡沫"成分,而是不希望自己的利润受到被投资者不良业绩的影响。

2. 变现性分析

企业的长期股权投资,要么不能收回,要么以不确定的价格转让。这使得投资方在股权转让中的损益难以预料。因此,该项目的账面金额与其可回收的金额之间有可能出现很大程度的差距,这使得长期股权投资的变现性也有可能会出现较大幅度的波动。

此外,通过分析长期股权投资减值准备计提的情况,也可在一定程度上反映出该项目的变现性。

(四)投资性房地产质量分析

分析该项目的盈利性是判断其质量的重要因素。

我国《企业会计准则第3号——投资性房地产》"第9条"对投资性房地产的后续计量规定:"企业应当在资产负债表中采用成本模式对投资性房地产进行后续计量,但本准则第十条规定的除外。"第十条规定"有确凿证据表明投资性房地产的公允价值能够持续可靠取得的,可以对投资性房地产采用公允价值模式进行后续计量。"可见,我国新准则更倾向于采用成本法计量。

投资性房地产的盈利性并不会随着资产价值重估或入账模式改变而有所变动。实际上,投资者在未来几年的时间里,将看到由于投资性房产实行公允价值后导致净资产的增加,但同时也会导致相关的净资产收益率相对降低。因而,这仅仅是投资性房产这一块资产价值何时入账的问题,对于公司的成长,并无实质的改变。

一般地说,出于多种原因的考虑,企业还是会倾向于选择沿用成本模式,舍弃公允价值模式。

(五)固定资产质量分析

对固定资产的分析,可主要从以下几个方面进行。

1. 固定资产结构分析

企业的固定资产占用资金数额大、资金周转时间长,是资产管理的重点。但是,企业拥有的固定资产不都是生产经营使用的,为此,必须保持合理的结构。在分析该项目时,应该首先了解固定资产结构。

固定资产结构分析是指各类固定资产的价值在全部固定资产总额中所占比重的分析,其计算公式为

$$某类固定资产所占比重=\frac{某类固定资产价格}{固定资产总额}\times 100\%$$

对固定资产结构分析可从以下两个方面进行:一是要分析生产用固定资产与非生产用固定资产之间比例的变化情况。在各类固定资产中,生产用固定资产,特别是其中的生产设备,同企业生产经营直接相关,在全部资产中占较大的比重。二是分析未使用和不需用固定资产比率的变化情况,查明企业在处置闲置固定资产方面的工作是否具有效率。要对固定资产的配置做出切合实际的评价,还必须结合企业的所处行业和生产技术特点。

2. 固定资产原值的变化情况分析

固定资产原值的变化可以在一定程度上反映企业固定资产的质量变化。由于特定企业生产经营状况的特点,企业对各类固定资产的结构有不同的要求。企业在各个会计期间内固定资产原值的变化,应该朝着优化企业内部固定资产结构、改善企业固定资产的质量、提高企业固定资产利用效果的方向而努力。因此,从企业年度内固定资产结构的变化与企业生产经营特点之间的吻合程度,就可以对企业固定资产的质量变化情况做出判断。

3. 固定资产折旧分析

固定资产折旧分析主要应从以下三方面入手:

(1)企业固定资产预计使用年限和预计净残值确定的合理性。固定资产预计使用年限和预计净残值的估计是否符合国家有关规定,是否符合企业的实际情况。在实际当中,一

些采用直线法折旧的企业在固定资产没有减少的情况下，通过延长折旧年限使得折旧费用大量减少，转眼之间就“扭亏为盈”，对于这样的会计信息失真现象，财务分析人在分析时持谨慎态度，并予以调整。

(2)企业固定资产折旧方法的合理性。

(3)企业的固定资产折旧政策是否前后一致。固定资产预计使用年限和预计净残值、折旧方法等一经确定除非企业的经营环境发生变化，一般不得随意变更。对企业变更固定资产折旧方法要特别给予注意。

(六)无形资产质量分析

应从盈利性、变现性等方面进行分析。

1. 无形资产的盈利性分析

无形资产的盈利性具有很大的不确定性，因而分析无形资产的盈利性，不是一件容易的事情。在分析时，要详细阅读报表附注及其他有助于了解企业无形资产类别、性质等情况的说明。

不同项目的无形资产的特性相差悬殊，其盈利性也各不相同，因此不可一概而论。一般地说，专利权、商标权、著作权、土地使用权、特许经营权等无形资产由于有明确的法律保护的时间，因此其盈利性相对较为容易判断。而像专有技术等不受法律保护的项目，其盈利性就不太好确定，同时也容易产生资产的泡沫。

虽然无形资产可以为企业带来一定收益，但具有不确定性。在许多情况下，无形资产质量恶化是可以通过某些迹象来判断的。

①某无形资产已被其他新技术所替代，使其为企业创造经济利益的能力受到重大不利影响。

②某项无形资产的市价在当期大幅度下跌，并在剩余摊销年限内不会恢复。

③其他足以证明某项无形资产实质上已经发生了减值的情形。

2. 无形资产的变现性分析

无形资产在市场上通过转让而变现，是其价值实现的一种有效途径。但其变现价值存在着较大的不确定性。

企业无形资产的变现性主要从三个方面进行分析。

①是否为特定主体所控制。

②是否可以单独进行转让。

③是否存在活跃的市场进行公平交易。

通常情况下，无形资产的市场转让活跃程度会在很大程度上决定无形资产变现性的大小，对于那些为特定企业所持有、不可转让的无形资产来说，就基本不具有变现性。能够顺利变现的无形资产通常只包括专利权、商标权、土地使用权、特许经营权和专有技术等。另外，无形资产在用于对外投资时的增值潜力也在一定程度上反映该项资产的变现性。

(七)长期待摊费用分析

长期待摊费用实质上是按照权责发生制原则资本化的支出，本身没有交换价值，不可转让，因而根本没有变现性，盈利性的大小要视具体项目情况而定。一般地说，其数额越大，表明企业未来的费用负担越重。

在分析长期待摊费用项目时，应注意企业是否存在人为地将长期待摊费用作为利润调节器的情况。即在当期利润不足的情况下，将部分本应当期承担的费用资本化为长期待摊费用，或将长期待摊费用挂账而延期摊销；而在当期利润较为富裕的情况下，又会采用“以丰补亏”的做法，加大长期待摊费用的摊销力度，为今后经营业绩的保持奠定基础。

三、流动负债质量分析

流动资产是一年内可变现为货币的资产项目，流动负债为一年内应清偿的债务责任。因此，在任一时点上，两者的数量对比关系对企业的短期经营活动均会产生十分重要的影响。此外，流动负债构成各部分的流动性、流动负债各部分的可控制程度等对企业短期经营亦有着很大的影响。

对流动负债的质量分析，主要应关注以下几个方面。

（一）流动负债构成比率的计算与分析

流动负债比率是指流动负债与负债总额之比，即

$$流动负债占负债总额比率 = \frac{流动夏债}{钢值品起} \times 100\%$$

流动负债占负债总额比率越高，说明企业对短期资金的依赖性越强，企业偿债的压力也就越大；这个比重越低，说明企业对短期资金的依赖程度越小，企业面临的偿债压力也就越小。

对流动负债与总负债比率应确定一个合理的水平。其衡量标志是在企业不发生偿债风险的前提下，尽可能多地利用短期负债融资，因为短期负债的融资成本通常低于长期负债。同时，还应考虑资产的周转速度和流动性。如果企业的流动资产的周转速度快，从而资金回收快，可融通的短期负债就可以多些；相反，短期负债融资则应少一些。

（二）流动负债周转分析

流动负债各个构成项目的周转期间并不一致。有的项目流动性较高，在一年内甚至更短的时期内就要进行偿付（如短期借款一般都会在一年内得到偿付）；有的项目流动性较低，在很长的时间甚至超过一年或超过一年的一个营业周期以上的时间内进行清偿，如一些与关联企业往来结算而形成的其他应付款项。在判断一个企业的流动性风险时，应该把这些因素考虑在内。流动性较差的短期负债会在无形中降低企业的流动性风险。如果不对流动负债内部成分按照流动性进行区分与分析，往往会高估企业的流动性风险。

在对流动负债周转进行分析的过程中，应该特别注意应付票据与应付账款的规模变化及其与企业存货规模变化之间的关系。在企业存货规模增加较大，而同时企业应付票据与应付账款的规模也增长较大的情况下，这种应付票据与应付账款的规模增加可能在很大程度上代表了企业供应商的债权风险。

（三）流动负债增减变动分析

流动负债增减变动分析，就是分析流动负债内部各项目发生了哪些变化。分析时从期初和期末的短期借款、应付票据、应付账款、其他应付款等在流动负债总额中所占比率的增减变化，来分析判断流动负债构成比率与变动趋势是否合理，对企业的生产经营活动有什么影响。

四、非流动负债质量分析

非流动负债是指一年以上偿还的债务，包括长期借款、应付债券、长期应付款、专项应付款、预计负债、递延所得税负债及其他非流动负债等。

企业非流动负债的质量分析，应该关注以下几个方面。

(一)企业非流动负债所形成的固定资产、无形资产的利用状况与增量效益

企业的非流动负债是有代价的财务来源，而非流动负债所形成的固定资产、无形资产又是为企业的经营活动创造条件的。因此，在财务关系上，就要求企业非流动负债所形成的固定资产、无形资产必须得到充分利用，并产生相应的增量效益。只有这样，企业的非流动负债才能够形成良性周转。

1. 企业非流动负债所形成的固定资产、无形资产必须得到充分利用

企业资产必须得到充分利用，得不到充分利用的固定资产和无形资产，即使其物理质量很高、取得成本很高，但由于其利用率不高而难以产生应有的财务效益。

2. 企业非流动负债所形成的固定资产、无形资产必须产生增量效益

较高的利用率并不一定能够自动产生增量财务效益。这是因为，固定资产和无形资产的利用将推动企业营业收入的增长，但企业的效益则是收入减去各种成本费用的结果。

(二)企业非流动负债所形成的长期股权投资的效益及其质量

在企业的长期股权投资靠非流动负债来推动的条件下，企业的长期股权投资必须产生投资收益，且投资收益应该对应相当规模的货币回收。这样，非流动负债的本金和利息才有可能得以偿还。

(三)企业非流动负债所对应的流动资产及其质量

在某些时候，企业的非流动负债被用于补充流动资金，从而形成流动资产。在这种情况下，相应流动资产的质量将直接决定企业非流动负债的偿还状况。应该特别关注的是，企业的流动资产中有无不良占用(典型性的不良占用包括非正常其他应收款、呆滞债权和积压、周转缓慢的存货等)。

(四)预计负债分析

一项或有事项是否会被确认为负债，在很大程度上要由人来主观判断，这样不可避免会出现有的企业利用该项目进行利润操纵的现象。是否具有利用预计负债操纵利润的嫌疑，要根据财务报告中的其他资料以及企业历史资料进行判断。

五、应交所得税、递延所得税负债(资产)、会计利润与应纳税所得额相互关系的分析

会计利润与应纳税所得额的数量差异，一般可以分成两类，一类是永久性差异，另一类是暂时性差异。

(一)永久性差异报表披露所包含的质量信息

只要存在永久性差异，企业的净利润与利润总额(会计利润)就不存在严格的比例关系。企业的净利润与利润总额(会计利润)之间不同比例变化的差距越大，说明企业的会计

利润与应税利润之间的差距也就越大。因此,通常情况下,永久性差异的存在会降低企业的实际所得税。

(二)暂时性差异报表披露所包含的质量信息

递延所得税资产或负债并不代表真正意义上的企业所拥有的经济资源或企业所承担的经济责任,而是反映了企业不同的税务规划结果。

递延所得税负债并不是应向政府支付的负债金额,而是收益的递延贷项,在暂时性差异逆转的过程中,它会相应减少所得税费用。它具有“推迟交纳”的所得税的意义,代表了企业合法的避税成效,从某种程度上说,可以把该项目的余额看做企业获取的一笔政府无息贷款。

递延所得税资产则表示“提前交纳”的所得税,代表了企业的负避税成效,但从另一个方面看,该项资产的存在可以在一定程度上减少企业未来的现金流出。

思考题

1 资产负债表可以提供哪些财务信息?

2 对资产负债表进行结构分析时要注意的问题有哪些?

3 资产负债表提供的信息有哪些局限性?

4 为什么企业的资本结构对企业的偿债能力有影响?

5 对企业的资产负债表分析时,水平分析和结构分析可以单独使用吗?

第五章　利润表分析

第一节　利润表分析的目的与内容

一、利润表分析的目的

（一）通过利润分析来正确评价企业各方面的经营业绩

由于利润受各环节和各方面的影响，因此通过不同环节的利润分析，可准确说明各环节的业绩。例如，通过营业利润分析，不仅可以说明营业利润受哪些因素影响及影响程度，还可以说明是主观影响还是客观影响，是有利影响还是不利影响等。

（二）通过利润分析来发现企业经营管理中存在的问题

分析不仅能找出成绩，而且还能发现问题，因此通过对利润表进行分析，可发现企业存在的问题或不足，为进一步改进企业经营管理工作指明方向。

（三）利润分析为资金提供者的投资与信贷决策提供依据

由于企业产权关系及管理体制的变动，越来越多的人关心企业，尤其从经济利益的角度关心企业的利润。企业经营者是这样，投资者、债权者也是如此，他们通过对企业利润的分析，揭示企业的经营潜力及发展前景，从而做出正确的投资与信贷决策。

二、利润表分析的内容

利润表一般由表头、表身和补充资料三部分构成。

利润表的表头，主要填制编制单位、报表日期、货币计量单位等。由于利润表说明的是某一时期的经营成果，因而利润表的表头必须注明“某年某月份”，或“某会计年度”。表身是利润表的主体部分，主要反映收入、费用和利润各项目的具体内容及其相互关系。为了使报表使用者通过比较不同期间利润的实现情况，判断企业经营成果的未来发展趋势，企业需要提供比较利润表。利润表还就各项目再分为“本期金额”和“上期金额”两栏分别填列。

多步式利润表结构按照企业利润形成的主要环节，按照销售利润、营业利润、利润总额和净利润四个层次分步计算，以详细地揭示企业利润的形成过程。

利润分析应依据利润表及相关信息进行。利润表分析主要包括以下内容。

（一）利润表项目分析

利润表项目分析分为总体情况的水平分析和具体的项目分析。

（二）利润表结构分析

利润表结构分析，主要是在对利润表进行垂直分析的基础上，揭示各项利润及成本费用与收入的关系，以反映企业各环节的利润构成、利润及成本费用水平。

（三）利润表质量分析

利润表质量分析就是在利润表全面分析的基础上，对企业利润形成过程进行质量分析，从而揭示企业经营活动与收益结构的关系。同时，还可以了解企业的市场营销战略、发展战略和技术创新是否合理，为企业的健康持续发展提供依据。

这三个内容将在本章后面的三节中分别讲述。本章对利润表的项目分析、结构分析和质量分析以 SYMC 公司的利润表为例，见表 5.1。

表 5.1 SYMC 利润表

2010 年度

单位：人民币元

项目	本期金额	上期金额
一、营业收入	503 069.84	415 211.39
减：营业成本	402 226.11	351 538.00
营业税金及附加	2 232.52	2 426.14
销售费用	38 450.36	25 232.27
管理费用	45 363.26	34 594.95
财务费用	16 080.26	11 633.18
资产减值损失	-402.68	10 276.55
加：公允价值变动收益（损失以“-”号填列）		
投资收益（损失以“-”号填列）	95.51	10 136.85
其中：对联营企业和合营企业的投资收益	95.51	-79.03
二、营业利润（亏损以“-”填列）	-784.48	-103 52.85
加：营业外收入	12 761.97	4 769.37
减：营业外支出	248.90	1 160.64
其中：非流动资产处置损失	26.91	
三、利润总额（亏损总额以“-”号填列）	11 728.59	-674 4.12
减：所得税费用	3 624.76	751.30
四、净利润（净亏损以“-”号填列）	8 103.83	-749 5.42

第二节 利润表项目分析

一、利润表水平分析

利润表水平分析是指通过将企业报告期的利润表数据与前期对比，揭示各方面存在的问题，为全面深入分析企业的利润情况奠定基础。运用水平分析，可以了解项目增减变动额度和幅度情况，从而发现可疑点。变动额度多少为异常应视企业收入基础确定，一般而言，变动幅度如果超过 20% 则应视为异常，当然还必须结合项目的性质（重要还是不重要）来看。

根据表 5.1 及相关资料，对 SYMC 公司利润表进行水平分析。

（一）编制利润表水平分析表

根据表 5.1 编制 SYMC 公司的利润表水平分析表，见表 5.2。

表 5.2 SYMC 利润表水平分析表

2010 年度　　单位:人民币元

项目	本期金额	上期金额	变动情况	
			变动额	变动(%)
一、营业收入	503 069.84	415 211.39	87 858.45	21.16%
减:营业成本	402 226.11	351 538.00	50 688.11	14.42%
营业税金及附加	2 232.52	2 426.14	-193.62	-7.98%
销售费用	38 450.36	25 232.27	13 218.09	52.39%
管理费用	45 363.26	34 594.95	10 768.31	31.13%
财务费用	16 080.26	11 633.18	4 447.08	38.23%
资产减值损失	-402.68	10 276.55	-10 679.23	-103.92%
加:公允价值变动收益(损失以"-"号填列)				
投资收益(损失以"-"号填列)	95.51	10 136.85	-10 041.34	-99.06%
其中:对联营企业和合营企业的投资收益	95.51	-79.03	174.54	-220.85%
二、营业利润(亏损以"-"填列)	-784.48	-10 352.85	9,568.37	-92.42%
加:营业外收入	12 761.97	4 769.37	7 992.60	167.58%
减:营业外支出	248.90	1 160.64	-911.74	-78.55%
其中:非流动资产处置损失	26.91		26.91	
三、利润总额(亏损总额以"-"号填列)	11 728.59	-6 744.12	18 472.71	-273.91%
减:所得税费用	3 624.76	751.30	2 873.46	382.47%
四、净利润(净亏损以"-"号填列)	8 103.83	-7 495.42	15 599.25	-208.12%

(二)利润表的水平分析

利润表水平分析,应抓住几个关键利润指标的变动情况,如净利润、利润总额和营业利润的变动额与变动幅度,再逐项分析导致这些利润变动的原因。例如,营业利润的增加可能是由于营业收入的增加,也可能是营业成本和费用的减少,也可能是两者共同作用的结果,当然还有其他可能的情况;但营业收入的增加水平如果低于营业成本或者期间费用的增加水平时,就说明企业成本控制较差或者费用利用不合理,从而导致获取利润能力降低,企业在以后的年度应采取措施降低营业成本、减少期间费用,从而增强企业的盈利能力。

以下是对 SYMC 公司的利润表变动情况进行的分析。

(1)净利润或税后利润分析。净利润是指企业所有者最终取得的财务成果或可供企业所有者分配或使用的财务成果。本例中,SYMC 公司 2010 年度实现净利润 8 103.83 元,比上年增长了 15 599.25 元,增长率为 208.12%,增长幅度非常高。从水平分析表看,公司净利润增长主要是利润总额比上年增长 18 472.71 元引起的。所得税比上年增长 2873.46 元,两者相抵,净利润增长了 15 599.25 元。

(2)利润总额分析。利润总额是反映企业除税收活动以外的其他活动财务成果的指标,它不仅反映企业的营业利润,而且反映企业的营业外收支情况。本例中,公司利润总额增长 18 472.71 元,关键原因是公司营业利润增长导致利润总额的增长,营业利润比上年增长了 9 568.37 元,增长率为 92.42% ,同时受营业外收入增加的有利影响,使利润总额增加 7 992.60 元。这两个主要原因使利润总额增加了 17 560.97 元。

(3)营业利润分析。营业利润是指企业营业收入与营业成本、营业税费、期间费用、资产减值损失、公允价值变动净收益、投资净收益之间的差额。它既包括企业的主营业务利润和其他业务利润,又包括企业公允价值变动净收益和对外投资的净收益,它反映了企业正常生产经营活动的财务成果。本例中,公司营业利润增加主要是营业收入增加和投资收益增加所致。营业收入比上年增加 87 858.45 元,增长率为 21.16%。根据该公司年报,其营业收入大幅增长,主要原因在于公司不断调整产品结构,增加产量,不断满足市场需求,从而造成营业收入大幅上升;由于营业成本、营业税费、销售费用、管理费用、财务费用的增加,但资产减值损失大幅减少,增减相抵,营业利润只增加 9 568.37 元,增长率为 92.42%。

二、利润表具体项目分析

利润项目分析主要包括收入类项目分析和成本费用类项目分析两类主要内容。

(一)收入分析

收入是指企业在日常活动中形成的、会导致所有者权益增加的、与所有者投入资本无关的经济利益的总流入。主要包括销售商品收入、提供劳务收入和让渡资产使用权收入。企业代第三方收取的款项,应当作为负债处理,不应当确认为收入。

1. 收入的特征

收入主要具有以下几点特征。

(1)收入从企业的日常活动中产生,而不是从偶发的交易或事项中产生,如工商企业销售商品、提供劳务的收入等。

(2)收入既可能表现为企业货币资产或非货币资产的增加,如增加银行存款、应收账款等,也可能表现为企业负债的减少,如以商品或劳务抵偿债务;或者二者兼而有之。

这里所指的以商品或劳务抵债不包括债务重组中的以商品抵债。

(3)收入能导致企业所有者权益的增加。企业收入扣除相关成本费用后的净额,既可能增加所有者权益,也可能减少所有者权益。收入仅指收入本身导致的所有者权益的增加,而不是指收入扣除相关成本费用后的毛利对所有者权益的影响,因此,将收入定义为“经济利益的总流入”。

(4)收入只包括本企业经济利益的流入,不包括为第三方或客户代收的款项,如增值税、代收利息等。代收的款项,一方面增加企业的资产,一方面增加企业的负债,因此不增加企业的所有者权益,也不属于本企业的经济利益,不能作为本企业的收入。

2. 收入的确认与计量

(1)销售商品收入。销售商品收入同时满足下列条件的,才能予以确认:

①企业已将商品所有权上的主要风险和报酬转移给购货方。

②企业既没有保留通常与所有权相联系的继续管理权,也没有对已售出的商品实施有效控制。

③收入的金额能够可靠地计量。

④相关的经济利益很可能流入企业。

⑤相关的已发生或将发生的成本能够可靠地计量。

企业应当按照从购货方已收或应收的合同或协议价款确定销售商品收入金额,但已收或应收的合同或协议价款不公允的除外。

合同或协议价款的收取采用递延方式,实质上具有融资性质的,应当按照应收的合同或协议价款的公允价值确定销售商品收入金额。应收的合同或协议价款与其公允价值之间的差额,应当在合同或协议期间采用实际利率法进行摊销,计入当期损益。

销售商品涉及现金折扣的,应当按照扣除现金折扣前的金额确定销售商品收入金额。现金折扣在实际发生时计入当期损益。现金折扣,是指债权人为鼓励债务人在规定的期限内付款而向债务人提供的债务扣除。

销售商品涉及商业折扣的,应当按照扣除商业折扣后的金额确定销售商品收入金额。商业折扣,是指企业为促进商品销售而在商品标价上给予的价格扣除。

企业已经确认销售商品收入的售出商品发生销售折让的,应当在发生时冲减当期销售商品收入。销售折让,是指企业因售出商品的质量不合格等原因而在售价上给予的减让。

企业已经确认销售商品收入的售出商品发生销售退回的,应当在发生时冲减当期销售商品收入。销售退回,是指企业售出的商品由于质量、品种不符合要求等原因而发生的退货。

(2)提供劳务收入。企业在资产负债表日提供劳务交易的结果能够可靠估计的,应当采用完工百分比法确认提供劳务收入。完工百分比法,是指按照提供劳务交易的完工进度确认收入与费用的方法。

提供劳务交易的结果能够可靠估计,是指同时满足下列条件。

①收入的金额能够可靠地计量。

②相关的经济利益很可能流入企业。

③交易的完工进度能够可靠地确定。

④交易中已发生和将发生的成本能够可靠地计量。

企业确定提供劳务交易的完工进度,可以选用下列方法。

①已完工作的测量。

②已经提供的劳务占应提供劳务总量的比例。

③已经发生的成本占估计总成本的比例。

企业应当按照从接受劳务方已收或应收的合同或协议价款确定提供劳务收入总额,但已收或应收的合同或协议价款不公允的除外。

企业应当在资产负债表日按照提供劳务收入总额乘以完工进度扣除以前会计期间累计已确认提供劳务收入后的金额,确认当期提供劳务收入;同时,按照提供劳务估计总成本乘以完工进度扣除以前会计期间累计已确认劳务成本后的金额,结转当期劳务成本。

企业在资产负债表日提供劳务交易结果不能够可靠估计的,应当分下列情况处理。

①已经发生的劳务成本预计能够得到补偿的,按照已经发生的劳务成本金额确认提供劳务收入,并按相同金额结转劳务成本。

②已经发生的劳务成本预计不能够得到补偿的,应当将已经发生的劳务成本计入当期损益,不确认提供劳务收入。

企业与其他企业签订的合同或协议包括销售商品和提供劳务时,销售商品部分和提供劳务部分能够区分且能够单独计量的,应当将销售商品部分作为销售商品处理,将提供劳务部分作为提供劳务处理。销售商品部分和提供劳务部分不能够区分,或虽能区分但不能够单独计量的,应当将销售商品部分和提供劳务部分全部作为销售商品处理。

(3)让渡资产使用权收入。让渡资产使用权收入包括利息收入、使用费收入等。让渡资产使用权收入同时满足下列条件的,才能予以确认。

①相关的经济利益很可能流入。

②收入的金额能够可靠地计量。

企业应当分下列情况确定让渡资产使用权收入金额。

①利息收入金额,按照他人使用本企业货币资金的时间和实际利率计算确定。

②使用费收入金额,按照有关合同或协议约定的收费时间和方法计算确定。

3. 收入的披露

企业应当在附注中披露与收入有关的下列信息。

(1)收入确认所采用的会计政策,包括确定提供劳务交易完工进度的方法。

(2)本期确认的销售商品收入、提供劳务收入、利息收入和使用费收入的金额。

4. 收入操纵的常用手段

尽管企业会计准则对收入确认和计量标准作了详细的规定,但收入的确认和计量在实务中仍被企业管理层广泛操纵,主要操纵手法如下。

(1)提前确认未实现收入。这一做法固然可以在短期内使销售收入大幅提升,但其实质是透支未来会计期间的收入。

①利用补充协议,隐瞒风险和报酬尚未转移的事实。风险和报酬的转移是确认收入的前提条件。例如,收入确认准则规定,附有退货条款的企业,如果无法根据以往经验确定退货比例,在退货期届满前不得确认销售收入。为了规避此规定,一些公司在销售合同中,只字不提退货条款等可能意味着风险和报酬尚未转移等事项,而是将重大事项这些写进补充协议,以达到其提前确认收入的目的。

②填塞分销渠道,刺激经销商提前购货。填塞分销渠道是一种向未来期间预支收入的恶性促销手段。卖方通过向买方(通常是经销商)提供优厚的商业刺激,诱使买方提前购货,从而在短期内实现销售收入的大幅增长,以达到美化其财务业绩的目的。

③违反企业会计准则规定,将尚未达到收入确认条件的收入确认为当期收入。

(2)延迟确认已实现收入。这一操纵手法往往以稳健为幌子,通过递延收入或指使被收购企业在收购日之前推迟确认收入等手法,将本应在当期确认的收入推迟至以后期间确认,并将当期储备的收入在经营陷入困境的年份予以释放,以达到"以丰补欠"、平滑收入和利润的目的。

(3)伪装收入性质以夸大营业收入。上市公司为了迎合经营业绩预期,可能不惜采用鱼目混珠的方法,将非经常性收益,如投资收益、补贴收入和营业外收入等包装成营业收入。尽管这种收入操纵手法并不会改变利润总额,但它却歪曲了利润结构,夸大了企业创造营业收入和经营活动现金流量的能力,特别容易误导投资者对上市公司盈利质量和现金流量的判断。

(4)歪曲事实以虚增收入。这主要指代理代销业务,该业务分为买断式和非买断式两种,二者的差别在于风险与报酬是否转移。对于买断式的代理代销业务可视同销售,按代理代销总额确认收入。

对于非买断式的代理代销业务,由于风险和报酬仍然保留在被代理方或委托方,代理方或受托方应当按代理代销可望收取的净额(如代理佣金)确认收入。显而易见,总额法与净额法对利润表所体现的营业收入将产生迥然不同的影响。一些上市公司为了夸大收入,对企业会计准则的规定置若罔闻,将本应采用净额法反映的业务,改按总额法反映。

(5)凭空虚构收入。有些企业为了达到多计或少计当期收益的目的,人为地通过"应收票据"、"应收账款"等账户虚增销售收入。而又有一些公司为了在破产倒闭风潮中争得一线生机,铤而走险,使出瞒天过海的招数,策划了一系列不合乎商业逻辑的交易来虚构经营收入。

(6)通过关联交易操纵收入。市场交易实现的途径主要有两种:一是与独立当事人的交易;二是与关联方的交易。与独立当事人的交易一般遵循供求关系并通过价格机制决定是否成交和成交价格,最为公允和真实。相反,与关联方发生的交易很可能扭曲供求关系和价格机制,掩盖企业产品或劳务的市场实现缺乏竞争力的事实。企业会计准则要求上市公司披露关联交易的性质、交易条件、金额和对财务报表的影响。由于证券市场对独立交易和关联交易所产生的销售收入赋予迥然不同的权重,如实披露很可能降低证券市场对上市公司的价值评估。为此,一些上市公司蓄意隐瞒关联关系,将关联交易所产生的收入包装成独立交易的收入,以获得证券市场的青睐。

(7)篡改收入分配。在一些特殊行业里,尤其是设备租赁和系统软件行业,企业在出售产品的同时,还向客户提供融资和售后服务。在这些行业里,允许客户分期付款、向客户提供维护和技术更新服务,往往是取得销售收入的前提条件。因此,在这些行业里,企业与客户签订一揽子协议,进行捆绑销售的现象司空见惯。在捆绑销售中,收入确认最棘手的问题是如何将合同总价分配至各个要素。其他条件保持相同,资金融通和售后服务要素分配的金额越少,企业能够立即确认的产品销售收入就越多。为此,一些上市公司随意改变收入分配所运用的假设,低估融资收入和服务收入,夸大产品销售收入,以达到证券分析师的盈利预期。

(8)双向交易或三角交易。双向交易就是交易双方互为买方和卖方,为彼此"创造"收入。由于双向交易容易引起外界的怀疑,于是与双向交易相似的三角交易登场了。三角交易实质上也是一种双向交易,但因为引入了第三方或过桥公司,使其双向交易不容易被外界发觉。

(二)投资收益分析

投资收益是指企业以各种方式对外投资所获得的净收益。投资收益包括对外投资分得的利润、股利和债券利息,投资到期收回或者中途转让取得款项高于账面价值的差额,以及按照权益法核算的股权投资在被投资单位增加的净资产中所拥有的数额等。

长期投资的投资收益主要取决于被投资项目的经营情况和分配政策,因此分析企业的投资收益要弄清投资项目的经济效益、发展前景、增长潜力。若投资收益占利润总额比重较大,则更应该认真分析投资收益质量。

1. 投资收益的来源分析

分析投资收益的来源,目的是分析这种投资收益的可持续性。如果一次性投资的投资收益,如出售投资所得的收益数量较大,这种投资收益的长久性就很难保证。分析人员可以比较利润表中投资收益科目与资产负债表中的对外投资余额,如果比率过高(如高于20%),则说明有可能存在非经常性的投资收益。

2. 投资收益的现金回收分析

企业的投资收益,有下列几个来源渠道:投资的转让收益、债权投资的利息收益、权益法确认的长期股权投资收益和成本法确认的长期股权投资的股利收益。在投资收益的几项构成中,转让收益、利息收益和成本法下的股利收益对应的是现金的流入,收益质量较高；而权益法确认的投资收益在许多情况下并不对应现金流入，可能存在质量隐患。在企业的长期股权投资收益全部或者大部分对应的不是现金的情况下，很难确定这种投资收益的最终质量到底会怎么样；相反，投资收益的实现存在不确定性。为此，在分析投资收益的现金可收回性时，应注意与现金流量表中投资收益收回的现金相比较。

3. 经营利润与投资收益的互补分析

营业利润扣除投资收益后，即为企业自身经营业务所得利润，称之为经营利润。如果经营利润和投资收益之间出现了互补性变化趋势，应引起关注。经营利润和投资收益之间互补变化并不一定就是利润操纵的结果，但有充分理由对营业利润低迷时的投资收益增长保持警惕。投资收益主要是来自企业的对外投资活动。在企业投资组合没有重大调整、投资结构的盈利能力没有根本性变化的情况下，企业的投资收益在年度间一般不会出现重大变化。有时，企业为了故意调高或调低特定会计期间的利润总额和净利润，一方面，在应用权益法进行投资收益的确认方面大做文章，故意调高或调低企业的投资收益；另一方面，在计提投资减值准备上大做文章，故意多计提或少计提投资减值准备。

4. 营业外收支

营业外收入，反映的是与企业日常生产经营活动无直接关系的各项收入；营业外支出，反映的是与企业日常生产经营活动无直接关系的各项支出。由于营业外收支是由企业正常生产经营活动以外的原因产生的收入和支出，属于非经常性损益。经常性损益与非经常性损益共同组成企业的净收益，反映企业长久获利能力的是经常性损益。在短期内，增加经常性损益一般比较困难，但是增加非经常性损益相对而言要容易得多。企业常常利用非经常性损益这一项目来进行利润操纵。

经常性损益与非经常性损益两者的性质有很大的不同。经常性损益具有连续性和重复性，是企业收益的核心内容；而非经常性损益具有一次性、偶发性和非重复性等特点。通常，经常性损益应该是构成企业利润的主体部分，但是近年来不少企业非经常性损益喧宾夺主，占净利润的比重相当可观。如果对非经常性损益与经常性损益不加区分，势必会影响对公司盈利能力和可持续发展能力的判断，难以准确预测企业未来的发展前景。

(三)成本与费用分析

这里的费用类项目，包括营业成本、管理费用、财务费用、销售费用、营业外支出以及所得税等。

成本是指企业在生产产品、提供劳务时而发生的各种耗费；费用是指企业在销售商品、提供劳务等日常活动中所发生的经济利益的流出。企业应当将当期已销产品或已提供劳务的成本转入当期的费用；商品流通企业应将当期已销商品的进价转入当期的费用。

由于费用是为了取得收入而发生，因此费用的确认应当与收入的确认相联系。确认费用应该遵循划分收益性支出与资本性支出原则、权责发生制原则和配比原则。

1. 营业成本

营业成本是指与营业收入相关的，已经确定了归属期和归属对象的成本。在不同类型的企业里，营业成本有不同的表现形式。在制造业或工业企业，营业成本表现为已销售产品的生产成本；在商品流通企业，营业成本表现为已销商品成本。

工业企业产品销售成本是指已售产品的实际生产成本，它是根据已销产品的数量和实际单位成本计算出来的。在实务中,往往是每月末汇总销售成本后一并结转,而不是在每次发出库存产成品时立即结转产品销售成本。

已销商品的成本,即商品采购成本是商业企业为销售商品而在采购时支付的成本。它又分为国内购进商品成本和国外购进商品成本。国内购进商品成本包括国内购进商品的原始进价即实际支付给供货单位的进货价款、购入环节交纳的税金和国内购进商品并已出口所收取的退税数(作为当期出口商品成本的减项);国外购进商品成本包括企业支付的进价(商品价款、运输费用、保险费、佣金等)、进口商品交纳的税金(包括关税、消费税、增值税)、购进外汇价款以及支付给委托代理进口单位的海外运保费、佣金等。

2. 期间费用

期间费用是指不受企业产品产量或商品销量增减变动影响,不能直接或间接归属于某个特定对象的各种费用。这些费用容易确定其发生期间和归属期间,但很难判别其归属对象,因而在发生的当期应从损益中扣除。我国把期间费用分为管理费用、销售费用和财务费用。

(1)管理费用。管理费用是指企业行政管理部门为管理和组织企业生产经营活动而发生的各项费用支出,包括企业在筹建期间发生的开办费、董事会和行政管理部门在企业的经营管理中发生的或者由企业统一负担的公司经费(包括行政管理部门职工工资及福利费、物料消耗、低值易耗品摊销、办公费和差旅费等)、工会经费、董事会费(包括董事会成员津贴、会议费和差旅费等)、聘请中介机构费、咨询费(含顾问费)、诉讼费、业务招待费、房产税、土地使用税、车船使用税、印花税、矿产资源补偿费、研究费用、技术转让费、排污费以及企业生产车间(部门)和行政管理部门等发生的固定资产修理费用等。

业务招待费是企业为业务经营的合理需要而支付的费用,在规定的限额内据实列入管理费用。

技术转让费指企业使用非专利技术而支付的费用。

董事会费指企业最高权力机构(如董事会)及其成员为执行职能而发生的各项费用,包括差旅费、会议费、董事会成员津贴等。工会经费指按照职工工资总额2%计提拨给工会的经费。这里的“工资总额”一般也是指企业计税工资总额。

咨询费指企业向有关咨询机构进行科学技术、经营管理咨询所支付的费用,包括聘请经济技术顾问、法律顾问等而支付的费用。

聘请中介机构费指企业聘请中国注册会计师进行查账验资以及进行资产评估等而支付的各项费用。

排污费指企业按照规定交纳的排放污染物的费用。

诉讼费指企业因起诉或者应诉而支付的各项有关费用。

矿产资源补偿费指企业因在生产经营过程中破坏国家矿产资源而支付的土地损失补偿费。

房产税是对城镇、工矿区的房产,向房产所有人和承租人征收的一种税。按照税法有关规定,其征税范围为城市、县城、建制镇和工矿区,纳税人为开征地区的产权所有人或承典人。其中,产权属于全民所有的,其经营管理单位为纳税人;产权出租的,承租人为纳税人;产权所有人、承租人不在房产所在地的,或产权未确定及租赁纠纷未解决的,房产代管人或者使用人为纳税人。房产税的计税依据是房产余值和房租收入。房产余值为房产原值一次减除10% ~30%后的余值,具体减除幅度由省、自治区、直辖市人民政府确定。房产税的税率分为两种：依照房产余值计算缴纳的，税率为1.2%；依房产租金收入计算缴纳的，税率为12%。从2001年1月1日起，对个人按市场价格出租的居民住房，用于居住的，可暂减按4%的程序征收房产税。

车船使用税，是对行驶于国家公共道路的车辆，航行于国内河流、湖泊、港口的船舶，按车船种类大小，实行定额征收的一种地方税。

城镇土地使用税是对城市、县城、建制镇和工矿区范围内使用土地的单位和个人，按实际占用土地面积而征收的一种地方税。城镇土地使用税是根据我国经济发展状况，参考城市主要经济指标，结合不同地区收取土地占用费的金额标准以及企业单位的承受能力，采取幅度税额征收，每平方米土地使用税年税额标准规定如下：大城市1.5～30元；中等城市1.2～24元；小城市0.9～18元；县城及建制镇、工矿区市0.6～12元。

印花税是对经济活动中书立、领受各类经济合同、产权转移书据、营业账簿、权利许可证照等应税凭证的行为征收的一种税。印花税实行由纳税人根据规定自行计算缴纳税额，购买并一次贴足印花税票的缴纳办法。

(2)销售费用。销售费用是指企业销售商品过程中发生的费用以及为销售本企业商品而专设的销售机构(含销售网点、售后服务网点等)的经营费用。对商品流通企业，购买商品过程中所发生的进货费用也包括在内。一般包括应由企业负担的运输费、装卸费、包装费、保险费、展览费、广告费、租赁费(不包括融资租赁费用)、委托代销手续费以及为销售本公司商品而专设销售机构的职工工资、福利费等经常性费用。销售费用是一项期间费用，在报告期末，要全部结转以计算本期收益。

运输费是指企业在销售产品或提供劳务过程中，使用各种运输工具所支付的运费和运输过程中发生的搬运费，以及同运输有关的各种杂费。但由购货单位负担的运输费用，不能在此项目中列支。

装卸费是指在车站、码头、仓库、货场发生的付给装卸单位的费用。

包装费是指为商品销售、储存而支付的有关合理费用。包括包装或改变包装所支付的包装用品费，包装物折损与修理费，包装物挑选、整理、洗涤、修补费，包装用品租用费，以及不能列入包装物进价的运杂费。

保险费是指企业向保险公司投保产品和固定资产等支付的保险费。保险赔偿收入用于弥补保险财产的损失，不足的差额列入营业外支出；多余的差额冲减保险费支出，保险公司给予企业的保费优待，也应冲减保险费支出。

广告费是指企业为向社会宣传产品而设置的宣传栏、橱窗、板报、印刷宣传资料，在报刊、电台、电视台刊登和广播业务广告，以及经国家批准专项业务事项所支付的费用。

差旅费是指企业按规定支付给因销售业务需要而出差的人员住宿费、交通费、伙食补助等费用，其标准由企业参照当地政府规定标准，结合企业的具体情况而定。

展览费是指企业为开展促销活动或宣传商品等举办商品展览、展销会所支付的各项费用。

委托代销手续费是指企业委托其他单位代销商品而按有关规定支付的费用。

(3)财务费用。财务费用指企业为筹集生产经营所需资金等而发生的费用。主要包括企业生产经营期间发生的利息净支出(减利息收入)、金融机构手续费、汇兑损失(减汇兑收益)以及筹资发生的其他财务费用等。

利息净支出是指企业支付流动负债和经营期间长期负债应计的利息。它包括短期借款利息，即企业向银行借入的各种短期借款支付的利息；其他借款利息，即企业向银行以外的机构所借的各种短期借款支付的利息；应付票据贴现利息，包括商业汇票贴现利息、应付债券利息。实行银行存贷款分户管理的企业，存款的利息收入应冲减银行借款利息支出；实行存贷合户管理的企业，应按利息净支出列入该项目。企业因逾期归还银行贷款，而由银行在国家规定的正常贷款利率基础上加收的利息，也在财务费用中列支。

支付给金融机构的手续费是指企业与金融机构往来过程中发生的各种费用。主要包括企业通过金融机构以银行汇票、商业汇票、汇兑、银行本票、支票、定额支票、委托收款、托收承付等方式结算，以及为保证所需资金委托银行或其他金融机构代理发行债券时，按国家规定向银行或委托印制债券的银行和其他金融机构支付的有关费用。

汇兑净损失是指企业在进行外币业务的折算时，由于折算汇率的不同而产生的折算后记账本位币金额与原账面记账本位币金额之间的差额。对于资产类账户，折算后记账本位币金额大于原账面记账本位币金额的差额为汇兑收益，反之为汇兑损失；对于负债类账户，结果与之相反。我国现行财务制度规定，当汇兑净损失金额较小时，可计入当期财务费用。

在利润表上，“财务费用”项目所反映的是利息收入、利息支出以及汇兑损失的净额，因而其数额可能是正数，也可能是负数。如果是正数，表明为净支出；如果为负数，则表明为净收入。

3. 营业税金及附加

营业税金是指企业日常活动中应负担的税金，具体包括营业税、消费税、城市维护建设税、资源税及教育费附加等相关税费。

(1)营业税。营业税是对提供劳务、转让无形资产或者销售不动产的单位和个人征收的一种税，营业税按照营业额和规定的税率计算应纳税额。应纳税额计算公式为

$$应纳营业税额 = 营业额 \times 规定税率$$

(2)消费税。消费税是对在我国境内生产、委托加工和进口规定的烟、酒、化妆品等应税消费品的单位和个人承受的一种税。消费税的征收根据不同的应税消费品以固定的比例税率或定额税率来计算。

(3)城市维护建设税。城市维护建设税是国家对缴纳增值税、消费税、营业税的单位和个人就其实际缴纳的“三税”金额为计税依据而征收的一种税。依据纳税人所在地的不同，设置了三档税率，纳税人所在地为市区的，税率为7%；纳税人所在地为县城、镇的，税率为5%；纳税人所在地不在市区、县城或镇的，税率为1%。

(4)资源税。资源税是国家对在我国境内开采矿产品或生产盐的单位和个人征收的一种税。资源税的应纳税额一般按照应税产品的课税数量和规定的单位税额计算。应纳税额计算公式为

$$资源税应纳税额 = 课税数量 \times 单位税额$$

(5)教育费附加。教育费附加是为了加快发展地方教育事业、扩大地方教育经费的资金来源而征收的一种税。它以各纳税单位和个人实缴的增值税、消费税和营业税的税额为计税依据，按3%的附加率计征。其应纳税额的计算公式为

$$应纳教育费附加 = (实缴增值税 + 实缴消费税 + 实缴营业税) \times 3\%$$

4. 所得税费用

所得税费用是指企业在会计期间内发生的利润总额，经调整后按照国家税法规定的比

率，计算交纳的税款形成的费用，利润总额减去所得税费用后的差额，即为净利润。

我们已经知道，应交所得税的计算基础虽然是利润总额，但并非简单地根据利润总额的数字乘以相应的所得税率计算而出。在很多情况下，利润总额并不等于应纳税所得额，造成两者差异的根本原因在于存在许多纳税调整因素。

纳税调整因素，除了暂时性差异与永久性差异外，还有单项留利和亏损弥补等。

(1)单项留利。单项留利是指经国务院或财政部批准的税前单项留利。

(2)应弥补亏损。应弥补亏损是指经营性亏损，不包括政策性亏损。政策性亏损不涉及纳税所得额的调整，发生亏损时，直接由国家预算拨款弥补。经营性亏损有两种处理方法：按规定可由税前利润弥补的，则需进行纳税额的调整；按规定应由税后利润弥补的，则不需进行纳税额的调整，直接由税后利润或盈余公积弥补。

第三节 利润表结构分析

利润表的结构分析是通过计算利润表中各项目占营业收入的比重或结构，反映利润表中的项目与营业收入关系情况及其变动情况，分析说明财务成果的结构及其增减变动的合理程度。通过各项目的比重，分析各项目在企业经营收入中的重要性。一般来说，项目比重越大，说明其重要程度越高，对总体的影响越大。将分析期各项目的比重与前期同项目的比重对比，研究各项目的比重变动情况，以及取得的业绩和存在的问题。

一、编制利润表结构分析表

见表5.3。

表5.3 SYMC公司利润表结构分析表

2010年度 单位：人民币元

项目	本期金额	上期金额	2010年度	2009年度
一、营业收入	503 069.84	415 211.39	100.00%	100.00%
减：营业成本	402 226.11	351 538.00	79.95%	84.66%
营业税金及附加	2 232.52	2 426.14	0.44%	0.58%
销售费用	38 450.36	25 232.27	7.64%	6.08%
管理费用	45 363.26	34 594.95	9.02%	8.33%
财务费用	16 080.26	11 633.18	3.20%	2.80%
资产减值损失	-402.68	10 276.55	-0.08%	2.48%
加：公允价值变动收益(损失以“-”号填列)				
投资收益(损失以“-”号填列)	95.51	10 136.85	0.02%	2.44%
其中：对联营企业和合营企业的投资收益	95.51	-79.03	0.02%	-0.02%
二、营业利润(亏损以“-”填列)	-784.48	-103 52.85	-0.16%	-2.49%
加：营业外收入	12 761.97	4 769.37	2.54%	1.15%
减：营业外支出	248.90	1 160.64	0.05%	0.28%
其中：非流动资产处置损失	26.91		0.01%	0.00%
三、利润总额(亏损总额以“-”号填列)	11 728.59	-674 4.12	2.33%	-1.62%
减：所得税费用	3 624.76	751.30	0.72%	0.18%
四、净利润(净亏损以“-”号填列)	8 103.83	-749 5.42	1.61%	-1.81%

二、利润表结构分析

在利润表结构分析中，首先要看收入结构情况，如果营业收入中主营业务收入占的比重较大，说明企业的盈利主要来自主营业务，有利于企业的持续发展。而如果企业的营业收入中其他业务收入或者营业外收入的比重较大，那么说明企业的收入是不稳定的，不利于企业利润的积累和长远发展。利润结构中，如果一个企业的利润主要来自营业利润，说明企业的盈利状况是比较稳定和可持续的；而如果利润是来自如投资净收益、营业外收入等项目，那么企业的利润可能会因为这些收益的消失而发生巨大变化。

此外，对利润组成中的其他项目进行粉饰也经常成为企业调节利润的手段。以下是对SYMC公司利润结构的分析，可从中发现影响利润变动的主要因素。

从表5.3可以看出企业本年度各项财务成果的构成情况。营业利润占营业收入的比重为-0.16%，比上年度的-2.49%提高了2.33%；本年度利润总额的构成为17.46%，比上年度的20.59%减少了3.13%；本年度净利润的构成为2.33%，比上年的-1.62%增加了3.95%。可见，从企业利润的构成情况看，盈利能力比上年度都有所提高。各项财务成果变动的原因，从营业利润结构方面看，主要是营业税费、管理费用和财务费用结构变动所致，另外营业外收支的变动也是一个主要变动因素。

通过上表，我们发现营业成本变动较大。营业成本的变动与下列因素有关：

(1)产品销售品种结构变动。

(2)生产成本(料、工、费)变动。

(3)产品产量的变动。

(4)生产方式的变动(手工生产、自动化生产等)。

(5)产品的销售价格波动。

作为外部分析者，我们应该收集相关资料，从而得出比较合理的结论。

我们再来看看该公司的期间费用销售百分比，见表5.4。

表5.4 期间费用销售百分比比较表

项目	2010年度	2009年度
销售费用	7.64%	6.08%
管理费用	9.02%	8.33%
财务费用	3.20%	2.80%

这里的各项费用所占的销售比重均比较正常，可以不做深入分析；如果发现某项目的数值发生较大变化，则应做深入分析查明原因。通过对销售费用和财务费用销售比率的比较分析，我们可以得出企业的销售政策、负债水平管理政策等有没有发生较大的变化的结论。

第四节 利润表质量分析

一、利润表项目质量分析

利润质量分析是指分析利润形成的真实与合理性，以及对现金流转的影响。

（一）营业收入的质量分析

营业收入的质量分析主要应关注以下内容。

1. 营业收入的品种结构

企业在从事多品种经营的条件下，不同商品或劳务的营业收入构成对信息使用者有十分重要的意义，一般占总收入比重大的商品或劳务是企业过去业绩的主要增长点。我们还可以通过对体现企业过去主要业绩的商品或劳务的未来发展趋势进行分析，以判断企业的未来发展趋势。

2. 营业收入的地区结构

当企业为不同地区提供产品或劳务时，企业在不同地区的商品或劳务的营业收入构成对信息使用者也具有重要价值，一般占总收入比重大的地区是企业过去业绩的主要地区增长点。从消费者的心理与行为表现看，不同地区的消费者对不同品牌的商品具有不同的偏好；不同地区的市场潜力则在很大程度上制约企业的未来发展。

3. 与关联方交易实现的收入占总收入的比例

在企业集团化经营的条件下，集团内各个企业之间就有可能发生关联方交易。由于关联方之间的密切联系，关联方之间就有可能为了“包装”某个企业的业绩而人为地制造一些业务。当然，关联方之间的交易也有企业间正常交易的成分。但是，信息使用者必须关注以关联方销售为主体形成的营业收入在交易价格、交易实现时间等方面的非市场化因素。

另外，还应注意地方或部门保护主义对企业业务收入实现的影响；关注投资收益是否有对应的现金、营运资金流入。

（二）营业成本的质量分析

营业成本是指与营业收入相关的、已经确定了归属期和归属对象的成本。在不同类型的企业里，营业成本有不同的表现形式。在制造业或工业企业，营业成本表现为已销售产品的生产成本；在商品流通企业，营业成本表现为已销商品成本。

从企业利润的形成过程看，企业的营业收入减去营业成本后的余额为毛利。企业必须有毛利，才有可能形成营业利润。因此，追求一定规模的毛利和较高的毛利率是企业的普遍心态，也是关注企业的信息使用者的普遍心理期望。

但是，必须指出，企业的营业成本高低，既有企业不可控的因素（如受市场因素的影响而引起的价格波动），也有企业可以控制的因素（如在一定的市场价格水平条件下，企业可以通过选择供货渠道、采购批量等来控制成本水平），还有企业通过成本会计系统的会计核算对企业制造成本的处理。

营业成本的质量分析应关注以下内容。

（1）成本计算是否真实。

（2）存货计价方法的选择是否稳健。

（3）折旧是否正常计提。

（4）营业成本水平的下降是否为暂时性因素所致。

（5）关联方交易和地方或部门保护主义对企业“低成本”的影响。

（三）销售费用及管理费用的质量分析

销售费用及管理费用的质量分析应关注以下内容。

(1)折旧及其他摊销性费用是否作正常处理。

(2)企业销售费用及管理费用的控制是否具有短期行为。

这类费用的处理更多地受企业会计政策的影响。因此,在企业业务发展时,企业的销售费用及管理费用不应当降低,片面追求一定时期的费用降低,有可能对企业的长期发展不利。

(四)财务费用的质量分析

财务费用指企业筹集和运用资金时发生的各项费用。主要包括企业生产经营期间发生的利息净支出(减利息收入)、汇兑净损失、金融机构手续费以及筹资发生的其他财务费用等。其中,经营期间发生的利息支出构成了企业财务费用的主体。

企业贷款利息水平的高低,主要取决于三个因素:贷款规模、贷款利息率和贷款期限。

1. 贷款规模

如果因贷款规模导致计入利润表的财务费用下降,则企业会因此提高盈利能力。所以要注意企业是否"过少"地负债。

2. 贷款利息率和贷款期限

从企业融资的角度看,贷款利息率的具体水平主要取决于一定时期资本市场的供求关系、贷款规模、贷款的担保条件以及贷款企业的信誉等。在利率的选择上,可以采用固定利率、变动利率或浮动利率等。可见,贷款利率中,既有企业不可控制的因素,也有企业可以控制的因素。在不考虑贷款规模和贷款期限的条件下,企业的利息费用将随着利率水平而波动。

总体上说,贷款期限对企业财务费用的影响,主要体现在利率因素上。应该说,企业的利率水平主要受一定时期资本市场的利率水平的影响。我们不应对企业因贷款利率的宏观下调而导致的财务费用降低给予过高的评价。

二、对利润结构的质量分析

对利润结构的质量分析主要应关注三个方面的内容:第一,企业利润表自身的结构所包含的质量信息含量;第二,企业利润的结构与相应的现金流量结构之间的对应关系;第三,企业的利润结构与资产结构之间的对应关系。

(一)企业利润表自身的结构所包含的质量信息含量分析

1. 毛利与毛利率

我国利润表的毛利是由营业收入减去营业成本后得出来的,毛利率则是由毛利除以企业收入得出来的。

(1)较高的毛利率所包含的质量信息含量。企业拥有较高的毛利率,可能是因为。

①企业所从事的产品经营活动具有垄断地位。居于垄断地位时,企业会长期拥有较高的毛利率。在这种情况下,我们应该关注企业所拥有的垄断地位会保持多久。

②企业所从事的产品经营活动由于各种原因具有较强的核心竞争力,会比同类企业的毛利率高。在这种情况下,我们应该关注企业长期保持其核心竞争力的能力。

③企业所从事的产品经营活动由于行业周期性波动原因而出现暂时的走高。在这种情况下,我们应该关注企业所从事行业的周期变化规律。

④企业由于多生产产品导致产大于销、存货积压而引起毛利率提高。在这种情况下,我们应该关注企业的产品生产决策是基于市场的未来需求还是纯粹的决策失误。

⑤企业在会计处理上处理不当,故意选择调高毛利率的手段。在这种情况下,我们应该关注注册会计师出具的审计报告的意见类型与措辞。

(2)较低的毛利率所包含的质量信息含量。企业拥有较低的毛利率,可能是因为:

①企业所生产的产品的生命周期已经到达衰退期。在这种情况下,通常会伴随着全行业的毛利率下滑。此时,我们应该关注企业在产品转型、产品开发方面的状况,分析企业未来盈利模式的变化情况。

②企业所生产的产品的品牌、质量、成本和价格等在市场上没有竞争力。在这种情况下,我们应该关注企业的核心竞争力到底体现在哪些方面? 企业有无未来发展前景?

③企业在会计处理上处理不当,故意选择调低毛利率的手段。在这种情况下,我们同样应该关注注册会计师出具的审计报告的意见类型与措辞。

不论是哪种情况造成的毛利率下滑,都意味着企业产品的单位盈利能力在下降。

2. 销售费用、管理费用、财务费用、营业利润及其相关比率所包含的质量信息含量

在企业以产品经营为主的情况下,营业利润应该在利润总额乃至净利润中占有重要地位。因此,销售费用、管理费用、财务费用、营业利润及其相关比率包含着极为重要的质量信息。

(1)销售费用与销售费用率的变化。对于销售费用而言,一般来说,在企业的产品结构、销售规模、营销策略等方面变化不大的情况下,企业的销售费用规模变化不会太大。某些企业的销售费用在年度间出现不是大幅度增加就是幅度下降的情况,多是会计调整的结果。至于有关会计调整是否恰当,我们应该关注注册会计师出具的审计报告。

销售费用率是指销售费用与营业收入的比率,反映了销售费用的有效性。在企业面临激烈的竞争时,销售费用率上升能够在一定程度上反映企业所面临的市场竞争环境。

(2)管理费用与管理费用率的变化。对于管理费用而言,一般来说,在企业的组织结构、管理风格、管理手段、业务规模等方面变化不大的情况下,企业的管理费用规模变化不会太大。

某些企业的管理费用在年度间出现不是大幅度增加就是大幅度下降的情况多是进行会计调整的结果。至于有关会计调整是否恰当,我们也应该关注注册会计师出具的审计报告。

管理费用率是指管理费用与营业收入的比率,反映了管理费用的有效性。

(3)财务费用与财务费用率的变化。对于财务费用而言,一般来说,其规模变化与企业的产品结构、销售规模、营销策略等方面的联系不存在正相关关系。这是因为,财务费用更多地与贷款规模、贷款利率和贷款环境相关联。

因此,可以认为,企业财务费用的变化反映了企业的理财状况。

(4)营业利润与营业利润率的变化。在以产品经营为主的企业,营业利润应该成为企业一定时期财务业绩的主体。因此,通过企业营业利润在年度间的变化既可以考察企业基本业绩的历史变化趋势,还可以据此分析企业未来业绩的走势。

把营业利润与营业收入相比,就得到营业利润率,营业利润率就是企业经营活动基本盈利能力的表现。

将企业的营业利润率与其目标营业利润率、历史同期营业利润率以及特定企业的营业利润率进行比较,可以更恰当地对企业的基本盈利能力进行评价。

3. 营业利润与投资收益的数量对比关系

从会计核算的过程来看,企业的营业利润与投资收益在数量上并没有直接关系:企业的营业利润规模主要与我们前面已经分析的经营活动有关;而投资收益则主要与企业的对外投资活动有关。

企业的投资收益在数量上不存在与其营业利润保持互补性关系的基础。

在企业投资组合没有重大调整时,企业原有的对外投资项目表现出较高(或相反)的利润,投资收益的数量变化是投资内在质量变化的正常反应。

在企业投资组合没有重大调整的情况下,由于企业的投资所对应的产品生命周期存在较大差异,会出现投资方营业利润下降(或相反)的同时,其对外投资项目表现出较高(或相反)的盈利能力和利润规模。在这种情况下,我们完全可以认为,投资收益的数量变化是投资内在质量变化的正常反应。

在企业投资组合没有重大调整、投资结构的盈利能力没有根本性变化的情况下,投资收益的数量变化仅仅是企业对投资进行了不恰当会计处理的反映。

在企业投资组合没有重大调整、投资结构的盈利能力没有根本性变化的情况下,企业的投资收益在年度间一般不会出现重大变化。有时,企业为了特定目的会故意调高或调低企业特定会计期间的利润总额和净利润。比如,在运用权益法进行投资收益确认时大做文章,故意调高或调低企业的投资收益;或者在计提投资减值准备上大做文章,故意多计提或少计提投资减值准备。

企业投资收益的数量变化是否反映了企业对投资进行的不恰当会计处理,我们既可以通过对注册会计师出具的审计报告的措辞进行分析,也可以通过对企业投资方向进行结构分析来验证。

4. “小项目”对利润的贡献状况

这里的“小项目”,是指利润表中那些在正常经营条件下难以成为企业利润贡献主体的项目,如公允价值变动损益、非流动资产处置损益以及补贴收入等。

显然,上述项目一般不应该对企业的利润总额乃至净利润产生主要贡献。即使在某些特定时期,上述项目对利润的贡献较大,这种贡献也难以持久。

但是,在我国部分上市公司中,偏偏在企业扭亏为盈或保持盈利势头的关键年份,出现了上述“小项目”的金额对其利润总额乃至净利润起到举足轻重作用的情形。应该对这种“小项目的大贡献”的可持续发展进行考察。

5. 关于资产减值损失

对于资产减值损失项目,需要注意的是资产减值损失的确认,本质上属于会计估计问题。既然是估计,就可能发生偏差。因此,资产减值损失在某些年度的估计可能会高一些,在另一些年度的估计可能会低一些。但是,要特别注意的是,在某些特殊年份,一些企业为了达到集中亏损或者转亏为盈的目的,可能会出现估计朝着一个方向发展的情况:即或者本年的估计全部朝着加大亏损的方向发展,或者本年的估计全部朝着有利于盈利的方向发展。

恰当确认的资产减值损失,在一定程度上反映了企业的管理质量。

6. 关于公允价值变动损益

对于公允价值变动损益，应该注意的是，第一，相关的损益确定并不会为企业带来相应的现金流入或流出；第二，如果此项变动引起的损益在净利润中所占的比重过大，则在一定程度上说明企业主体经营活动的盈利能力不高。

（二）企业利润的结构与相应的现金流量结构之间的对应关系分析

通过对企业利润的结构与相应的现金流量结构之间的对应关系进行分析，可以判断企业利润结构的现金获取质量。具体地说，应该主要关注以下两个方面。

1. 利润表中与经营活动现金流量相对应的同口径营业利润和现金流量表中经营活动产生的现金流量净额之间的差异

同口径营业利润可以近似地总结为

同口径营业利润 = 营业利润 + 固定资产折旧 + 其他长期资产价值摊销 + 财务费用 − 所得税费用

在这里，我们之所以对利润表中的营业利润进行若干调整，用“同口径营业利润”与现金流量表中经营活动产生的现金流量净额进行比较，而不是直接用营业利润与现金流量表中经营活动产生的现金流量净额，是因为利润表中的营业利润在计算口径上已经减除了当期的固定资产折旧、其他长期资产价值摊销、财务费用，但没有减除企业的所得税费用。在现金流量表上，经营活动产生的现金流量净额则没有也不可能减除固定资产折旧和其他长期资产价值摊销，但却减除了企业缴纳的所得税；而企业支付的利息，则作为现金流量表的筹资活动产生的现金流出项目。因此，只有将企业利润表中的营业利润调整为同口径营业利润，才能使得利润表数据与现金流量表的相应数据在口径上大体一致，可以进行基本的数量比较。

在稳定发展的条件下，同口径营业利润应该与现金流量表中的经营活动现金流量净额数据大体相当。如果差距巨大，则应该分析可能的原因。可能的原因主要会有以下几种：

（1）企业收款不正常，导致回款不足，从而引起现金流量表中经营活动产生的现金流量净额恶化。比较一下企业在利润表两年的营业收入数字、资产负债表年末与年初商业债权（应收账款与应收票据之和）的规模变化、资产负债表年末与年初商业负债（应付账款与应付票据之和）的规模变化，以及现金流量表中两年的售货回款情况，我们就会做出判断：企业的售货回款是否基本正常。

（2）企业付款出现不利于现金流量表中经营活动产生的现金流量净额增加的变化。如企业“购买商品、接受劳务支付的现金”等项目出现不利于现金流量表中经营活动产生的现金流量净额增加的重大变化。

（3）企业存在不恰当的资金运作行为。如某些企业“支付的其他与经营活动有关的现金流量”巨大，“其他”活动成了主流活动。

（4）企业报表编制有错误。企业有可能由于各种原因将现金流量表编错，从而使得信息使用者难以根据一般的逻辑关系进行分析。

（5）企业在经营活动的收款和付款方面主要与关联方发生业务往来。在这种情况下，企业与关联方之间的业务往来，不论是在营业利润的各个要素（如营业收入、营业成本、销售费用、管理费用等）的确定上，还是在各项经营活动的现金流量的流出规模与时间的控制上，均具有较强的"可操纵性"。在这种情况下，同样难以按照一般的报表之间的逻辑关系进行分析。

2. 利润表中"投资收益"产生现金流入量的能力

企业的投资收益，主要有五个来源渠道：①金融资产处置收益。②金融资产持有期间取得的利息及股利收益。③长期股权投资转让收益。④权益法确认的长期股权投资收益。⑤成本法确认的长期股权投资收益。

在企业以长期股权投资和长期债权投资为主的情况下，企业利润表中的"投资收益"项目的金额仅仅代表了权责发生制条件下按照长期投资会计处理的基本惯例与原则确认的收益。在关注收益规模的同时，我们还应关注其产生现金流量的能力。

在企业主要以长期股权投资和长期债权投资为主，且年内没有发生投资转让的情况下，与本期投资收益相对应的现金回款金额为

现金回款金额 = 现金流量表中的"取得投资收益收到的现金"金额 + 年末资产负债表中"应收股利"与"应收利息"之和 - 年初资产负债表中"应收股利"与"应收利息"之和

（三）企业的利润结构与资产结构之间的对应关系分析

前已述及，从资产负债表看要求关注资产的真实价值，按照会计准则所确定的利润，应该是建立在资产真实价值基础上的资产利用效果的最终体现，应该更加体现企业资产在价值转移、处置以及持有过程中的增值质量。因而，新准则下利润质量与对应的资产质量会更加密切相关，资产增值将成为企业投资人、经营管理者以及其他利益相关人士共同热心追求的目标，是企业持续发展的必然要求。通过分析利润结构与资产结构的对应关系，便可以考察企业经营资产与投资资产的相对增值质量，从而作为预测企业可持续发展潜力的重要依据。

1. 利润结构的资产增值质量分析

在分析中，可以比较广义投资收益与投资资产、狭义营业利润与经营资产之间的相对增值能力。

(1)经营资产的增值质量分析。主要可以通过计算经营资产报酬率进行分析与评价。除了一般性地比较企业年度间、企业间的经营资产增值能力以外，还应注意的是：对于经营资产而言，由于其种类繁多，不同经营资产的利润贡献方式可能存在较大差异。例如，企业在从事一般经营活动的同时兼营投资性房地产业务的情况下，投资性房地产业务的租金收入（其租金收入属于营业收入）与普通产品销售（营业）收入对利润的贡献方式就显然不同。因此，应特别关注经营资产的结构性差异对企业利润贡献造成的不同影响。

(2)投资资产的增值量分析。主要可以通过计算投资资产报酬率进行分析与评价。除了一般性地比较企业年度间、企业间的投资资产增值能力以外，还应注意的是：对于投资资产而言，由于涉及了交易性金融资产和非流动资产中的诸多形态的投资资产，不同形态的投资资产产生的投资收益在确认和计量方法上存在着较大差异，如金融资产处置收益、长期股权投资转让收益、成本法和权益法确认的投资收益以及利息收益等。因此，应特别关注不同投资资产在利润确认方面所存在的差异。

2. 资产管理和利润操纵倾向

通过比较广义投资收益与投资资产、狭义营业利润与经营资产之间的相对盈利能力差异，可以对企业的资产管理、利润操纵等方面做出判断。

（1）投资资产的盈利能力与经营资产的盈利能力大体相当。当投资资产的盈利能力与经营资产的盈利能力大体相当时，一般认为，企业的内部产品经营活动与对外投资所涉及的产品经营活动所具有的盈利能力相当，管理效率相当。在这种情况下，企业的管理活动应该集中在提高现有资产的利用率（在现有资产利用率、周转率还有提升空间的情况下）或者扩大产品经营规模与对外投资规模（在企业现有资产利用率、周转率已经处于较高水平的情况下）上。

（2）投资资产的盈利能力高于经营资产的盈利能力。当投资资产的盈利能力高于经营资产的盈利能力时，一般认为，企业对外投资的效益高于企业内部经营产品的盈利能力。经营资产的盈利能力较低可能意味着企业在经营资产方面存在着不良占用（或非经营性占用）、资金周转缓慢、产品在市场上没有竞争优势等。在管理上，企业应该考虑的重点是提高内部资产的利用率、消除不良占用和提高产品在市场上的竞争力等。在现有经营状况难以为继的情况下，企业还应当考虑进行产品结构的战略调整。

另一方面，投资资产的盈利能力高既可能说明企业的投资资产获利能力较强，也可能意味着企业在对外投资的收益确认方面存在着较大的虚假和泡沫成分。在这种情况下，企业的泡沫利润虽然可以“填充”企业近期的财务业绩，但对企业未来发展有可能造成不良后果。

（3）投资资产的盈利能力低于经营资产的盈利能力。在投资资产的盈利能力低于经营资产的盈利能力时，一般认为，企业对外投资的效益在下降。经营资产的盈利能力较强可能意味着企业在经营资产方面管理质量较高，产品在市场上有明显竞争优势等。

另外，投资资产的盈利能力低既可能说明企业的对外投资获利能力较低，也可能意味着企业在对外投资的收益确认和减值准备等方面存在着较大的主观随意性：即用会计方法使企业当期财务业绩下降。在企业对外投资的盈利能力确实下降的情况下，在管理上，企业应该考虑的重点是做出继续持有还是出售有关投资的决策，或者通过加强对投资对象的管理来提高对外投资的盈利能力；在因企业对外投资的收益确认和减值准备等方面存在着较大的主观随意性而使企业当期财务业绩下降时，其会计处理的恰当性可以参考注册会计师的审计意见。

三、对利润结果的分析

从结果看，企业利润各项目均会引起资产负债表项目的相应变化：企业收入的增加对应资产的增加或负债的减少；费用的增加对应资产的减少或负债的增加。这就是说，对企业利润质量的分析，也要关注企业利润各项目所对应的资产负债表项目的质量。

对利润结果的分析，主要是指对利润各个项目所对应的资产负债表项目的质量分析。

从利润主要项目所对应的资产负债表项目来看，主要涉及货币资金、应收账款、应收票据、其他应收款（或应收股利、应收利息）、存货（在易货贸易的条件下，企业营业收入的增加将对应存货的增加）、长期股权投资、固定资产、无形资产等。对这些项目的质量分析，可参阅资产负债表的有关内容。

思考题

1 从利润表中可以获得哪些财务信息？

2 如何分析企业的利润质量？

3 企业成本的质量分析要关注哪些内容？

4 企业的利润结构质量如何分析？

5 利润表分析的主要目的是什么？

第六章　现金流量表分析

第一节　现金流量表分析的目的与内容

一、现金流量表及相关概念的含义

现金流量表是指反映企业在一定会计期间现金和现金等价物流入和流出的报表。

现金流量表的主要目的是反映企业会计期间内经营活动、投资活动和筹资活动等对现金及现金等价物所产生的影响。

（一）现金

这里的现金是指企业的库存现金以及可以随时用于支付的存款。

会计上所说的现金通常指企业的库存现金，而现金流量表中的“现金”不仅包括“现金”账户核算的库存现金，还包括企业“银行存款”账户核算的存入金融企业、随时可以用于支付的存款，也包括“其他货币资金”账户核算的外埠存款、银行汇票存款、银行本票存款和在途货币资金等其他货币资金。

应注意的是，银行存款和其他货币资金中有些不能随时用于支付的存款，如不能随时支取的定期存款等，不应作为现金，而应列作投资；提前通知金融企业便可支取的定期存款，则应包括在现金范围内。

（二）现金等价物

现金等价物是指企业持有的期限短、流动性强、易于转换为已知金额的现金、价值变动风险很小的投资。期限短，一般是指从购买日起三个月内到期。现金等价物通常包括三个月内到期的债券投资等。权益性投资变现的金额通常不确定，因而不属于现金等价物。

（三）现金流量

现金流量是某一段时期内企业现金和现金等价物流入和流出的数量，如企业销售商品、提供劳务、出售固定资产、向银行借款等取得现金，形成企业的现金流入。购买原材料、接受劳务、购建固定资产、对外投资、偿还债务等支付现金，形成企业的现金流出。现金流量信息能够表明企业经营状况是否良好，资金是否紧张以及企业偿付能力大小等，从而为投资者、债权人、企业管理者提供非常有用的信息。

企业货币资金不同形态之间的转换不会产生现金的流入和流出，如企业从银行提取现金，是企业现金存放形式的转换，并未流出企业，不构成现金流量；同样，现金与现金等价物之间的转换也不属于现金流量。

二、现金流量表分析的目的

现金流量表是指反映企业在一定会计期间现金和现金等价物流入和流出的报表。对现金流量表的分析主要有以下 4 个目的。

(1)说明企业一定期间现金流入和流出的原因。

(2)揭示企业的偿债能力和支付股利的能力。

(3)用以分析企业未来获取现金的能力。

(4)分析企业的投资活动、经营活动和筹资活动的现金。

三、现金流量表分析的内容

现金流量表的分析可以从以下几个方面进行。

(一)现金流量表项目分析

现金流量表项目分析分为总体情况的水平分析和具体的项目分析。

(二)现金流量表结构分析

现金流量表结构分析就是在现金流量有关数据的基础上,对不同项目进行比较和分析,以揭示各数据在企业现金流量中的相对意义,进一步明确现金流入的构成、现金流出的构成以及现金余额的形成情况。

(三)现金流量表质量分析

现金流量表质量分析是指企业的现金流量能够按照企业的预期目标进行顺畅运转的质量。

这三个内容将在本章后面的三节中分别讲述。本章对现金流量表的项目分析、结构分析和质量分析以 SYMC 公司的现金流量表为例,见表 6.1。

表 6.1 SYMC 公司现金流量表

2010 年度　　单位:人民币元

项目	本期金额	上期金额
一、经营活动产生的现金流量		
销售商品、提供劳务收到的现金	644 170.74	383 571.68
收到的税费返还		1 249.23
收到其他与经营活动有关的现金	43 353.55	76 350.82
经营活动现金流入小计	687 524.28	461 171.73
购买商品、接受劳务支付的现金	542 849.67	387 347.96
支付给职工以及为职工支付的现金	53 966.68	40 718.50
支付的各项税费	22 460.14	24 252.37
支付其他与经营活动有关的现金	105 521.70	100 330.79
经营活动现金流出小计	724 798.20	552 649.62
经营活动产生的现金流量净额	-372 73.92	-914 77.89
二、投资活动产生的现金流量		
收回投资收到的现金		
取得投资收益所收到的现金	6 883.02	
处置固定资产、无形资产和其他长期资产收回的现金净额	170.67	59.07
处置子公司及其他营业单位收到的现金净额		
收到其他与投资活动有关的现金	3 828.01	
投资活动现金流入小计	10 881.71	59.07

续表 6.1

项目	本期金额	上期金额
购建固定资产、无形资产和其他长期资产支付的现金	27 041.02	26 283.47
投资支付的现金		503.17
取得子公司及其他营业单位支付的现金净额	2 295.98	
支付其他与投资活动有关的现金		75.74
投资活动现金流出小计	29 337.00	26 862.38
投资活动产生的现金流量净额	-18 455.30	-26 803.31
三、筹资活动产生的现金流量		
吸收投资收到的现金		
取得借款收到的现金	413 175.54	352 189.35
发行债券收到的现金		
收到其他与筹资活动有关的现金	1 833.53	6 122.29
筹资活动现金流入小计	415 009.07	358 311.64
偿还债务支付的现金	327 956.61	214 322.55
分配股利、利润或偿付利息支付的现金	16 508.10	8 783.65
支付其他与筹资活动有关的现金	4 459.64	1 104.54
筹资活动现金流出小计	348 924.34	224 210.74
筹资活动产生的现金流量净额	66 084.73	134 100.90
四、汇率变动对现金及现金等价物的影响	-0.61	
五、现金及现金等价物净增加额	10 354.90	15 819.70
加:年初现金及现金等价物余额	17 336.88	1 517.18
六、期末现金及现金等价物余额	27 691.78	17 336.88

第二节　现金流量表项目分析

一、现金流量的分类

企业所从事的各种经济活动,经常会引起现金流入与流出企业。例如,用现金支付各种费用会使现金流出企业;企业发行债券收取集资款则使现金流入企业等。我国企业通常将现金流量分为三类,即经营活动产生的现金流量、投资活动产生的现金流量、筹资活动产生的现金流量。

由于企业所处的行业特点不同,对各类活动的认定存在一定差异,所以我们在对现金流量表进行分析时,应特别关注,结合企业所处行业的不同特点和实际情况来考察企业现金流量的类别。我们以我国一般企业现金流量表的基本结构为基础进行分析。

(一)经营活动产生的现金流量

经营活动是指企业投资活动和筹资活动以外的所有交易和事项。根据定义,经营活动的范围很广,它包括了企业投资活动和筹资活动以外的所有交易和事项。就工商企业来说,经营活动主要包括销售商品、提供劳务、经营性租赁、购买商品、接受劳务、广告宣传、推销产品、交纳税款等。

1. 经营活动流入的现金

主要包括：

(1)销售商品、提供劳务收到的现金：反映企业因销售商品、提供劳务而实际收到的现金(含销售收入和应向购买者收取的增值税销项税额)，包括本期销售商品、提供劳务收到的现金，以及前期销售和前期提供劳务本期收到的现金和本期预收的账款，减去本期退回本期销售的商品和前期销售本期退回的商品支付的现金。企业销售材料和代购代销业务收到的现金，也包括在本项目中。

(2)收到的税费返还：反映企业收到返还的各种税费，如收到的增值税、消费税、营业税、所得税、关税、教育费附加返还等。

(3)收到的其他与经营活动有关的现金：反映企业除了上述各项目外，收到的其他与经营活动有关的现金流入，如经营租赁收到的租金、罚款收入、流动资产损失中有个人赔偿的现金收入等。

2. 经营活动流出的现金

主要包括：

(1)购买商品、接受劳务支付的现金：反映企业购买材料、商品、接受劳务实际支付的现金，包括本期购入材料、商品、接受劳务支付的现金(包括增值税进项税额)，以及本期支付前期购入材料、商品、接受劳务的未付款项和本期预付款项。本期因购货退回而收到的现金则从本项目中减去。

(2)支付给职工以及为职工支付的现金：反映企业实际支付给职工以及为职工支付的现金，包括本期实际支付给职工的工资、奖金、各种津贴和补贴等职工薪酬(包括代扣代缴的职工个人所得税)。不包括支付给离退休人员的各项费用和支付给在建工程人员的工资等。企业支付给离退休人员的各项费用，包括支付的统筹退休金以及未参加统筹的退休人员的费用，在“支付的其他与经营活动有关的现金”项目中反映；企业支付给在建工程人员的工资，在“购建固定资产、无形资产和其他长期资产所支付的现金”项目中反映。

企业为职工支付的养老、失业等社会保险基金、补充养老保险、住房公积金，支付给职工的住房困难补助，以及企业支付给职工或为职工支付的其他福利费用等，应该按照职工的工作性质和服务对象，分别在“支付给职工以及为职工支付的现金”和“购建固定资产、无形资产和其他长期资产所支付的现金”项目中反映。

(3)支付的各项税费：反映企业按规定支付的各种税费，包括本期发生并支付的税费，以及本期支付以前各期发生的税费和预交的税金，如支付的所得税、增值税、营业税、消费税、印花税、房产税、土地增值税、车船使用税、教育费附加等。不包括计入固定资产价值、实际支付的耕地占用税等，也不包括本期退回的增值税、所得税。本期退回的增值税、所得税在“收到的税费返还”项目中反映。

(4)支付其他与经营活动有关的现金：反映企业除了上述各项目外，支付的其他与经营活动有关的现金流出，如企业经营租赁支付的租金、罚款支出、差旅费、业务招待费、保险费等。

(二)投资活动产生的现金流量

投资活动是指企业长期资产的购建和不包括在现金等价物范围内的投资及其处置活动。这里所说的长期资产是指固定资产、在建工程、无形资产、其他资产等持有期限在一年或一个营业周期以上的资产。

因此,企业的投资活动主要包括:取得和收回投资、购建和处置固定资产、无形资产和其他长期资产等。

1. 投资活动流入的现金

主要包括:

(1)收回投资收到的现金:反映企业出售、转让或到期收回除现金等价物以外的对其他企业的权益工具、债务工具和合营中的权益而收到的现金。不包括长期债权投资收回的利息,以及收回的非现金资产。

(2)取得投资收益收到的现金:反映企业除现金等价物以外的对其他企业的权益工具、债务工具和合营中的权益投资分回的现金股利和利息等。不包括股票股利。

(3)处置固定资产、无形资产和其他长期资产收回的现金净额:反映企业处置固定资产、无形资产和其他长期资产所取得的现金,减去为处置这些资产而支付的有关费用后的净额。由于自然灾害造成的固定资产等长期资产损失而收到的保险赔偿收入,也在本项目中反映。

(4)处置子公司及其他营业单位收到的现金净额。

(5)收到的其他与投资活动有关的现金:反映企业除了上述各项目外,收到的其他与投资活动有关的现金流入。

2. 投资活动流出的现金

主要包括:

(1)购建固定资产、无形资产和其他长期资产支付的现金:反映企业购买、建造固定资产,取得无形资产和其他长期资产所支付的现金(含增值税款)以及用现金支付的应由再建工程和无形资产负担的职工薪酬。不包括为购建固定资产而发生的借款利息资本化的部分,以及融资租入固定资产支付的租赁费。借款利息和融资租入固定资产支付的租赁费,在筹资活动产生的现金流量中反映。

(2)投资支付的现金:反映企业取得除现金等价物以外的对其他企业的权益工具、债务工具和合营中的权益所支付的现金以及支付的佣金、手续费等附加费用。企业购买股票和债券时,实际支付的价款中包含的已宣告但尚未领取的现金股利或已到付息期但尚未领取的债券利息,应在投资活动的“支付的其他与投资活动有关的现金”项目中反映;收回购买股票和债券时支付的已宣告但尚未领取的现金股利或已到付息期但尚未领取的债券利息,应在投资活动的“收到的其他与投资活动有关的现金”项目中反映。

(3)取得子公司及其他营业单位支付的现金净额。

(4)支付的其他与投资活动有关的现金:反映企业除了上述各项目外,支付的其他与投资活动有关的现金流出。

(三)筹资活动产生的现金流量

筹资活动是指导致企业资本及债务规模和构成发生变化的活动。这里所说的资本,包括实收资本(股本);资本溢价(股本溢价);与资本有关的现金流入和流出项目,包括吸收投资、发行股票、分配利润等。这里所说的债务是指企业对外举债所借入的款项,如发行债券、向金融企业借入款项以及偿还债务等。

1. 筹资活动流入的现金

主要包括：

(1)吸收投资收到的现金：反映企业收到的投资者投入的现金，包括以发行股票、债券等方式筹集资金时实际收到的款项，减去直接支付给金融企业的佣金、手续费、宣传费、咨询费、印刷费等发行费用后的净额。以发行股票、债券等方式筹集资金而由企业直接支付的审计、咨询等费用，在“支付的其他与筹资活动有关的现金”项目中反映。

(2)借款收到的现金：反映企业举借各种短期、长期借款所收到的现金。

(3)收到的其他与筹资活动有关的现金：反映企业除了上述各项目外，收到的其他与筹资活动有关的现金流入。

2. 筹资活动流出的现金

主要包括：

(1)偿还债务支付的现金：反映企业以现金偿还债务的本金，包括偿还金融企业的借款本金、债券本金等。企业偿还的借款利息、债券利息，在“分配股利、利润或偿付利息所支付的现金”项目中反映，不包括在本项目内。

(2)分配股利、利润或偿付利息所支付的现金：反映企业实际支付的现金股利，支付给其他投资单位的利润以及支付的借款利息、债券利息等。

(3)支付的其他与筹资活动有关的现金：反映企业除了上述各项目外，支付的其他与筹资活动有关的现金流出，如捐赠现金支出、融资租入固定资产支付的租赁费等。

(四)汇率变动对现金及现金等价物的影响

汇率变动对现金及现金等价物的影响，是指企业外币现金流量及境外子公司的现金流量折算成记账本位币时采用的是现金流量发生日的即期汇率或按照系统合理的方法确定的、与现金流量发生日即期汇率类似的汇率，而现金流量表“现金及现金等价物净增加额”中外币现金净增加额是按照期末汇率折算两者之间的差额。

二、现金流量表水平分析

现金流量表的水平分析，即通过对现金流量表的每个项目前后期的增减变动来观察企业现金流的变化情况，对异常变动的原因和后果进行分析。

根据表 6.1 及相关资料，对 SYMC 公司的现金流量表进行水平分析。

(一)编制现金流量表水平分析表

根据表 6.1 编制 SYMC 公司的现金流量表水平分析表见表 6.2。

表 6.2　SYMC 公司现金流量表水平分析表

2010 年度　　单位：人民币元

项目	本期金额	上期金额	差额	变动率
一、经营活动产生的现金流量				
销售商品、提供劳务收到的现金	644 170.74	383 571.68	260 599.05	68%
收到的税费返还		1 249.23	－124 9.23	－100%
收到其他与经营活动有关的现金	43 353.55	76 350.82	－329 97.27	－43%
经营活动现金流入小计	687 524.28	461 171.73	226 352.55	49%
购买商品、接受劳务支付的现金	542 849.67	387 347.96	155 501.72	40%
支付给职工以及为职工支付的现金	53 966.68	40 718.50	13 248.18	33%

续表 6.1

项目	本期金额	上期金额	差额	变动率
支付的各项税费	22 460.14	24 252.37	-179 2.23	-7%
支付其他与经营活动有关的现金	105 521.70	100 330.79	5 190.90	5%
经营活动现金流出小计	724 798.20	552 649.62	172 148.58	31%
经营活动产生的现金流量净额	-372 73.92	-914 77.89	54 203.97	-59%
二、投资活动产生的现金流量				
收回投资收到的现金				
取得投资收益所收到的现金	6 883.02		6 883.02	
处置固定资产、无形资产和其他长期资产收回的现金净额	170.67	59.07	111.61	189%
处置子公司及其他营业单位收到的现金净额				
收到其他与投资活动有关的现金	3 828.01		3 828.01	
投资活动现金流入小计	10 881.71	59.07	10 822.64	18323%
购建固定资产、无形资产和其他长期资产支付的现金	27 041.02	26 283.47	757.55	3%
投资支付的现金		503.17	-503.17	-100%
取得子公司及其他营业单位支付的现金净额	2 295.98		2 295.98	
支付其他与投资活动有关的现金		75.74	-75.74	-100%
投资活动现金流出小计	29 337.00	26 862.38	2 474.63	9%
投资活动产生的现金流量净额	-184 55.30	-268 03.31	8 348.01	-31%
三、筹资活动产生的现金流量				
吸收投资收到的现金				
取得借款收到的现金	413 175.54	352 189.35	60 986.19	17%
发行债券收到的现金				
收到其他与筹资活动有关的现金	1 833.53	6 122.29	-428 8.76	-70%
筹资活动现金流入小计	415 009.07	358 311.64	56 697.44	16%
偿还债务支付的现金	327 956.61	214 322.55	113 634.05	53%
分配股利、利润或偿付利息支付的现金	16 508.10	8 783.65	7 724.45	88%
支付其他与筹资活动有关的现金	4 459.64	1 104.54	3 355.10	304%
筹资活动现金流出小计	348 924.34	224 210.74	124 713.61	56%
筹资活动产生的现金流量净额	66 084.73	134 100.90	-680 16.17	-51%
四、汇率变动对现金及现金等价物的影响	-0.61		-0.61	
五、现金及现金等价物净增加额	10 354.90	15 819.70	-546 4.80	-35%
加:年初现金及现金等价物余额	17 336.88	1 517.18	15 819.70	1043%
六、期末现金及现金等价物余额	27 691.78	17 336.88	10 354.90	60%

(二)现金流量表的水平分析评价

SYMC 公司 2010 年经营活动现金流量净额增加了 54 203.97 元,较上年增长 59%。经营活动现金流入量和流出量分别比上年增长了 49% 和 31%,增长额分别为 226 352.55 元和 172 148.58 元。经营活动现金流入量的增加主要是因为销售商品、提供劳务收到的现金增加了 260 599.05 元,增长率为 68%。经营活动现金流出量的增加主要是购买商品、接受劳务支付的现金,增加了 155 501.72 元。

投资活动现金净流量较上年增加 8 348.01 元。投资活动现金流入较上年增加了

10 822.64元，增幅达18323%，究其原因是由于本年取得投资收益所收到的现金大大小于上一年（上年为0）。投资活动现金流出方面，比去年仅增加2 474.63元，增幅仅为9%。

筹资活动产生的现金流量净额较上年减少68 016.17元。由于取得借款收到的现金减少了60 986.19元，只比上年增加17%，而偿还债务支付的现金却增加了113 634.05元，增加56%。

通过对以上现金流量表的三个部分的水平分析，概括得出这样的结论：SYMC公司在2010年较大量的投资收益，经营活动的现金流的大幅增加得益于销售的增加。然而在2010年，新的投资明显减少，这意味着管理层把主要精力放在维持现有资产的良好运营上；在融资方面，举债增加额较上年大幅减少，增加了偿付股利和利息等方面的金额。

三、现金流量表具体项目分析

（一）经营活动现金流量分析

经营活动现金流量是指企业经营活动中的所有交易和事项所产生的现金流量，它是企业现金的主要来源。相对于净利润而言，企业的经营活动现金流量更能反映企业真实的经营成果。净利润是根据权责发生制原则计算出来的，只是账面上的盈利，并不代表企业实际的可支配资源的增加；经营活动现金流量则反映了企业资金的充裕程度，正的金额越大，企业的资金越充裕，就有更多的资金用于企业的进一步扩充经营规模使用；反之，若企业的经营活动现金流量长期为负，则企业终将难以支付日常开支和到期偿债，最后导致破产。

1. 经济活动现金流量的充裕性分析

（1）经营活动产生的现金流量小于零。在这种情况下，企业正常的经营活动产生的现金流入不足以支付企业经营活动引起的现金流出。在企业的初创期，由于大量的扩大生产活动、开拓市场的活动及产能没有达到规模经营的水平，经营活动的现金流量会出现负值，这是企业成长过程中的正常现象；处于成长期的企业，虽然创造的现金不断增加，但由于还处在不断的扩大再生产过程中，一般不会有很充裕的现金流量；企业处于成熟期以后，经营活动的现金流量若仍然是负的，则必须采用一定手段向短期周转中补充资金（事实上处于这个情况的企业很难筹集到资金），否则会面临资金链断裂的情况，从而导致企业破产；在企业的衰退期，由于新产品的出现和市场占有率的逐渐下滑，在后期经营现金流量一般也会是负的，这也是企业发展过程中的正常现象。

（2）经营活动产生的现金流量等于零。这就是说，企业正常的经营活动产生的现金流入刚好可以满足企业经营活动引起的现金流出，企业的经营现金流量处于平衡状态。这种情况下，企业仅仅弥补了付现成本，非付现成本没有得到货币补偿。从短期看，企业无须向短期周转中注入资金，仍然可以维持周转，但是从长期来看，一旦需要重新购置固定资产，企业就面临着资金的危机，必须采用一定手段融资，否则无法更换设备继续生产。即使筹集到了资金，企业如果一直处于无法使非付现成本得到货币补偿的状态，那么最后的命运必然是融资枯竭，走向破产。

（3）经营活动产生的现金流量大于零，但是无法完全弥补非付现成本。在这种情况下，企业的经营活动现金流入足以使经营付现成本得到货币补偿，但是无法完全弥补折旧、摊销等非付现成本。由于折旧、摊销费用不需要立即支付现金，企业的日常开支并不困难，甚至会有一部分节余。但是由于积攒起来的资金不足以重新购置固定资产，企业从长期来看仍是面临危机的。

(4)经营活动产生的现金流量大于零并且刚好可以弥补非付现成本。这种情况下,企业摆脱了日常经营在现金流量方面的压力,企业经营活动产生的现金流量刚好能够弥补企业的付现成本和非付现成本,能够维持经营活动货币的简单再生产,但是无法为企业的扩大再生产和进一步发展提供资金。

(5)经营活动产生的现金流量大于零并且在弥补非付现成本后仍有剩余。这种情况下,企业的经营现金流量完全弥补非付现成本后仍有剩余的资金可以用于投资活动等,有利于企业的长期可持续发展,是企业运行的一种良好状态。企业富余的现金可以用于购置设备,从而扩大企业的生产规模,使企业获得更大的未来发展潜力。

2. 经营活动现金流量的操纵分析

随着投资者对企业财务状况关注的深入,越来越多的企业重视现金流管理。由于经营活动能给企业带来持续的现金流入,对基于经营活动现金净流量的分析越来越引起重视,故企业对现金流量表的操纵主要集中在经营活动产生的现金流量各项目上。

(1)篡改现金流量性质。将筹资活动现金流入粉饰为经营活动现金流入,企业把筹资活动的现金流入加到经营现金流量中(如把占用其他企业的资金称做是购货单位的预付账款);将经营活动支出放到投资活动中(如把本来应属于本期费用的支出硬是和某项固定资产的购建联系起来),合在一起夸大经营活动现金流量;将投资活动现金流入粉饰为经营活动现金流入,从而使经营活动现金流量净额大于零。

(2)权宜之计。企业为了避免年度会计报表中的经营现金净流量恶化,可让母公司或大股东在期末大量偿还应收账款甚至先行支付预付货款,在下期再将资金以多种形式返回给母公司或大股东,对其他应收款账户亦可采用类似的手段。这种方式很容易调高当期经营活动现金净流量,但并没有改变母公司或大股东长期占用资金的现状。

(3)应收票据贴现。对应收票据贴现,特别是在会计期末向银行贴现商业票据,既可以解决企业现金不足的困境,又可减少期末应收票据余额。但如果贴现的商业汇票到期时,票据承兑人不能承兑,贴现银行将会将贴现款划回或转为逾期贷款。因此,应收票据贴现实质上是企业筹措资金的一种形式,并不能改善企业的获现能力和收益质量。

(4)利用应付项目。投资者对经营活动现金流量重视程度的增加驱使上市公司有对其进行改善的动机,在改善应收账款余地已不大的情况下,将目标瞄准了应付项目。如果一个公司某年经营活动现金流量主要得益于经营性应付项目的巨额增加,分析人员应该如何看待呢?我们不能假设企业就一定"赖账",但应看到当期应付项目的增长必然对应未来应付项目的减少,从而减少以后年度经营活动现金流量。

(二)投资活动现金流量分析

投资活动现金流量是指企业长期资产的购建和不包括现金等价物范围在内的投资及其处置活动产生的现金流量。一般在企业的初创期和成长期,企业会有大规模的投资活动,从而导致企业的投资现金流量小于零;在企业的衰退期,随着产品销量的减少,一般会对固定资产等长期投资进行处置,此时,企业的投资现金流量一般会大于零。应该注意的是购置或处置固定资产的现金流入或流出,结合固定资产的投资规模或者性质,可以进一步了解企业的发展战略和方向。对一种或者一系列产品而言,处置其相关固定资产的现金流入大于重新购置该固定资产的现金支出，说明该企业的该产品在逐步萎缩或者该企业正试图退出该行业。

1. 投资活动现金流量小于或等于零

这种情况下，企业在购建固定资产、无形资产和其他长期资产、权益性投资及债务性投资等方面所支付的现金大于企业因处置固定资产、无形资产或其他长期资产、收回投资、分得股利、取得债券收入等所收到的现金净额之和。投资活动现金流量小于或等于零，不能武断地认为是好还是坏，应该观察这个特征是否符合企业的发展阶段，是否与企业的发展战略和发展方向相一致，才能进一步做出判断。从企业投资活动引起的现金流出量来看，企业的投资活动明显地分为两类：为对内扩大再生产或转产投资，即购建固定资产、无形资产和其他长期资产支付的现金；对外扩张性投资，即对外股权、债权投资支付的现金。上述两类活动，都将增加企业未来的现金流量，因而应该体现企业长期发展战略的要求。因此，此类活动的现金流量应有较强的计划性，并应该与企业的发展战略之间有较为密切的联系，都不应该是"冲动"的结果，而应该是在进行充分的研究与论证以后决策的结果。为此，我们应该关注投资活动的现金流出量与企业投资计划的吻合程度。

另外，由于对内扩大再生产而进行的固定资产等投资的收回方式是增加经营活动的现金流量，所以长期来看，投资活动现金流量净额的累计数会小于零。

2. 投资活动现金流量大于零

这种情形是指，上述投资活动的现金流入量大于与投资活动相关的现金流出量。"投资活动现金流量大于零"可能出于两种原因：一是企业的投资回收的资金大于投资的现金流出；二是由于企业迫于资金压力，处理在用的固定资产或者持有的长期投资等。分析时应该加以区分，找到真正的原因。投资活动必须符合企业的发展战略，盲目的投资在增加企业的资金压力的同时，会导致巨大的亏损，导致投资无法收回，严重的可能会导致企业破产。

（三）筹资活动现金流量分析

筹资活动是指导致企业资本及债务规模和结构发生变化的活动，包括吸收投资、发行股票、借入和偿还资金、分配利润等活动。如果该项的现金净流入量大幅增加，说明企业需要从外部大量筹集资金；如果筹资活动的现金净流出量大幅度增加，则说明企业外部筹资规模正在收缩。

1. 筹资活动现金流量小于或等于零

"筹资活动现金流量小于或等于零"是指筹资活动所产生的现金流入量小于或者等于筹资活动的现金流出量。这种情况的出现，可能因为企业的筹资达到了一定目的，利用经营活动产生的现金流量或者投资活动产生的现金流量在债务到期时进行偿还，也可能因为企业的投资活动或经营活动出现失误，需要变卖资产偿还债务。

2. 筹资活动现金流量大于零

"筹资活动现金流量大于零"是指筹资活动所产生的现金流入量大于筹资活动的现金流出量。在企业的初创期和成长期，内部资金不足以满足大规模的投资，需要从外部筹集资金。分析一个企业的筹资活动现金流量大于零是否正常，关键看筹集资金的目的，可能是因为企业扩大规模，也可能是因为企业的投资失误出现亏损，或者经营现金流量长期入不敷出所致。

第三节　现金流量表结构分析

现金流量表的结构分析是指在现金流量表有关数据基础上，分析现金流入、现金流出的构成和现金余额的形成原因。

一、现金流入结构分析

通过对现金流量表中现金流入的结构分析，可以了解企业现金流入的构成比例及其来源。

（一）编制现金流入结构分析表

根据表6.1编制的SYMC公司的现金流入结构分析表，见表6.3。

表6.3　SYMC公司现金流入结构分析表

2010年度　　单位：人民币元

项目	本期金额	结构	
		以现金流入小计为基数	以现金流入总计为基数
一、经营活动产生的现金流量			
销售商品、提供劳务收到的现金	644 170.74	93.69%	57.86%
收到的税费返还			
收到其他与经营活动有关的现金	43 353.55	6.31%	3.89%
经营活动现金流入小计	687 524.28	100.00%	61.75%
二、投资活动产生的现金流量			
收回投资收到的现金			
取得投资收益所收到的现金	6 883.02	63.25%	0.62%
处置固定资产、无形资产和其他长期资产收回的现金净额	170.67	1.57%	0.02%
处置子公司及其他营业单位收到的现金净额			
收到其他与投资活动有关的现金	3 828.01	35.18%	0.34%
投资活动现金流入小计	10 881.71	100.00%	0.98%
三、筹资活动产生的现金流量			
吸收投资收到的现金			
取得借款收到的现金	413 175.54	99.56%	37.11%
发行债券收到的现金			
收到其他与筹资活动有关的现金	1 833.53	0.44%	0.16%
筹资活动现金流入小计	415 009.07	100.00%	37.27%
现金流入总计	1 113 415.06		100.00%

（二）现金流入结构分析评价

从表6.3可以看出，2010年该公司的主要现金流入来自于经营活动和筹资活动，分别占总现金流入的57.86%和37.27%。由此可见，该公司超过一半的现金流入来源于经营活动，且其中的93.69%来源于销售商品、提供劳务收到的现金，这说明，企业的主营业务发展强劲，为企业带来良好的回报。虽然投资活动取得的现金流入只占现金总流入的0.62%，但它的获得主要是由于投资收益。筹资活动中，取得借款收到的现金占筹资活动总现金流入的99.56%,说明企业主要通过借款来满足企业发展的需要。

二、现金流出结构分析

现金流入结构的分析帮助信息使用人明白现金的来源,而现金流出分析就是要识别现金流的去向。

(一)编制现金流出结构分析表

根据表6.1编制的SYMC公司的现金流出结构分析见表见6.4。

表6.4 SYMC公司现金流出结构分析量表

2010年度 单位:人民币元

项目	本期金额	结构	
		以现金流出小计为基数	以现金流出总计为基数
一、经营活动产生的现金流量			
购买商品、接受劳务支付的现金	542 849.67	74.90%	49.21%
支付给职工以及为职工支付的现金	53 966.68	7.45%	4.89%
支付的各项税费	22 460.14	3.10%	2.04%
支付其他与经营活动有关的现金	105 521.70	14.56%	9.57%
经营活动现金流出小计	724 798.20	100.00%	65.71%
二、投资活动产生的现金流量			
购建固定资产、无形资产和其他长期资产支付的现金	27 041.02	92.17%	2.45%
投资支付的现金			
取得子公司及其他营业单位支付的现金净额	2 295.98	7.83%	0.21%
支付其他与投资活动有关的现金			0.00%
投资活动现金流出小计	29 337.00	100.00%	2.66%
三、筹资活动产生的现金流量			
偿还债务支付的现金	327 956.61	93.99%	29.73%
分配股利、利润或偿付利息支付的现金	16 508.10	4.73%	1.50%
支付其他与筹资活动有关的现金	4 459.64	1.28%	0.40%
筹资活动现金流出小计	348 924.34	100.00%	31.63%
四、汇率变动对现金及现金等价物的影响	0.61	100.00%	0.00%
现金流出总计	1 103 059.55		100.00%

(二)现金流出结构分析评价

与现金流入相对应,2010年SYMC公司现金流出中经营活动现金流出与筹资活动现金流出各占总流出的49.21%和31.63%。其中经营活动总流出中有74.90%用于日常生产经营,这一比例与经营活动所获得的现金流是相配比的。而筹资活动现金支出占总支出的比重高的原因在于,企业偿还了大部分债务,这部分用现金偿还的债务占到了筹资活动总现金流出的93.99%。投资活动现金流出占现金总流支出的2.66%,主要是用于固定资产的购置,从该公司2010年资产负债表中可以发现固定资产账面余额比上年增长13 814.74元,增幅达9.54%。

第四节 现金流量表质量分析

一、现金流量质量以及现金流量的质量特征

所谓现金流量的质量，是指企业的现金流量能够按照企业的预期目标进行顺畅运转的质量。具有较好质量的现金流量应当具有如下特征。

(1)企业现金流量的结构与状态体现了企业发展战略的要求。从战略角度来看，第一，企业对经营性资产的结构安排体现了企业战略发展的要求，现金流出量的结构应该适应企业发展战略的要求；第二，企业对外投资的结构与方向也体现了企业对外扩张、寻求发展的战略，现金流出量的结构也应该适应企业对外扩张战略的要求；第三，虽然在现金流量的基本数量关系上难以直接体现企业发展战略的要求，但是，从事不同行业的企业经营活动现金流量的结构和模式具有明显不同的特征。因此，通过对企业经营活动现金流量的结构进行分析，我们仍然可以对企业经营活动现金流量与企业发展战略之间的内在联系做出判断。

(2)在稳定发展阶段，企业经营活动的现金流量应当有足够的支付能力，并能为企业扩张提供支持。根据我们关于利润质量的分析和本章前面的分析，我们可以得出结论：企业正常情况下的经营活动现金流量除了要维护企业经营活动的正常运转外，还应该有足够的补偿经营性长期资产折旧与摊销，以及支付利息和现金股利的能力，并能为企业扩张提供支持。这就是说，在稳定发展的条件下，良性发展的企业经营活动的现金流量应该远大于零。

但是，我们在进行上述比较时应该看到，企业的现金流量具有较强的客观性。对企业经营活动现金流量的支付要求，则具有相当强的主观性。例如，企业固定资产折旧与无形资产摊销就在很大程度上与企业的折旧政策和摊销政策相关，企业的现金股利支付要求又与企业现金股利分配政策相关，企业的利息支出也与企业的筹资环境与筹资行为密切相关等。

(3)筹资活动现金流量能够适应经营活动、投资活动对现金流量的需求，且无不当融资行为。在筹资活动现金流量与经营活动、投资活动对现金流量需求的适应性方面，高质量筹资活动的现金流量应当表现为在时间上、金额上满足企业投资活动、经营活动的现金需求；在无不当融资行为方面，高质量筹资活动的现金流量应当表现为无超过实际需求的债务融资、无融资后被无效益占用(如筹资后的现金转化为具有长期色彩的巨额“其他应收款”等)、无融资后长期闲置等情形。

二、现金流量的质量分析

从现金流量表的含义及其编制过程，读者已经明确：现金流量表是以现金收付制为基础编制的，这就弥补了资产负债表和利润表按权责发生制的原则编制而出现的不足与缺憾。

对现金流量的质量分析主要从各种活动引起的现金流量的变化及各种活动引起的现金流量占企业现金流量总额的比重等方面去分析。

(一)现金流量的变化结果与变化过程的关系

不论是用直接法还是用间接法编制现金流量表，均会确定当期(年)内期(年)末与期

(年)初的现金流量净变化量,即"现金流量净增加额"。对任何一个企业而言,其现金流量净增加额不外乎有三种情况:一是"现金流量净增加额"大于零,表现为期(年)末现金流量大于期(年)初现金流量;二是"现金流量净增加额"小于零,即期(年)末现金流量小于期(年)初现金流量;三是"现金流量净增加额"等于零,即企业期(年)末与期(年)初现金流量相同。同样,在各类活动的现金流量变化方面,也存在着上述三种对应关系。

对上述结果,不论出现哪种情况,均不能简单地得出企业现金流动状况"好转"、"恶化"或"维持不变(与期初或年初比)"的结论。这是因为,期(年)末与期(年)初的数量简单对比,并不足以说明更多的财务状况问题。要揭示现金状况的变动原因,只有分析各因素对现金流量的影响。

在分析各因素引起的现金流量时,需要分清哪些是预算或计划中已有安排的,哪些是因偶发性原因而引起的,并对实际与预算(计划)的差异进行分析。

必须指出,分析现金流量的变化过程远远比分析现金流量的变化结果更加重要。

(二)各部分现金流量净额变化状况的质量含义

我们已经看到,经营活动产生的现金流量、投资活动产生的现金流量、筹资活动产生的现金流量等构成了企业现金流量变化的主要因素。而每一部分现金流量的变化则是企业在某些方面的经济活动的变化结果。

1. 经营活动产生的现金流量

下面,我们对经营活动产生的现金流量的质量进行分析。

(1)经营活动产生的现金流量小于零。这意味着企业通过正常的商品购、产、销所带来的现金流入量,不足以支付因上述经营活动而引起的货币流出。企业正常经营活动时的现金支付,则通过以下几种方式解决。①消耗企业现存的货币积累。②挤占本来可以用于投资活动的现金,推迟投资活动的进行。③在不能挤占用于投资活动的现金时,进行额外贷款融资,以支持经营活动的现金需要。④在没有贷款融资渠道时,只能采用拖延债务支付或加大经营活动引起的负债规模来解决。

从企业的成长过程进行分析,在企业开始从事经营活动的初期,由于生产阶段的各个环节都处于"磨合"状态,设备、人力资源的利用率相对较低,材料的消耗量相对较高,因而导致企业的成本消耗较高。同时,为了开拓市场,企业有可能投入大量资金,采用各种手段将自己的产品推向市场(包括采用渗透法定价、加大广告支出、放宽收账期等),从而有可能使企业在这一时期的经营活动现金流量表现为"入不敷出"的状态。

如果是由于上述原因导致经营活动的现金流量小于零,那我们应该认为这是企业在发展过程中不可避免的正常状态。但是,如果企业在正常生产经营期间仍然出现这种状态,那我们应当认为企业经营活动现金流量的质量不高。

(2)经营活动产生的现金流量等于零。这意味着企业通过正常的商品购、产、销所带来的现金流入量,恰恰能够支付因上述经营活动引起的货币流出。

在企业经营活动产生的现金流量等于零时,企业的经营活动现金流量处于"收支平衡"的状态。企业正常经营活动不需要额外补充流动资金,企业的经营活动也不能为企业的投资活动以及融资活动贡献现金。

但是,必须注意的是,在企业的成本消耗中,有相当一部分属于按照权责发生制原则的要求而确认的摊销成本（如无形资产摊销、待摊费用的摊销、固定资产折旧等）和应计成本（如对预提费用的处理等）（下面我们把这两类成本称为非现金消耗性成本）。显然，在经营活动产生的现金流量等于零时，企业经营活动产生的现金流量是不可能为这部分非现金消耗性成本的资源消耗提供货币补偿的。因此，从长期来看，经营活动产生的现金流量等于零的状态，根本不可能维持企业经营活动的货币“简单再生产”。

因此，如果企业在正常生产经营期间持续出现这种状态，那么我们可以认为企业经营活动现金流量的质量不高。

（3）经营活动产生的现金流量大于零但不足以补偿当期的非现金消耗性成本。这意味着企业通过正常的商品购、产、销所带来的现金流入量，不但能够支付因经营活动引起的货币流出，而且还有余力补偿一部分当期的非现金消耗性成本。

此时，企业虽然在现金流量的压力方面比前两种状态要好，但是，如果这种状态持续下去，从长期来看，企业经营活动产生的现金流量也不可能维持企业经营活动的货币“简单再生产”。

因此，如果企业在正常生产经营期间持续出现这种状态，那么我们对企业经营活动现金流量的质量仍然不能给予较高评价。

（4）经营活动产生的现金流量大于零并恰能补偿当期的非现金消耗性成本。这意味着企业通过正常的商品购、产、销所带来的现金流入量，不但能够支付因经营活动而引起的货币流出，而且还有余力补偿当期的非现金消耗性成本。

在这种状态下，企业在经营活动方面的现金流量压力已经解脱。如果这种状态能够持续下去，则企业经营活动产生的现金流量刚好能够维持企业经营活动的货币“简单再生产”。

但是，从总体上看，维持这种货币“简单再生产”的状态，仍然不能为企业扩大投资等发展提供货币支持。企业的经营活动为企业扩大投资等发展提供货币支持，只能依赖于企业经营活动产生的现金流量的规模继续加大。

（5）经营活动产生的现金流量大于零并在补偿当期的非现金消耗性成本后仍有剩余。这意味着企业通过正常的商品购、产、销所带来的现金流入量，不但能够支付因经营活动而引起的货币流出、补偿全部当期的非现金消耗性成本，而且还有能力支付现金股利，或者为企业的投资等活动提供现金流量的支持。

企业当期经营活动产生的现金流量净额在补偿当期的非现金消耗性成本后仍有剩余时，其是否能够支付现金股利，还取决于企业当年的股利分配政策。因此，必须结合企业现金股利分配政策对企业经营活动现金流量的充分性进行评价。

从上面的分析可以看出，企业经营活动产生的现金流量，仅仅大于零是不够的。企业经营活动产生的现金流量要想对企业做出较大贡献，至少应该在上述第（5）种状态下运行。

2. 投资活动产生的现金流量

对投资活动现金流量的分析，主要应关注投资活动的现金流出量与企业发展战略之间的吻合程度及其效益性。

（1）投资活动产生的现金流量小于零。这意味着企业在购建固定资产、无形资产和其他长期资产、权益性投资以及债权性投资等方面所支付的现金之和大于企业在收回投资、分得股利或利润、取得债券利息收入、处置固定资产、无形资产和其他长期资产而收到的现金净额之和。企业上述投资活动的现金流量，处于“入不敷出”的状态。企业投资活动所需资金的“缺口”,可以通过以下几种方式解决:①消耗企业现存的货币积累。②挤占本来可以用于经营活动的现金,削减经营活动的现金消耗。③利用经营活动积累的现金进行补充。④在不能挤占可以用于经营活动的现金时,进行额外贷款融资,以支持经营活动的现金需要。⑤在没有贷款融资渠道的条件下,只能采用拖延债务支付或加大投资活动引起的负债规模来解决。

从投资活动的目的来分析,企业的投资活动,主要有三个目的:①为企业正常生产经营活动奠定基础,如购建固定资产、无形资产和其他长期资产等。②为企业对外扩张和其他发展性目的进行权益性投资和债权性投资。③利用企业暂时不用的闲置货币资金进行短期投资,以求获得较高的投资收益。在上述三个目的中,前两种投资一般都应与企业的长期规划和短期计划相一致。第三种投资则在很多情况下是企业的一种短期理财安排。因此,面对投资活动的现金流量小于零的企业,我们首先应当考虑的是:在企业的投资活动符合企业的长期规划和短期计划时,这种现象表明了企业经营活动发展和企业扩张的内在需要,也反映了企业在扩张方面的努力与尝试。

(2)投资活动产生的现金流量大于等于零。这意味着企业在投资活动方面的现金流入量大于流出量。发生这种情况,或者是由于企业在本会计期间投资回收活动的规模大于投资支出的规模,或者是由于企业在经营活动与筹资活动方面急需资金而不得不处理手中的长期资产以求变现等原因所引起。因此,必须对企业投资活动的现金流量原因进行具体分析。

3. 筹资活动产生的现金流量

对筹资活动产生的现金流量的质量进行分析,主要应关注筹资活动的现金流量与经营活动、投资活动现金流量之和的适应程度等。

(1)筹资活动产生的现金流量大于零。这意味着企业在吸收权益性投资、发行债券以及借款等方面所收到的现金之和大于企业在偿还债务、支付筹资费用、分配股利或利润、偿付利息、融资租赁所支付的现金以及减少注册资本等方面所支付的现金之和。在企业处于起步阶段,投资需要大量资金,企业经营活动的现金流量小于零时,企业对现金流量的需求,主要通过筹资活动来解决。因此,分析企业筹资活动产生的现金流量大于零是否正常,关键要看企业的筹资活动是否已经纳入企业的发展规划,是企业管理层以扩大投资和经营活动为目标的主动筹资行为,还是企业因投资活动和经营活动的现金流出失控而导致的不得已的筹资行为。

(2)筹资活动产生的现金流量小于零。这意味着企业在吸收权益性投资、发行债券以及借款等方面所收到的现金之和小于企业在偿还债务、支付筹资费用、分配股利或利润、偿付利息、融资租赁所支付的现金以及减少注册资本等方面所支付的现金之和。出现这种情况,或者是由于企业在本会计期间集中发生偿还债务、支付筹资费用、分配股利或利润、偿付利息、融资租赁等业务,或者是因为企业经营活动与投资活动在现金流量方面运转较好、有能力完成上述各项支付。但是,企业筹资活动产生的现金流量小于零,也可能是企业在投资和企业扩张方面没有更多作为的一种表现。投资活动与筹资活动属于企业的理财活动。在任何期间,企业均有可能因这些方面的活动而引起现金流量的变化。不过,处于开业初期的企业,其理财活动引起的现金流量变化较大,占企业现金流量变化的比重也较大。

另一方面,理财活动也意味着企业存在相应的财务风险。例如,企业对外发行债券,就必须承担定期支付利息、到期还本的责任。如果企业不能履行偿债责任,有关方面就会对企业采取法律措施。又如,企业购买股票,就可能存在着股票跌价的风险等。因此,企业的理财活动越大,财务风险也可能越大。

思考题

1 现金流量表的作用是什么?
2 为什么要将现金流量划分为经营活动、投资活动和筹资活动?
3 现金流量表质量分析的主要内容是什么?
4 现金流量表能为我们提供哪些财务信息?
5 现金流量表项目分析应注意哪些内容?
6 现金流量表与资产负债表、利润表有什么关系?
7 将现金流量表分为主表和附注两部分的意义是什么?

第七章　所有者权益变动表分析

第一节　所有者权益变动表分析的目的与内容

所有者权益变动表(又称股东权益变动表)是指反映构成所有者权益的各组成部分当期的增减变动情况的报表。所有者权益变动表应当全面反映一定时期所有者权益变动的情况。

所有者权益变动表解释在某一特定时间内,股东权益如何因企业经营的盈亏及现金股利的发放而发生的变化。它是说明管理阶层是否公平对待股东的最重要的信息。

一、所有者权益变动表分析的目的

所有者权益变动表分析,是通过所有者权益的来源及其变动情况,了解会计期间内影响所有者权益增减变动的具体原因,判断构成所有者权益各个项目变动的合法性与合理性,为报表使用者提供较为真实的所有者权益总额及其变动信息。所有者权益变动表分析的目的可概括为。

(1)清晰体现会计期间构成所有者权益各个项目的变动规模与结构。

(2)进一步从全面收益角度报告更全面、更有用的财务业绩信息,以满足报表使用者投资、信贷及其他经济决策的需要。

(3)反映会计政策变更的合理性,反映会计差错更正的幅度,具体报告由于会计政策变更和会计差错更正对所有者权益的影响数额。

(4)反映由于股权分置、股东分配政策、再筹资方案等财务政策对所有者权益的影响。

二、所有者权益变动表分析的内容

所有者权益变动表分析主要内容有以下三个。

第一,所有者权益变动表的项目分析。

第二,所有者权益变动表的结构分析。

第三,管理层相关决策对所有者权益影响的分析。

这三个内容将在本章后面的三节中分别讲述。本章对所有者权益变动表的项目分析、结构分析和质量分析以 SYMC 公司的所有者权益变动表为例,见表 7.1。

表 7.1 SYMC 公司所有者权益变动表

2010 年度

单位:人民币元

项目	本年金额							
	股本	资本公积	减:库存股	专项储备	盈余公积	一般风险准备	未分配利润	所有者权益合计
一、上年年末余额	43 035.18	30 019.44			6 286.51		4 062.23	83 403.36
加:会计政策变更								
前期差错更正								
其他								
二、本年年初余额	43 035.18	30 019.44			6 286.51		4 062.23	83 403.36
三、本年增减变动金额(减少以"一"号填列)				71.35	810.38		7 222.10	8 103.83
(一)净利润							8 103.83	8 103.83
(二)其他综合收益								
上述(一)和(二)小计							8 103.83	8 103.83
(三)所有者投入和减少资本								
1. 所有者投入资本								
2 股份支付计入所有者权益的金额								
3. 其他								
(四)利润分配					810.38		-810.38	
1. 提取盈余公积					810.38		-810.38	
2. 提取一般风险准备								
3. 对股东的分配								
4. 其他								
(五)所有者权益内部结转								
1. 资本公积转增股本								
2. 盈余公积转增股本								
3. 盈余公积弥补亏损								
4. 其他								
(六)专项储备				71.35			-71.35	
1. 本年提取				112.35			-112.35	
2. 本年使用				41.00			-41.00	
四、本年年末余额	43 035.18	30 019.44		71.35	7 096.89		11 284.33	91 507.19

续表 7.1

项目	上年金额							
	股本	资本公积	减:库存股	专项储备	盈余公积	一般风险准备	未分配利润	所有者权益合计
一、上年年末余额	43 035.18	30 019.44			6 286.51		11 557.66	90 898.78
加:会计政策变更								
前期差错更正								
其他								
二、本年年初余额	43 035.18	30 019.44			6 286.51		11 557.66	90 898.78
三、本年增减变动金额(减少以"一"号填列)							-7 495.42	-7 495.42
(一)净利润							-7 495.42	-7 495.42
(二)其他综合收益								
上述(一)和(二)小计							-7 495.42	-7 495.42
(三)所有者投入和减少资本								
1. 所有者投入资本								
2 股份支付计入所有者权益的金额								
3. 其他								
(四)利润分配								
1. 提取盈余公积								
2. 提取一般风险准备								
3. 对股东的分配								
4. 其他								
(五)所有者权益内部结转								
1. 资本公积转增股本								
2. 盈余公积转增股本								
3. 盈余公积弥补亏损								
4. 其他								
(六)专项储备								
1. 本年提取								
2. 本年使用								
四、本年年末余额	43 035.18	30 019.44			6 286.51		4 062.23	83 403.36

第二节 所有者权益变动表项目分析

所有者权益变动表的主要项目分析，是将组成所有者权益主要项目进行具体剖析对比，分析其变动成因、合理合法性、有否人为操控的迹象等事项的过程。

净利润与所有者权益变动额之关系为：净利润+直接计入所有者权益的利得-直接计入所有者权益的损失+会计政策和会计差错更正的累积影响+股东投入资本-向股东分配利润-提取盈余公积=本期所有者权益变动额。

一、直接计入所有者权益的利得与损失分析

利得是指由企业非日常活动所形成的、会导致所有者权益增加的、与所有者投入资本无关的经济利益的流入。

损失是指由企业非日常活动所发生的、会导致所有者权益减少的、与向所有者分配利润无关的经济利益的流出。

直接计入所有者权益的利得和损失，是指不应计入当期损益、会导致所有者权益发生增减变动的、与所有者投入资本或者向所有者分配利润无关的利得或者损失。

一般而言，已实现确认的利得与损失在发生当年计入利润表，未实现确认的利得与损失可能在资产负债表中确认，同时，所有者权益变动表涵盖了这些信息。利润表反映公司在会计年度内已实现的损益。若出现未实现的损益，则直接计入所有者权益。

利润表不予披露的未实现损益通常包括：固定资产重估产生的未实现损益、货币折算价差产生的未实现损益以及长期商业投资重估产生的未实现损益等。

在所有者权益变动表中，直接计入所有者权益的利得和损失的内容包括：

(1)可供出售金融资产公允价值变动净额。

(2)权益法下被投资单位其他所有者权益变动的影响。

(3)计入所有者权益项目相关的所得税影响。

(4)其他。

二、会计政策变更的分析

对于会计政策变更的累积影响数的分析，主要目的在于合理区分属于会计政策变更和不属于会计政策变更的业务或事项。

(一)会计政策与会计政策变更

会计政策，是指会计主体在会计核算过程中所采用的原则、基础和会计处理方法。其中原则实质上包含了会计的基本假设、会计的一般原则和具体原则、会计处理方法，甚至还包含某些非会计假设。

会计政策变更是指在特定的情况下，企业可以对相同的交易或事项由原来采用的会计政策改用另一会计政策。

企业采用的会计政策，在每一会计期间和前后各期应当保持一致，不得随意变更；但是，满足下列条件之一的，可以变更会计政策：

(1)法律、行政法规或者国家统一的会计制度等要求变更。例如,国家发布统一的关于增值税会计处理的核算办法后,企业应及时按照新的办法处理有关增值税事项。

(2)会计政策变更能够提供更可靠、更相关的会计信息。例如,企业原先一直采用直接转销法核算坏账,由于信用环境的改变,应收账款演变为坏账的可能性增大,继续使用直接转销法核算坏账将会虚增企业某一会计期间的资产和盈利,因此备抵法的会计政策更能体现应收账款的账面价值。

(二)会计政策变更在表中的列示与分析

会计政策变更能够提供更可靠、更相关的会计信息的,主要应当采用追溯调整法进行处理,将会计政策变更累积影响数调整列报前期最早期初留存收益。

追溯调整法,是指对某项交易或事项变更会计政策,视同该项交易或事项初次发生时即采用变更后的会计政策,并以此对财务报表相关项目进行调整的方法。

三、前期差错更正的分析

本期发现与以前期间相关的重大会计差错时如果影响损益,应按其对损益的影响数调整发现当期的期初留存收益,会计报表其他相关项目的期初数也应一并调整;如不影响损益,应调整会计报表相关项目的期初数。

前期差错更正累积影响数分析的主要目的在于及时发现与更正前期差错,合理判断和区分相关业务是属于会计政策变更还是属于会计差错更正类别,以达到信息的准确性。

(一)前期差错与前期差错更正

前期差错,是指由于没有运用或错误运用以下两种信息,而对前期财务报表造成遗漏或误报:

(1)编报前期财务报表时能够合理预计取得并应当加以考虑的可靠信息。

(2)前期财务报表批准报出时能够取得的可靠信息。

前期差错通常包括计算错误、应用会计政策错误、疏忽或曲解事实以及舞弊产生的影响以及存货、固定资产盘盈等。

前期差错更正,是指企业应当在重要的前期差错发现后的财务报表中,调整前期相关数据。前期差错更正主要采用追溯重述法,该法是指在发现前期差错时,视同该项前期差错从未发生过,从而对财务报表相关项目进行更正的方法。

(二)前期更正在表中的列示与分析

本期发现与以前期间相关的重大会计差错,如果影响损益,应按期对损益的影响数调整发现当期的期初留存收益,会计报表其他相关项目的期初数也一并调整,如不影响损益应调整,应调整会计报表相关项目的期初数。

会计差错发生的原因可归纳为三类。

(1)会计政策使用上的差错。例如,按照国家统一的会计制度规定,为购建固定资产而发生的费用,在固定资产达到预定可使用状态后发生应计入当期损益,若继续予以资本化,则属于采用了法律或会计准则等行政法规、规章所不允许的会计政策。

(2)会计估计上的差错。由于经济业务中不确定因素的影响,企业在会计估计过程中出现了差错。例如,国家规定企业可以根据应收账款期末余额的一定比例计提坏账准备,企业有可能在期末多计提或少计提坏账准备,从而影响损益的计算。

(3)其他差错。在会计核算中,企业有可能发生除以上两种差错以外的其他差错。例如,错记借贷方向、错记账户、漏记交易或事项、对事实的忽视和滥用等。

第三节　所有者权益变动表结构分析

所有者权益变动表的结构分析,是将所有者权益变动表各个项目的本期发生数与所有者权益变动表本期年末余额进行比较(即各个项目金额占本年年末余额的比重),从而揭示公司当年所有者权益内部结构的情况,从静态角度判断所有者权益变动表各个项目构成的合理性。同时,将报告期各个项目所占的比重与基期各个项目所占的比重进行对比分析,从动态角度反映所有者权益表的各个项目变动情况,找出影响所有者权益变动的主要项目,为报表使用者进行经济决策提供新的思路。

一、编制所有者权益变动表结构分析表

根据表7.1编制的SYMC公司的所有者权益变动表结构分析表,见表7.2。

表7.2　SYMC公司的所有者权益变动表结构分析表

2010年度　　单位:人民币元

项目	所有者权益合计			
	2010年金额	结构比重(%)	2009年金额	结构比重(%)
一、上年年末余额	83 403.36	91.14%	90 898.78	108.99%
加:会计政策变更				
前期差错更正				
其他				
二、本年年初余额	83 403.36	91.14%	90 898.78	108.99%
三、本年增减变动金额(减少以"—"号填列)	8 103.83	8.86%	-749 5.42	-8.99%
(一)净利润	8 103.83	8.86%	-749 5.42	-8.99%
(二)其他综合收益				
上述(一)和(二)小计	8 103.83	8.86%	-749 5.42	-8.99%
(三)所有者投入和减少资本				
1.所有者投入资本				
2股份支付计入所有者权益的金额				
3.其他				
(四)利润分配				
1.提取盈余公积				
2.提取一般风险准备				
3.对股东的分配				
4.其他				
(五)所有者权益内部结转				
1.资本公积转增股本				
2.盈余公积转增股本				
3.盈余公积弥补亏损				

续表 7.2

项目	所有者权益合计			
	2010 年金额	结构比重(%)	2009 年金额	结构比重(%)
4. 其他				
(六)专项储备				
1. 本年提取				
2. 本年使用				
四、本年年末余额	91 507.19	100.00%	83 403.36	100.00%

二、所有者权益变动表的结构分析

该公司 2009 年所有者权益期末余额 83 403.36 元;主要是来源于上年年末余额,它在 2009 年所有者权益中占 108.99%;由于 2006 年当年净利润下降 8.99%,导致 2009 年所有者权益减少 7 495.42 元。

公司 2010 年所有者权益期末余额 91 507.19 元,主原因是本年净利润影响,本年净利润增加 8 103.83,占本年年末所有者权益的 8.86%。

由于本例中没有其他因素的影响,所以这里的结构分析比较简单,如果表中的会计政策变更、前期差错更正、利润分配等项目有变化则结构分析会复杂一些,但基本的分析方法与前面的资产负债表等的结构分析类似。分析时不要只看绝对数值的大小,也不能只看相对数的大小,要综合分析,如果绝对数值很大但变化率(百分比)很小则影响一般也较小;如果相对数值(百分比)较高但绝对数值很小时一般也不会有大的影响;反之亦然。

第四节　股利决策对所有者权益变动影响的分析

股利决策对所有者权益变动影响主要有以下四个方面:

(1)派现与送股对公司所有者权益影响。

(2)股票分割对公司所有者权益影响。

(3)所有者权益变动表中的库存股。

(4)股权流通对价对公司所有者权益影响。

下面是对这四个方面的详细阐述。

一、派现与送股对公司所有者权益影响

(一)派现

1. 派现的含义

派现即现金股利,是指公司以现金向股东支付股利的形式,是公司最常见、最易被投资者接受的股利支付方式。这种形式能够满足大多数投资者希望得到稳定投资回报的要求。公司支付现金股利,除了必须有足额的可供分配的利润外,还取决于公司的投资需要、现金流量和股东意愿等因素。

2. 派现对所有者权益的影响

派现会导致公司现金流出减少公司的资产和所有者权益规模,降低公司内部筹资的总

量，既影响所有者权益内部结构，也影响整体资本结构。

（二）送股

1. 送股的含义

送股即股票股利，是指公司以股票形式向投资者发放股利的方式。其具体做法是：在公司注册资本尚未足额时，以股东认购的股票作为股利支付，也可以发行新股支付股利。实际操作过程中，有的公司增发新股时，预先扣除当年应分配股利，减价配售给老股东；也有的公司发行新股时进行无偿增资配股，即股东不需缴纳任何现金和实物即可取得公司发行的股票。

2. 送股对所有者权益的影响

送股是一种比较特殊的股利形式，它不直接增加股东的财富，不会导致企业资产的流出或负债的增加，不影响公司的资产、负债及所有者权益总额的变化，所影响的只是所有者权益内部有关各项目及其结构的变化，即将未分配利润转为股本（面值）或资本公积（超面值溢价）。

3. 送股对每股收益和每股市价的影响

送股后，如果盈利总额不变，会由于普通股股数增加而引起每股收益和每股市价的下降；但由于股东所持股份的比例不变，每位股东所持股票的市场价值总额仍保持不变。

4. 转增股本与送股

转增股本是指公司将资本公积金转化为股本，它并没有改变股东的权益，但却增加了股本的规模，因而客观结果与送股相似。

二、股票分割对公司所有者权益影响

（一）股票分割的含义

股票分割是指在保持原有股本总额的前提下，将每股股份分割为若干股，使股票面值降低而增加股票数量的行为。

（二）股票分割对所有者权益的影响

股票分割不属于股利分配，但与股票股利在效果上有一些相似之处，即股票分割也不直接增加股东的财富，不影响公司的资产、负债及所有者权益的金额变化。与送股不同之处在于，股票股利影响所有者权益的有关各项目的结构发生变化，而股票分割则不会改变公司的所有者权益结构。

（三）股票分割对每股收益和每股市价的影响

虽然股票分割不属于某种股利，但和股票股利一样，它会对公司的每股收益、每股市价等产生影响。在其他条件不变的情况下，进行股票分割会使公司的每股收益、每股市价下降。

三、所有者权益变动表中的库存股

（一）库存股的概念

如果公司不需要过度筹资，提高股利支付率是途径之一；另一办法即为股票回购，财务上称为库存股。库存股是发行总股本的减项，可以被理解为将股利一次性支付给股东，属于间接股利分配形式。

库存股是指公司收回已发行的且尚未注销的股票。它同时具备以下四个特点。①库存股是本公司的股票。②库存股是已发行的股票。③库存股是收回后尚未注销的股票。④库存股是可以再次出售的股票。

凡是属于公司未发行的股票、公司持有的其他公司的股票或者是公司已收回并注销的股票都不能视为库存股。

除了股票回购外,本公司股东或债务人以股票抵偿公司的债务、股东捐赠本公司的股票等行为都会形成库存股。

(二)库存股对公司所有者权益的影响

(1)库存股不是公司的一项资产,而是所有者权益的减项。

(2)库存股的变动不影响损益,只影响权益。由于库存股不是公司的一项资产,因此再次发行库存股时,其所产生的收入与取得时的账面价值之间的差额不会引起公司损益的变化,而是引起公司所有者权益的增加或减少。

(3)库存股的权利受限。由于库存股没有具体股东,因此库存股的权利会受到一定的限制。例如,它不具有股利分派权、表决权、优先认购权、分派剩余财产权等。

四、股权流通对价对公司所有者权益的影响

所谓股权流通对价,是指非流通股股东获取流通权而付出的一种代价,对价的方式基本有四种:送股、送现金、送权证和缩股。前三种对价形式对股权分置改革的上市公司既没有导致经济利益流入,也没有导致经济利益流出,对公司本身的注册资本、股本总额和资产、负债、所有者权益总额及其内部结构没有影响,所以上市公司本身可以不作会计处理;而缩股股权流通对价使上市公司本身的注册资本和总股本减少,需要作相应的会计处理。

思考题

1 对所有者权益变动表进行分析的作用是什么?

2 案例分析

1994 年,迪斯尼公司股票每股 50 美元,从那时起,索尔·斯蒂伯格公司开始买进迪斯尼公司股票。当这家公司持有股份超过 12% 时,他便宣布:以每股 67.5 美元的收购价买进 37% 的迪斯尼公司股票,使其股份达到 49%。为了防止被兼并,迪斯尼公司经理向银行借款 20 亿美元,以高于斯蒂伯格公司报价的价格回购股票。6 月份迪斯尼公司经理同意以每股 77.45 美元回购斯蒂伯格公司手中的股票,这使后者以 2 600 万美元的投资赚了 6 000 万美元。

当回购股票的消息一宣布,迪斯尼公司的股票价格立刻从 68 美元跌到 46 美元,许多股东感到愤怒,甚至提起诉讼来阻止回购。

问题:

作为经理或股东,你对此有何看法?

第三篇　财务效率分析

第八章　盈利能力分析

第一节　盈利能力分析的内涵

一、盈利能力分析的目的

盈利能力通常是指企业在一定时期内赚取利润的能力。盈利能力的大小是一个相对的概念,即利润相对于一定的资源投入、一定的收入而言。利润率越高,盈利能力越强;利润率越低,盈利能力越差。企业经营业绩的好坏最终可通过企业的盈利能力来反映。无论是企业的经理人员、债权人,还是股东(投资人),都非常关心企业的盈利能力,并重视对利润率及其变动趋势的分析与预测。

从企业的角度来看,企业从事经营活动,其直接目的是最大限度地赚取利润并维持企业持续稳定地经营和发展。持续稳定地经营和发展是获取利润的基础;而最大限度地获取利润又是企业持续稳定发展的目标和保证。只有在不断地获取利润的基础上,企业才可能发展;同样,盈利能力较强的企业比盈利能力较弱的企业具有更大的活力和更好的发展前景。因此,盈利能力是企业经理人员最重要的业绩衡量标准和发现问题、改进企业管理的突破口。

(1)对企业经营者而言,进行企业盈利能力分析的目的具体表现在以下两个方面。

一是利用盈利能力的有关指标反映和衡量企业经营业绩。企业经理人员的根本任务,就是通过自己的努力使企业赚取更多的利润。各项收益数据反映着企业的盈利能力,也表现了经理人员工作业绩的大小。用已达到的盈利能力指标与标准、基期、同行业平均水平、其他企业相比较,则可以衡量经理人员工作业绩的优劣。

二是通过盈利能力分析发现经营管理中存在的问题。盈利能力是企业各环节经营活动的具体表现,企业经营的好坏,都会通过盈利能力表现出来。通过对盈利能力的深入分析,可以发现经营管理中的重大问题,进而采取措施解决问题,提高企业收益水平。

(2)对于债权人来讲,利润是企业偿债的重要来源,特别是对长期债务而言。盈利能力的强弱直接影响企业的偿债能力。企业举债时,债权人势必审查企业的偿债能力,而偿债能力的强弱最终取决于企业的盈利能力。因此,分析企业的盈利能力对债权人也是非常重要的。

(3)对于股东(投资人)而言,企业盈利能力的强弱更是至关重要的。在市场经济下,股东往往会认为企业的盈利能力比财务状况、营运能力更重要。股东们的直接目的就是获得更多的利润,因为对于信用相同或相近的几个企业,人们总是将资金投向盈利能力强的企业。股东们关心企业赚取利润的多少并重视对利润率的分析,是因为他们的股息与企业的盈利能力是紧密相关的;此外,企业盈利能力增加还会使股票价格上升,从而使股东们获得资本收益。

二、盈利能力分析的内容

盈利能力的分析是企业财务分析的重点,财务结构分析、偿债能力分析等,其根本目的是通过分析及时发现问题,改善企业财务结构,提高企业偿债能力、经营能力,最终提高企业的盈利能力,促进企业持续稳定地发展。对企业盈利能力的分析主要指对利润率的分析。因为尽管利润额的分析可以说明企业财务成果的增减变动状况及其原因,为改善企业经营管理指明了方向,但是,由于利润额受企业规模或投入总量的影响较大,一方面使不同规模的企业之间不便于对比;另一方面它也不能准确地反映企业的盈利能力和盈利水平。因此,仅进行利润额分析一般不能满足各方面对财务信息的要求,还必须对利润率进行分析。

利润率指标从不同角度或从不同的分析目的看,可有多种形式。在不同的所有制企业中,反映企业盈利能力的指标形式也不同。在这里,我们对企业盈利能力的分析将从以下几方面进行。

(1)资产和资本经营盈利能力分析。资产经营盈利能力分析主要对全部资产报酬率指标进行分析和评价。资本经营盈利能力分析主要对净资产收益率指标进行分析与评价。

(2)商品经营盈利能力分析。即利用利润表资料进行利润率分析,包括收入利润率分析和成本利润率分析两方面内容。

(3)上市公司盈利能力分析。即对上市公司特殊的盈利能力指标如每股收益指标、股利发放率指标以及价格与收益比率进行分析。

第二节　资产和资本经营盈利能力分析

一、资产经营盈利能力分析

(一)资产经营盈利能力指标

资产经营盈利能力,是指企业运营资产所产生的利润的能力。反映资产经营盈利能力的指标是资产报酬率,即息税前利润与平均总资产之间的比率。运用资产负债表和利润表的资料,可计算资产报酬率,计算公式为

$$资产报酬率=\frac{息税前利润}{总资产平均余额}\times 100\%=\frac{利润总额+利息费用}{总资产平均余额}\times 100\%$$

其中,$总资产平均余额=\frac{(期初资产总额+期末资产总额)}{2}$

资产报酬率指标的分子采用息税前利润有两个原因:一是企业资产来自股东和债权人,以资产为基础计算的投资报酬,应该包括股东报酬和债权人报酬两部分,是扣除利息费用前的利润,即息税前利润,因此将利息费用视为投资报酬。二是利息费用的高低主要受企业资本结构的影响,与企业的经营管理水平没有直接关系,当企业负债发生增减变动时,利息费用也会随之发生增减变动,从而使利润总额相应减少或增加,但这种增减变动与企业的实际盈利能力并无直接关系。为了排除资本结构不同对利润的影响,客观反映企业的盈利水平,同时增强资产报酬率指标的可比性,用利润总额加上利息费用作为资产报酬率指标的分子,可以使计算结果更合理。

另外,我国利润表不单独列示利息费用,我们可以将利润表中的财务费用视同利息费用。由于该公式的分子利润总额和利息费用来自利润表,为企业某一会计期间的数据;而分母资产总额来自资产负债表,为企业在会计期末的数据。为了使分子分母在时间上相匹配,需要将资产总额转换为年度平均数,表示在一年内企业平均每天占用的资产数额,等于资产的年初余额加上年末余额除以2(以下净资产收益率指标的计算原理与此相同)。

企业息税前利润的高低与资产使用效率和经营管理水平有密切关系。因此,资产报酬率是一个综合性指标,该指标越高,说明企业资产使用的效率越高,盈利能力越强;反之,则说明企业资产使用的效率较低,盈利能力较差。在市场经济比较发达、行业之间竞争比较公平的条件下,各行业的资产报酬率应当相差不多。如果某个企业的资产报酬率偏低,说明该企业的资产使用效率、资产结构或经营管理中存在问题。

为了便于分析,本章给出ABC公司近三年的比较资产负债表、比较利润表和比较现金流量表,见表8.1、8.2、8.3。第八章、第九章、第十章的分析将以ABC公司为例。

表8.1 比较资产负债表

编制单位:ABC公司　　2007~2009年　　单位:万元

项目	2006年末	2007年末	2008年末	2009年末
资产:				
货币资金				
交易性金融资产	45	57	48	51
应收账款	30	33	37.5	34.5
预付账款	78	105	120	198
存货	27	30	48	54
流动资产合计	117	165	213	324
可供出售金融资产	297	390	466.5	661.5
长期股权投资	114	120	127.5	123
固定资产	0	157.5	183	189
无形资产	525	735	978	1 128
非流动资产合计	75	67.5	90	120
资产总计	714	1 080	1 378.5	1 560
负债和所有者权益	1 011	1 470	1 845	2 221.5
短期借款				
应付账款	90	99	105	105
应付职工薪酬	90	102	97.5	153
应交税费	15	18	22.5	27
流动负债合计	15	21	30	45
长期借款	210	240	255	330
应付债券	90	135	300	285
非流动负债合计	150	150	150	300
负债合计	240	285	450	585
股本(每股1元)	375	480	480	480
资本公积	13.5	202.5	304.5	331.5
盈余公积	120	135	153	177
未分配利润	52.5	127.5	202.5	318

续表 8.1

项目	2006 年末	2007 年末	2008 年末	2009 年末
所用者权益合计	561	945	1 140	1 306.5
负债和所用者权益总计	1 011	1 470	1 845	2 221.5

表 8.2 比较利润表

编制单位:ABC 公司　　2007 ~ 2009 年　　单位:万元

项目	2007 年	2008 年	2009 年
一、营业收入	930	1 230	1 725
减:营业成本	582	762	1 065
营业税金及附加	30	45	67.5
销售费用	100.5	111	144
管理费用	81	93	120
财务费用	18	37.5	54
资产减值损失	3	4.5	3
加:公允价值变动收益	-3	3	1.5
投资收益	18	31.5	45
二、营业利润	130.5	211.5	318
加:营业外收入	3	4.5	4.5
减:营业外支出	7.5	6	12
三、利润总额	126	210	310.5
减:所得税	34.5	54	81
四、净利润	91.5	156	229.5
五、每股收益			
(一)基本每股收益	0.214	0.325	0.478
(二)稀释每股收益	0.191	0.289	0.376

表 8.3 比较现金流量表

编制单位:ABC 公司　　2007 ~ 2009 年　　单位:万元

项目	2007 年	2008 年	2009 年
一、经营活动产生的现金流量			
销售商品、提供劳务收到现金	750	1 125	1 485
收到的税费返还	3	4.5	7.5
经营活动现金流入小计	753	1 129.5	1 492.5
购买商品、接受劳务支付的现金	543	799.5	1 030.5
支付给职工以及为职工支付的现金	142.5	165	213
支付的各项税费	37.5	60	132
支付的其他与经营有关的现金	0	7.5	9
经营活动现金流出小计	723	1 032	1 384.5
经营活动产生的现金流量净额	30	97.5	108
二、投资活动产生的现金流量			
购建固定资产、无形资产和其他长期资产所支付的现金	238.5	316.5	237
投资所支付的现金	157.5	25.5	6
投资活动现金流出小计	396	342	243
投资活动产生的现金流量净额	396	342	243

续表 8.3

项目	2007 年	2008 年	2009 年
三、筹资活动产生的现金流量			
吸收投资收到的现金	378	90	15
借款收到的现金	24	186	180
筹资活动现金流入小计	402	276	195
偿还债务支付的现金	15	30	19.5
分配股利、利润和偿付利息支付的现金	9	10.5	37.5
筹资活动现金流出小计	24	40.5	57
筹资活动产生现金流量净额	378	235.5	138
四、现金及现金等价物净增加额	12	9	3

以上述 ABC 公司的财务报表为例，根据表 8.1、表 8.2 中有关资料，计算 ABC 公司 2007～2009 年的资产报酬率。

2007 年：
$$资产报酬率=\frac{126+18}{\frac{(1\,011+1\,470)}{2}}\times100\%=11.61\%$$

2008 年：
$$资产报酬率=\frac{210+37.5}{\frac{(1\,470+1\,845)}{2}}\times100\%=14.93\%$$

2009 年：
$$资产报酬率=\frac{310.5+54}{\frac{(1\,845+2\,222)}{2}}\times100\%=17.93\%$$

通过比较可知，从 2007 年到 2009 年，ABC 公司的资产报酬率稳步上升，每百元资产可获得的息税前利润，2007 年为 11.61 元，2008 年为 14.93 元，2009 年为 17.93 元，表明 ABC 公司资产经营盈利能力逐年上升，发展趋势良好。将该指标与同行业平均水平或先进水平进行对比，可以更客观地评价该公司资产的盈利能力，了解该公司在行业中的地位。

（二）资产经营盈利能力因素分析

根据总资产报酬率指标的经济内容，可将其分解为

$$资产报酬率=\frac{利润总额+利息费用}{营业收入}\times\frac{营业收入}{平均总资产}=$$
$$息税前利润率\times总资产周转率$$

可见，影响总资产报酬率的因素有两个：一是总资产的周转率，该指标作为反映企业资本运营能力的指标，可用于说明企业资产的运用效率，是企业资产经营效果的直接体现。二是息税前利润率，该指标反映了企业商品生产经营的盈利能力，产品盈利能力越强，销售利润率越高。因此，资产经营盈利能力受商品经营盈利能力和资产运营效率两方面影响。

从分解公式可以看出，提高资产报酬率可以从两方面入手，一是加强对成本费用的控制，提高息税前利润率。二是增加营业收入或减少资产占用，提高资产周转率。具体到某个企业应采用什么方法，要视企业实际情况和产品生命周期来定。如果企业产品在市场上竞争激烈，很难通过降低成本费用或提高售价来扩大息税前利润率，可以选择通过提高资产周转率的途径来提高其资产报酬率，如减少资产占用、缩短投资周期等。如果企业正准备扩大生产规模，增加市场份额，可以选择通过提高产品质量和产量、降低产品成本、扩大

销售等途径提高息税前利润率,以达到提高资产报酬率的目的。

应当注意的是,在市场竞争比较充分的情况下,各行业的资产报酬率基本趋于一致。但由于各行业的生产经营特点不同,息税前利润率和资产周转率则可能有很大不同。例如,超市大卖场占用的资产相对较少而且大部分采用租赁方式获得,因此其资产周转率很高。但由于超市奉行薄利多销政策,因此其息税前利润率则相对较低。商品批发业也是如此,这些行业通常都是以较低的息税前利润率和较高的资产周转率来维持一定的资产报酬率。而对于资本密集型行业,如冶金、汽车制造等行业,由于资产投资额很大,必须有较高的息税前利润率,才能维持正常的资产报酬率。正是由于这些原因,虽然息税前利润率和资产周转率很重要,但综合评价企业盈利能力的最终指标是资产报酬率。

下面以 ABC 公司为例,说明资产报酬率指标的分解方法。有关指标见表 8.4。

表 8.4 资产报酬率分解表

单位:万元

	2007 年	2008 年	2009 年
营业收入	930	1 230	1 725
利润总额	126	210	310.5
利息费用	18	37.5	54
息税前利润	144	247.5	364.5
平均总资产	1 240.5	1 657.5	2 033.25
息税前利润率	15.48%	20.12%	21.13%
总资产周转率	0.75	0.74	0.85
资产报酬率	11.61%	14.93%	17.93%

根据表中的资料,可分析确定总资产周转率和销售息税前利润率变动对总资产报酬率的影响。

在表 8.4 中,ABC 公司的资产报酬率被分解为息税前利润率和总资产周转率两个指标。2008 年与 2007 年相比. ABC 公司的资产报酬率提高了 3.32 个百分点(14.93% - 11.61%),其主要原因是由于息税前利润率从 15.48% 上升到 20.12%,而总资产周转率基本保持稳定且略有下降。2009 年与 2008 年相比,资产报酬率提高了 3 个百分点(17.93% - 14.93%)则是由于息税前利润率提高和资产周转速度加快双重因素作用的结果,其中息税前利润率从 20.12% 上升到 21.13%,总资产周转率从 0.74 上升到 0.85。

下面以 ABC 公司 2009 年的资产报酬率比 2008 年提高了 3 个百分点为例进行因素分析。

分析对象 = 17.93% - 14.93% = 3%

息税前利润率变动对资产报酬率的影响 = (21.13% - 20.12%) × 0.742 = 0.75%

总资产周转率变动对资产报酬率的影响 = 21.13% × (0.85 - 0.74) = 2.25%

通过比较可知,2009 年,由于息税前利润率上升,使 ABC 公司的资产报酬率比上年提高 0.75 个百分点,由于资产周转率上升,使 ABC 公司的资产报酬率比上年提高 2.25 个百分点,两因素共同作用,使资产报酬率比上年提高 3 个百分点。由此可见,ABC 公司资产报酬率 2009 年比 2008 年提高主要是由于企业加速总资产周转的结果。

二、资本经营盈利能力

(一)资本经营盈利能力指标

资本经营盈利能力是指企业的所有者通过投入资本经营所取得的利润的能力。反映资本经营盈利能力的基本指标是净资产收益率,即指企业本期净利润与净资产的比率。其计算公式为

$$净资产收益率=\frac{净利润}{净资产平均余额}\times 100\%$$

$$净资产平均余额=\frac{(期初净资产+期末净资产)}{2}$$

上式中,净利润是指企业当期税后利润;净资产是指企业资产减负债后的余额,包括实收资本、资本公积、盈余公积和未分配利润等,也就是资产负债表中的所有者权益部分。对于平均净资产,一般取期初与期末的平均值,但是,如果要通过该指标观察分配能力,则取年度末的净资产更为恰当,由于所有者权益的年末数一般大于年初数,因此按年末计算也成为摊薄。

净资产收益率是反映盈利能力的核心指标。因为企业的根本目标是所有者权益或股东价值最大化,而净资产收益率既可直接反映资本的增值能力,又影响着企业股东价值的大小。该指标越高,反映盈利能力越好。评价标准通常可用社会平均利润率、行业平均利润率或资本成本率等。

以上述 ABC 公司的财务报表为例,根据表 8.1、8.2 中的有关资料,计算 ABC 公司的净资产收益率为

2007 年:
$$净资产收益率=\frac{91.5}{\frac{(561+945)}{2}}\times 100\%=12.15\%$$

2008 年:
$$净资产收益率=\frac{156}{\frac{(945+1\,140)}{2}}\times 100\%=14.96\%$$

2009 年:
$$净资产收益率=\frac{229.5}{\frac{(1\,140+1\,307)}{2}}\times 100\%=18.76\%$$

通过比较可知,ABC 公司的净资产收益率直线上升,股东投资回报率稳定提高。

(二)资本经营盈利能力因素分析

将净资产收益率指标分解成几部分,分别计算每一部分的比率并分析其变动趋势,可以了解净资产收益率变动的原因。分解公式为

$$净资产收益率=\frac{净利润}{净资产平均余额}\times 100\%=$$

$$\frac{净利润}{营业收入}\times\frac{营业收入}{平均总资产}\times\frac{平均总资产}{所有者权益平均余额}=$$

$$营业净利率\times 总资产周转率\times 权益乘数$$

公式中,营业净利率指每百元营业收入中扣除所有成本费用以及优先股股息后留给普

通股东的净利润；总资产周转率表示每百元资产所带来的营业收入；权益乘数，也称为杠杆比率，反映资产总额与股东投资的比例，代表每百元所有者权益可以控制的资产数额，所有者权益占全部资产的比例越小，权益乘数就越大。

从分解公式可以看出，提高净资产收益率的途径有三条：一是加强对成本费用的控制，提高营业净利率；二是加强资产管理，通过扩大销售或减少资产投资，提高资产周转率；三是通过增加负债比例，提高权益乘数。由于负债利率是固定的，当企业通过举债所获得的资产比例上升时，只要资产报酬率高于贷款利率，投资者就可以获得较高的回报。但权益乘数通常受资本结构、贷款利率和资产报酬率的影响，不可能无限制提高，而且权益乘数过高，意味着企业的财务风险增加。

以上述财务报表为例，ABC 公司净资产收益率的分解和计算见表 8.5。

表 8.5 净资产收益率分解表

单位：万元

	2007 年	2008 年	2009 年
营业收入	930	1 230	1 725
净利润	91.5	156	229.5
平均总资产	1 240.5	1 657.5	2 033.25
所有者权益平均余额	753	1 042.5	1 223.25
营业净利率	9.84%	12.68%	13.30%
总资产周转率	0.75	0.74	0.85
权益乘数	1.65	1.59	1.66
净资产收益率	12.15%	14.96%	18.76%

从表 8.5 的计算结果可以看出，ABC 公司近三年净资产收益率提高的主要原因是营业净利率上升和资产周转率加快，特别是 2009 年资产周转率增长较快，从而使净资产收益率大幅度上升。说明该公司在控制费用支出、扩大营业收入、提高资产使用效率方面有一定的成效。这三年的权益乘数相对稳定，对净资产收益率影响不大。

下面对 ABC 公司 2009 年的净资产收益率比 2008 年提高为例进行因素分析。

分析对象 = 18.76% − 14.96% = 3.80%

营业净利率变动对净资产收益率的影响 = (13.30% − 12.68%) × 0.74 × 1.59 = 0.73%

总资产周转率变动对净资产收益率的影响 = 13.30% × (0.85 − 0.74) × 1.59 = 2.25%

权益乘数变动对净资产收益率的影响 = 13.30% × 0.85 × (1.66 − 1.59) = 0.82%

通过比较可知，2009 年，由于营业净利率上升，使 ABC 公司的净资产收益率比上年提高 0.73 个百分点，由于资产周转率上升，使 ABC 公司的净资产收益率比上年提高 2.25 个百分点，由于权益乘数上升，使 ABC 公司的净资产收益率比上年提高 0.82 个百分点，三个因素共同作用，使净资产收益率比上年提高 3.80 个百分点。由此可见，2009 年 ABC 公司净资产收益率比 2008 年提高的原因也是加快资产周转的结果。

第三节　商品经营盈利能力分析

商品经营是相对资产经营和资本经营而言的。商品经营盈利能力不考虑企业的筹资或投资问题,只研究利润与收入或成本之间的比率关系。因此,反映商品经营盈利能力的指标可分为两类:一类是各种利润额与收入之间的比率,统称收入利润率;另一类是各种利润额与成本之间的比率,统称成本利润率。

一、收入利润率分析

反映收入利润率的指标主要有营业毛利率、营业利润率、总收入利润率、息税前利润率等。不同的收入利润率,其内涵不同,揭示的收入与利润关系不同,分析评价中的作用也不同。

(一)营业毛利率

营业毛利率,又称为销售毛利率,是指企业一定时期内的毛利润与营业收入之间的比率,计算公式为

$$营业毛利率=\frac{毛利润}{营业收入}\times 100\%$$

其中,毛利润 = 营业收入 - 营业成本

这里的营业收入是指企业日常经营活动所取得的收入,包括主营业务收入和其他业务收入;营业成本主要是指企业日常经营活动中所发生的与营业收入具有因果关系的已售产品的成本、已提供劳务的成本。

毛利润是营业收入抵消营业成本后的余额。营业毛利率表示企业每一百元营业收入可以创造多少毛利润,反映企业销售商品或提供劳务的初始盈利能力。同时,营业毛利率的高低也提供了一个重要信息,即企业通过生产经营活动产生了多少富余资金可用于投入研发、推销及管理活动上,代表了企业负担期间费用的能力。

企业销售商品或劳务所取得的营业收入首先要弥补其生产成本,余下的还要扣除营业税金和期间费用后才是企业的利润,因此营业毛利润是获取最终利润的基础。该指标越高,表明企业营业成本占营业收入的比例越低,企业抵补各项支出的能力越强,企业的初始盈利能力越强;相反,则表示企业初始盈利能力较弱,缺乏承担各项期间费用的能力。

营业毛利率具有很强的行业特点,一般来说,营业周期较短、期间费用较低的行业,其营业毛利率也比较低;营业周期较长、期间费用较高的行业,其营业毛利率也比较高。例如,商品零售企业的营业毛利率通常低于制造业企业。因此利用该指标评价企业盈利能力时,除了与企业的预算指标或前期指标进行对比外,还应该与行业平均水平和先进水平进行比较,评价企业初始盈利能力在行业中所处的地位。

本节仍然沿用 ABC 公司的财务报表进行分析。根据表 8.2 中的有关数据,计算 ABC 公司的营业毛利率为

2007 年:　$$营业毛利率=\frac{930-582}{930}\times 100\%=37.42\%$$

2008 年:　$$营业毛利率=\frac{1\,230-762}{1\,230}\times 100\%=38.05\%$$

2009 年：
$$营业毛利率 = \frac{1\,725 - 1065}{1\,725} \times 100\% = 38.26\%$$

通过比较可知，从 2007 年到 2009 年，ABC 公司的营业毛利率持续稳定上升，每百元营业收入可获得的毛利润，2007 年为 37.42 元，2008 年为 38.05 元，2009 年为 38.26 元，表明公司营业成本占营业收入的比例下降，企业生产经营业务的初始盈利能力不断提高。在此基础上，还应进一步分析其原因，揭示营业毛利率上升是由于价格提高还是由于生产成本下降所致，同时将该指标与同行业平均水平进行对比，以便对企业的盈利能力做出客观评价。

（二）营业利润率

营业利润率是指企业利润表中的营业利润与营业收入之间的比率。计算公式为

$$营业利润率 = \frac{营业利润}{营业收入} \times 100\%$$

公式中的营业利润已经扣除了企业财务、销售及管理等期间费用。但是不包括与经营活动无关的营业外收入，也未扣除营业外支出。因此，营业利润率可以反映企业正常经营活动的盈利能力，对于评价企业最终盈利能力具有重要意义

营业利润率表示企业每百元营业收入可以带来多少营业利润。该指标越高，说明企业经营活动的盈利能力越强；反之，则说明企业经营活动的盈利能力较差。连续计算几年的营业利润率并加以比较，可以评价企业盈利能力的发展趋势。

沿用 ABC 公司的财务报表进行分析。根据表 8.2 中的有关资料，计算 ABC 公司各年的营业利润率为

2007 年：　营业利润率 = 130.5/930 × 100% = 14.03%

2008 年：　营业利润率 = 211.5/1 230 × 100% = 17.20%

2009 年：　营业利润率 = 318/1 725 × 100% = 18.43%

通过比较可知，从 2007 年到 2009 年，ABC 公司的营业利润率稳步上升，每百元营业收入可获得的营业利润，2007 年为 14.03 元，2008 年为 17.20 元，2009 年为 18.43 元。该公司在营业毛利率上升的情况下，营业利润率也有较大幅度提高，说明该公司的盈利能力越来越.

与营业毛利率相比，营业利润率指标反映的结果更全面。它是营业收入与扣除了全部经营活动成本和费用后的营业利润之间的关系，揭示了企业正常经营活动创造利润的能力，而这种能力才是企业持续健康发展的源泉。

（三）税前利润率

税前利润率，也称为销售利润率，是指企业利润总额与营业收入之间的比率。计算公式为

$$税前利润率 = \frac{利润总额}{营业收入} \times 100\%$$

利润总额是企业缴纳所得税前的利润，它包括了企业在一定时期内经营活动和非经营活动所产生的全部利润，是企业税前利润的完整体现。也许是由于这个原因，税前利润率经常被政府部门作为考核企业盈利能力的指标。

一般而言，企业利润主要来自生产经营活动，非生产经营活动产生的损益额很小，因此税前利润率与营业利润率相差不大。如果两者差异过大，说明非经营性收入和支出所占比

例较大,企业利润质量欠佳,应注意分析有无特殊原因。

沿用ABC公司的财务报表进行分析。根据表8.2中的有关资料,计算ABC公司的税前利润率为

2007年: 税前利润率 = 126/930 × 100% = 13.55%

2008年: 税前利润率 = 210/1 230 × 100% = 17.07%

2009年: 税前利润率 = 310.5/1 725 × 100% = 18%

通过比较可知,从2007年到2009年,ABC公司的税前利润率稳步上升,每百元营业收入可获得的税前利润,2007年为13.55元,2008年为17.07元,2009年为18元。该公司在营业毛利率和营业利润率逐年上升的情况下,税前利润率也同步提高,说明该公司利润质量较好,盈利能力越来越强。

需要注意的是,税前利润率指标的分子利润总额不仅包含营业利润,而且包含非经营活动收益,因而分子利润总额的形成范围比分母营业收入形成范围要大,不完全匹配。特别是当非经营性收益较大时,税前利润率并不能说明企业真实的盈利能力。相比之下,营业利润扣减了与企业经营活动相关的所有成本和费用,是企业真正意义上的利润,同时又是正常经营所得的利润,与营业收入存在合理的逻辑关系。因此,与税前利润率相比,营业利润率指标能够更真实地反映企业生产经营业务的盈利能力。

(四)息税前利润率

息税前利润率是指企业扣除所得税和利息费用之前的利润与营业收入之间的比率。计算公式为

$$息税前利润率 = \frac{息税前利润}{营业收入} \times 100\% = \frac{利润总额 + 利息费用}{营业收入} \times 100\%$$

由于利息费用在计算利润总额前扣除,因此资本结构会直接影响企业利润。假设两家企业盈利能力完全相同,其中一家企业负债多,利息费用高,利润就会比较低;另一家企业的负债较少,利息费用少,利润就比较高。如果只用营业利润或利润总额来衡量,第一家企业的盈利能力要低于后者。但实际上这两家企业利润的差异是由于资本结构不同造成的,而不是企业管理者主观努力的结果。通过计算息税前利润率指标,可以排除资本结构对企业盈利能力的影响,使分析的结果更客观。

沿用ABC公司的财务报表进行分析。根据表8.2中的有关资料,计算ABC公司的息税前利润率为

2007年: 息税前利润率 = 144/930 × 100% = 15.48%

2008年: 息税前利润率 = 247.5/1 230 × 100% = 20.12%

2009年: 息税前利润率 = 364.5/1 725 × 100% = 21.13%

通过比较可知,从2007年到2009年,ABC公司的息税前利润率也是稳步上升。如果没有借款利息,该公司每百元营业收入可获得的税前利润,2007年为15.48元,2008年为20.12元,2009年为21.13元,商品经营的全面收益能力逐渐增强。

(五)营业净利率

营业净利率是指企业净利润与营业收入之间的比率。计算公式为

$$营业净利率 = \frac{净利润}{营业收入} \times 100\%$$

净利润是企业扣除当期所得税后的最终利润，属于权益投资人所有。营业净利率反映企业在一定时期内每百元营业收入的最终盈利水平，直接影响权益投资人的投资收益，因此企业股东很关心这个指标。

沿用ABC公司的财务报表进行分析。根据表8.2中的有关资料，计算ABC公司的营业净利率为

2007年：　营业净利率 = 91.5/930 × 100% = 9.84%

2008年：　营业净利率 = 156/1230 × 100% = 12.68%

2009年：　营业净利率 = 229.5/1725 × 100% = 13.30%

通过比较可知，从2007年到2009年，ABC公司的营业净利率逐年提高，稳步上升。每百元营业收入可获得的净利润，从2007年的9.84元，上升到2009年的13.30元。

营业净利率指标与税前利润率的区别是，前者的分子扣除了企业的所得税费用。如果企业所得税税率稳定，两个指标的发展趋势应该相同。

由于国家对不同地区或不同行业的企业规定有不同的税收优惠政策，因此在实际工作中，不同企业的所得税税负也不相同。运用该指标衡量企业盈利能力时，应当关注企业的实际税负，如果差异较大，应进行调整。

二、成本利润率分析

反映成本利润率的指标有许多形式，其主要形式有：营业成本费用利润率、全部成本费用利润率等。

（一）营业成本费用利润率

营业成本费用利润率，也称为成本费用利润率，指企业的营业成本和期间费用与利润总额之间的比率，反映企业投入与产出的关系。计算公式为

$$\text{营业成本费用利润率} = \frac{\text{利润总额}}{\text{营业成本} + \text{期间费用}} \times 100\% = \frac{\text{利润总额}}{\text{营业成本} + \text{销售费用} + \text{管理费用} + \text{财务费用}} \times 100\%$$

营业成本费用利润率指标反映企业每消耗一百元成本费用所能够创造的利润额。该指标越高，表示企业耗费单位成本和费用取得的利润越高，企业的投入产出比越高，企业盈利能力越强，企业经济效益越好；反之，则说明耗费单位成本和费用取得的利润较少，投入产出比较低。计算连续几年的营业成本费用利润率并加以分析，可以评价企业盈利能力的发展趋势。

沿用ABC公司的财务报表进行分析。根据表8.2中的有关资料，计算ABC公司的营业成本费用利润率为

2007年：营业成本费用利润率 = 126/(582 + 100.5 + 81 + 18) × 100% = 16.12%

2008年：营业成本费用利润率 = 210/(762 + 111 + 93 + 37.5) × 100% = 20.93%

2009年：营业成本费用利润率 = 310.5/(1 065 + 144 + 120 + 54) × 100% = 22.45%

通过比较可知，从2007年到2009年，ABC公司的营业成本费用利润率稳步上升，每消耗一百元成本费用可获得的利润额，2007年为16.12元，2008年为20.93元，2009年为22.45元，说明该公司的投入产出比不断提高，盈利能力越来越强。

(二)全部成本费用利润率

全部成本费用利润率指企业营业成本、期间费用和营业外支出与利润总额之间的比率,反映企业全部投入与产出的关系。计算公式为

$$全部成本费用利润率=\frac{利润总额}{营业成本+期间费用+营业外支出}\times 100\%$$

全部成本费用利润率表达式中的分母不仅包括经营性支出,而且包括非经营性支出,与分子计算口径一致。与营业成本费用利润率相比,该指标的分子分母相匹配,计算结果更有意义。如果企业的营业外收入和营业外支出不多,也可以不计算该指标,只计算成本费用利润率即可。

全部成本费用利润率指标反映了企业每消耗一百元成本费用或损失所能够创造的利润额。该指标越高,表示企业的投入产出比越高,企业经济效益越好;反之,则说明企业的投入产出比较低,企业经济效益较差。

沿用 ABC 公司的财务报表进行分析。根据表 8.2 中的有关资料,计算 ABC 公司的全部成本费用利润率。

2007 年:全部营业成本费用利润率 $=126/(582+100.5+81+18+7.5)\times 100\%=15.97\%$

2008 年:全部营业成本费用利润率 $=210/(762+111+93+37.5+6)\times 100\%=20.80\%$

2009 年:全部营业成本费用利润率 $=310.5/(1065+144+120+54+12)\times 100\%=22.26\%$

通过比较可知,由于考虑了非经营性损失对企业盈利能力的影响,从 2007 年到 2009 年,ABC 公司的全部营业成本费用利润率略低于营业成本费用利润率,但也处于稳步增长状态。每发生一百元成本费用和损失所创造的利润,从 2007 年的 15.97 元,上升到 2008 年的 20.80 元和 2009 年的 22.26 元,说明该公司的盈利能力越来越强。

应该说明的是,如果企业的非经营性收益和损失数额较大,并对当期利润产生较大影响时,应关注非经营性损益的内容和产生的原因,分析其是否具有持续性。

第四节 上市公司盈利能力分析

随着我国社会主义市场经济体制的建立、完善和发展,我国的企业管理体制正在由传统的管理体制向现代企业制度转变。企业股份制改造是建立现代企业制度的重要形式。随着股份制企业的增多和资本市场的完善,上市公司也越来越多。

由于上市公司自身特点所决定,其盈利能力除了可通过一般企业盈利能力的指标分析外,还应进行一些特殊指标的分析,特别是一些与企业股票价格或市场价值相关的指标分析,如每股收益、每股净资产、股利分配率、价格与收益比率等指标。

一、每股收益

（一）每股收益的计算

每股收益是指净利润扣除优先股股息后的余额与发行在外的普通股的平均股数之比，它反映了每股发行在外的普通股所能分摊到的净收益额。这一指标对普通股股东的利益关系极大，他们往往根据它来进行投资决策。其计算公式为

$$基本每股收益=\frac{净利润-优先股股利}{发行在外普通股加权平均数}$$

$$稀释每股收益=\frac{净利润-优先股股利\pm本期已确认为费用的稀释性潜在普通股股息及转换时的收益或费用}{发行在外普通股加权平均数\pm稀释性潜在普通股加权平均数}$$

由于优先股股东对股利的受领权优于普通股股东，因此在计算普通股股东所能享有的收益额时，应将优先股股利扣除。公式中分母采用加权平均数，是因为本期内发行在外的普通股股数只能在增加以后的这一段时期内产生权益，减少的普通股股数在减少以前的期间内仍产生收益，所以必须采用加权平均数，以正确反映本期内发行在外的股份数额。例如，某企业 1995 年初发行在外的普通股份 20 万股，该年 7 月 1 日又增发了 6 万股，并且该年内未发行其他股票，亦无退股事项，则该年度普通股流通在外的平均数应为 23 万股，即 $20+(6\times6/12)$ 万股。

公式中的稀释性潜在普通股主要包括可转换公司债券、认股权证和股票期权等。

显然，每股收益越高，说明企业的盈利能力越强，在判断企业盈利能力强弱时，应将几家不同企业或者同一企业不同时期的每股收益进行比较，才能得出正确认识。

沿用 ABC 公司的财务报表进行分析。根据表 8.1、表 8.2 中的有关资料，计算 ABC 公司的基本每股收益和稀释每股收益。

设该公司每年均在年度中发行新股，可转换公司债券在 2007 年和 2008 年均可转为 75 万股普通股，2009 年可转为 150 万股普通股。可转换公司债券在各年的利息费用为：2007 年为 4.5 万元，2008 年为 4.5 万元，2009 年为 7.5 万元。

2007 年：

$$基本每股收益=\frac{91.5}{\frac{(375+480)}{2}}=0.214(元)$$

$$稀释每股收益=\frac{91.5+4.5}{\frac{(375+480)}{2}+75}=0.191(元)$$

2008 年：

$$基本每股收益=\frac{156}{\frac{(480+480)}{2}}=0.325(元)$$

$$稀释每股收益=\frac{156+4.5}{\frac{(480+480)}{2}+75}=0.289(元)$$

2008 年：

$$基本每股收益=\frac{229.5}{\frac{(480+480)}{2}}=0.478(元)$$

$$稀释每股收益=\frac{229.5+7.5}{\frac{(480+480)}{2}+150}=0.376(元)$$

通过比较可知，从2007年至2009年三年中，ABC公司每一普通股获取的净利润不断提高，股东投资报酬的发展趋势良好。

但是，每股收益只是从股东角度考察其投资回报，不能用于考核企业整体的盈利能力，更不能用于不同企业或同一企业不同时期盈利能力的比较。其原因有两个方面：一是每股收益没有考虑企业用来获取利润的资产数量。如果两个企业的每股收益完全相同，但其资产数额不等，即创造利润的条件不同，那么这两个企业的盈利能力实际上是不同的。二是每股收益受资本结构的影响较大。如果两个企业的资产数额和净利润完全相等，但普通股股数不等，那么这两个企业的每股收益便不相同。

（二）每股收益因素分析

为了分析企业每股收益变动的原因，应确定对每股收益的影响因素，并对各个因素进行分析，测算各个因素的变动对每股收益的影响的程度。

依据每股收益的影响因素，将每股收益指标分解为

$$基本每股收益=\frac{净利润-优先股股利}{发行在外普通股加权平均数}=$$

$$\frac{普通股权益}{流通股股数}\times\frac{净利润-优先股股利}{普通股权益}=$$

$$每股净资产\times普通股权益报酬率$$

从上面公式中可知，每股收益主要取决于每股净资产和普通股权益报酬率两个因素。每股净资产，是指股东权益总额减去优先股权益后的余额与发行在外的普通股平均股数的比值。该指标可帮助投资者了解每股的权益，并有助于潜在的投资者进行投资分析。从每股账面价值与每股收益的关系看，反之亦然。普通股权益报酬率是影响每股权益的另一个重要因素，它的变动会使每股权益发生相同方向的变化。

普通股权益报酬率是指净利润扣除应发放的优先股股利后的余额与普通股权益之比。其计算公式为

$$普通股权益报酬率=\frac{净利润-优先股股利}{普通股权益平均额}$$

该指标从普通股股东的角度反映企业的盈利能力，指标值越高，说明盈利能力越强，普通股股东可得收益也越多。普通股权益报酬率应作为独立指标对企业盈利能力、投资收益水平进行分析。从计算公式可知，普通股权益报酬率的变化受净利润、优先股股息和普通股权益平均额三个因素影响。一般情况，优先股股息比较固定，因此应着重分析其他两个因素。

二、每股净资产

每股净资产，也称为每股账面价值，指期末普通股股东权益总额与普通股股数之间的比率，反映每一普通股所代表的企业净资产的账面价值。计算公式为

$$每股净资产=\frac{普通股股东权益总额}{普通股股数}$$

每股净资产反映每一普通股股份在企业会计账簿上的账面价值。如果每股市价高于

每股净资产,投资者通常认为该企业有发展潜力。反之,如果每股市价低于每股净资产,投资者通常认为该股票价格有上涨空间,但如果每股市价长期低于每股净资产,则反映投资者对企业的发展前景丧失信心,企业缺乏发展潜力。

从财务分析的角度看,计算每股净资产的意义在于评价资产负债表中的资产账面价值能够在多大程度上反映企业的市场价值。从投资分析的角度看,连续计算几年的每股净资产,分析其发展趋势,可以评价企业未来的发展潜力,以便进行投资决策。

另外,企业股东权益是基于历史成本计价原则计算出来的,同时受会计政策和会计估计的影响,它是一个反映历史状况的指标,而股票价格反映了投资者对企业未来的预期,具有前瞻性。因此,每股市价必然会背离每股净资产。但是通过计算每股净资产并与每股市价比较,可以了解股票市价与账面价值的背离程度,据此排定股票顺序,进行投资决策。

沿用 ABC 公司的财务报表进行分析。根据表 8-1 中的有关资料,计算 ABC 公司的每股账面价值为

2007 年: 每股净资产 = 945/480 = 1.97(元)

2008 年: 每股净资产 = 1140/480 = 2.38(元)

2009 年: 每股净资产 = 1307/480 = 2.72(元)

通过比较可知,从 2007 年至 2009 年三年中,ABC 公司每股净资产逐年提高,说明股东投资收益的发展趋势良好。将其与每股市价对比,可以了解投资者对该公司的评价,确定是否有投资价值。

三、股利分配率分析

股利分配率是普通股股利与每股收益的比值,反映普通股股东从每股的全部获利中分到多少。其计算公式为

$$股利分配率 = \frac{每股股利}{每股收益} \times 100\%$$

公式中的每股股利是指实际发给普通股股东的现金股利总额与流通股股数的比值,不包括股票股利。企业发放多少现金股利取决于企业的股利政策和现金充足量,没有固定的标准。如果企业处于扩张阶段,需要留用较多的利润,尽可能少分配甚至不分配现金股利,此时该指标可能很低。如果企业虽然净利润比较高,但是缺乏现金净流入量,也可能不分配现金股利,而是以股票股利的形式向股东分配,此时虽然该指标可能为零,但是股东可以通过股票价格上涨,从市场上获得股票价格收益,而这是上市公司股东获得投资报酬的重要方式之一。

此外,股东偏好和行业特征也会影响股利支付率指标。如果股东对现金股利感兴趣会把股利支付率作为投资决策的重要考虑因素,而公用事业单位收益、现金流量均比较稳定,通常股利支付率也比较高。

假设 ABC 公司决定从 2009 年净利润中拿出 32 万元用以发放现金股利,折合每股现金股利 0.1 元则 2009 年 ABC 公司的股利分配率,即 2009 年,ABC 公司拿出净利润的 20.92%,用以向股东分配现金股利。

为了进一步分析股利发放率变动的原因,可按下式分解为

$$股利分配率 = \frac{每股股利}{每股收益} \times 100\% =$$

$$\frac{每股市价}{每股收益} \times \frac{每股股利}{每股市价} \times 100\% =$$

$$价格与收益比率 \times 股利报偿率$$

从公式可以看出，股利发放率主要取决于价格与收益比率和股利报偿率。股利报偿率，亦称股利与市价比率，是企业发放每股股利与股票市场价格之比。在价格与收益比率一定的情况下，股利报偿率越高，则股利发放率也越高；反之亦然。

四、价格与收益比率分析

价格与收益比率，亦称市盈率，是反映普通股的市场价格与当期每股收益之间的关系，可用来判断企业股票与其他企业股票相比较潜在的价值。其计算公式为

$$价格与收益比率 = \frac{每股市价}{每股收益}$$

该指标在一个企业内几年的数值能够表明企业盈利能力的稳定性，可在一定程度上反映企业管理部门的经营能力和企业盈利能力及潜在的成长能力。同时，该指标还反映此股票市价是否具有吸引力，把多个企业的股票价格与收益比率进行比较，并结合对其所属行业的经营前景的了解，可以作为选择投资目标的参考。

一般情况下，发展前景较好的企业通常都有较高的价格与收益比率，发展前景不佳的企业，这个比率较低。但是必须注意，当全部资产利润率很低或发生亏损时，每股收益可能为零或负数，因此价格与收益比率很高。在这一特殊情况下，仅仅利用这一指标来分析企业的盈利能力，常常会错误地估计企业的发展前景，所以还必须结合其他指标，予以综合考虑。

例如，2009 年 12 月 31 日 ABC 公司普通股的市场价格为 8 元/股，则价格与收益比率为

$$价格与收益比率 = 8/0.376 = 21.28(倍)$$

此外，在进行盈利能力分析时，除了计算上述指标外，也应当关注那些财务报表上反映不出来的影响投资报酬的因素，如会计政策的选择和会计估计的变更、资产负债表表外事项等。会计政策和会计估计包括固定资产的折旧方法和折旧年限、存货的计价方法、无形资产和其他长期资产的摊销年限、资产减值准备的计提比率等，企业选择的自由度较大，而不同的选择会导致利润水平不同，从而使分析指标缺乏可比性。资产负债表表外事项包括或有负债、大额经营性租赁费用等。或有负债一旦成为现实负债，将会直接影响企业利润，而经营性租赁费是不列入资产负债表的负债项目，但必须计入当期损益，从而减少当期利润，所有这些都会对计算盈利能力指标产生负面影响。

思考题

1 计算资产报酬率为什么要考虑利息费用？

2 怎样计算和分解资产报酬率？

3 怎样计算和分解净资产收益率？

4 分析上市公司盈利能力的指标有哪些？怎样计算和分析？

5 为什么对股东而言，每股收益比净利润总额更重要？

第九章　营运能力分析

第一节　营运能力分析的目的和内容

营运能力是指企业对资产的使用效率，直接表现为企业利用资产创造营业收入的能力。营运能力强，表明企业可以用较少的资产占用取得较高的营业收入，从而提高企业的偿债能力和盈利能力。因此，营运能力分析是财务分析的一项重要内容。

一、营运能力分析的目的

营运能力可以反映企业资产的质量、结构和运行状态，以及企业对资产的管理水平，而这些状况和管理水平将直接影响企业的偿债能力和盈利能力。因此，不同的报表使用者对营运能力分析的目的也各不相同。

（1）从企业经营管理者的角度看，企业占用的存量资产是企业取得收入和利润的基础。由于不同资产在企业经营活动中的作用不同，其对企业偿债能力和盈利能力影响也不同。一般而言，流动性大的资产，其变现能力强，可以提高企业的偿债能力，但是其盈利能力却比较弱。如果流动资产比例过大，会降低企业的盈利能力。反之，流动性小的资产，如固定资产，其变现能力弱，但是盈利能力强，是企业收入和利润的主要来源。因此，流动资产和非流动资产应该有一个合理的配置比例，如果某一类资产占用过多或出现有问题的、质量较差的资产，就会形成资产积压，降低资产使用效率。因此，企业经营管理者必须重视资产的使用效率，在保持资产必要流动性的同时，保证资产具有较高的盈利能力。通过进行营运能力分析，可以揭示企业资产配置和资产管理中存在的问题，以便采取措施，优化资产结构，改善资产管理。

（2）从企业股东的角度看，企业营运能力越强，说明资产的质量越好，企业以相对较少的资产占用取得了相对较大的收入和收益，资产的变现能力和收益能力比较强，企业遭遇现金短缺的可能性较小，企业的财务安全性高。反之，则说明企业财务安全性较低。因此通过对企业营运能力的分析，企业股东可以及时了解企业资产的质量和资产的收益能力，判断企业财务安全性。

（3）从企业债权人的角度看，企业营运能力越强，说明资产的周转速度越快，资产的变现能力越强，债权人的债权的安全性越高。因此，通过对企业营运能力的分析，企业债权人可以判断其债权的保障程度和安全性，以便进行相应的信贷决策。

（4）其他与企业有密切关系的部门和机构，也需要关注企业的营运能力分析。例如，国家宏观经济管理部门通过对企业营运能力进行分析，可以了解企业经营是否稳定，财务状况是否正常，以确定企业是否可以进入公开的资本市场筹集资金，或者据此对企业经营者的业绩进行考评。企业的主要客户和供应商通过对企业营运能力的分析，可以判断企业是否有足量的合格商品供应或有足够的支付能力，以确定是否与其建立长期稳定的业务关系。

二、营运能力分析的内容

如前所述,营运能力是指企业对资产的使用效率。进行营运能力分析的目的是评价企业运用各种资产创造收入的能力,通常用年度内每一元资产可以创造多少营业收入来衡量。单位资产创造的营业收入越多,说明资产的使用效率越高,企业营运能力越强;反之则说明企业营运能力较弱。企业营运能力的强弱,最终会影响企业的偿债能力和盈利能力。因此,反映营运能力的财务比率也可作为分析企业偿债能力和盈利能力的补充指标。

企业的经营性资产可以分为流动资产和非流动资产两大类,因此企业营运能力的分析主要包括流动资产营运能力分析、非流动资产营运能力分析以及将两者包括在内的全部资产营运能力分析。流动资产营运能力分析主要是通过计算有关指标反映主要流动资产项目和全部流动资产的利用效率,衡量企业在经营活动中运用流动资产的能力。衡量流动资产营运能力的指标主要有应收账款周转率、存货周转率、流动资产周转率等。非流动资产是企业进行生产经营活动的物质基础,通过分析非流动资产的利用效率,可以判断企业的投资效果好坏。非流动资产中占比重最大的是固定资产,固定资产也是企业收入和利润的重要来源,因此,非流动资产营运能力分析应着重分析固定资产的使用情况和固定资产周转速度。全部资产营运能力分析主要是计算总资产周转率指标,以衡量企业对全部资产的利用效率。

企业对资产的使用效率,最终体现为企业在一定时期内利用现有资产创造了多少营业收入,因此反映资产营运能力的指标主要是用营业收入与资产占用额进行对比。

第二节　流动资产营运能力分析

流动资产营运能力分析通常从两个方面进行,一是计算全部流动资产的营运能力,如流动资产周转率,并分析流动资产结构是否合理;二是计算流动资产主要项目的营运能力,如应收账款周转率、存货周转率等。

一、全部流动资产的营运能力分析

全部流动资产营运能力的综合分析包括两个方面,一是计算流动资产周转率,评价企业对全部流动资产的使用效率;二是进行流动资产结构分析,判断流动资产总量和各部分组成比例是否合理。

(一)流动资产周转率

流动资产周转率是指企业在一定时期内的营业收入与全部流动资产平均余额的比值,反映当年营业收入与流动资产占用额之间的关系,表示企业的流动资产在一定时期内(通常为一年)周转了几次,是评价企业流动资产使用效率的主要指标。计算公式为

$$流动资产周转率(周转次数)=\frac{营业收入}{流动资产平均余额}$$

其中,流动资产平均余额=(期初流动资产余额+期末流动资产余额)/2

流动资产平均余额的经济含义是指在报告期内企业平均每天占用在流动资产上的资金数额,可以用年初余额加年末余额除以2进行计算,也可以先计算出各月存货平均余额,

再将各月平均余额之和除以12,求出全年平均余额。在季节性生产和销售的企业,最好用后一种方法计算。

流动资产周转次数也可以看做企业在一定时期内每占用一元流动资产实现了多少营业收入,以此反映流动资产的使用效率。企业流动资产的周转次数越多,表明企业以相同的流动资产实现了更多的营业收入,说明流动资产的使用效率高。如果流动资产年周转次数降低,则表明企业利用流动资产进行经营活动的能力差,流动资产的使用效率低。

流动资产周转率也可以用流动资产周转天数表示。流动资产周转天数表示流动资产周转一次所需要的平均天数,用计算期天数(一年近似360天数)除以流动资产周转次数计算求得。计算公式为

$$流动资产周转天数=\frac{计算期天数}{流动资产周转次数}=\frac{流动资产平均余额\times 计算期天数}{营业收入}$$

在一定时期内,流动资产周转次数越多,或周转一次所需要的天数越少,说明流动资产周转速度越快,流动资产使用效率高,等于相对节约了流动资产的占用,提高了企业的盈利能力;反之,如果流动资产周转速度慢,就会增加流动资产占用,企业还需要补充流动资产参加生产经营周转,从而造成资金浪费,降低企业的盈利能力。

沿用ABC公司的财务报表进行分析。根据表8.1、表8.2中的有关资料,计算ABC公司2007~2009年的流动资产周转率。

2007年:

$$流动资产周转次数=\frac{930}{\frac{(297+390)}{2}}=2.71(次/年)$$

$$流动资产周转天数=360/2.71=132.84(天)$$

2008年:

$$流动资产周转次数=\frac{1\ 230}{\frac{(390+466.5)}{2}}=2.87(次/年)$$

$$流动资产周转天数=360/2.87=125.44(天)$$

2009年:

$$流动资产周转次数=\frac{1\ 725}{\frac{(466.5+661.5)}{2}}=3.06(次/年)$$

$$流动资产周转天数=360/3.06=117.65(天)$$

通过比较可知,从2007年到2009年,ABC公司流动资产周转次数由2.71次逐年提高到3.06次,周转一次所需要的平均天数由132.84天逐年下降到117.65天,说明该公司流动资产使用效率越来越高,发展趋势良好。在此基础上,还应该与行业平均水平或先进水平进行对比,以便对该公司流动资产营运能力做出更客观的评价。

从流动资产周转次数的计算公式可以看出,提高流动资产周转率的途径有两个:一是提高营业收入;二是减少流动资产占用。一般而言,企业在提高营业收入的同时,所占用的流动资产数额也会相应增加,但是只要营业收入增长比例高于流动资产增长比例,就可以提高流动资产周转率指标。

(二)流动资产结构分析

为了进一步分析流动资产周转速度变化的原因,还可以进行流动资产结构分析。反映

流动资产结构的指标主要有流动资产占总资产比重、流动资产与固定资产之比、存货占流动资产比重、速动资产占流动资产比重等。利用这些指标分析企业流动资产结构时，应考虑行业特点，并与企业前期数据结合起来分析，以便对企业流动资产结构是否合理做出正确评价。

1. 流动资产占总资产比重

流动资产是属于获利能力比较低的资产，但是具有偿还到期债务的能力。因此，其占用量过高或过低既有有利的一面，也会给企业带来不利的影响。从偿债能力角度看，企业应当加大流动资产比重，但是从提高企业盈利能力的角度看，则应降低流动资产的比重。一般而言，如果提高营业收入的条件有限，企业应当尽量减少流动资产占用。流动资产占总资产比重的计算公式为

$$\text{流动资产占总资产比重} = \frac{\text{流动资产合计}}{\text{总资产合计}} \times 100\%$$

2. 流动资产与固定资产之比

流动资产是企业为了维持生产经营需要所占用的周转资产，如果占用过多，会影响企业资金周转速度，占用过少，又会影响生产经营的正常进行，造成机器设备等固定资产闲置，因此流动资产与固定资产之间应该有一个合理的比例。按照这个比例配置的流动资产和固定资产应该既可以保证生产经营顺利进行，又能保证企业取得尽可能多的收入和利润。该比例与企业所属行业密切相关，分析时应注意与行业平均水平进行对比。流动资产与固定资产之比的计算公式为

$$\text{流动资产与固定资产之比} = \frac{\text{流动资产合计}}{\text{固定资产净值合计}} \times 100\%$$

此部分的计算和分析可以参考第四章资产负债表分析的结构分析方法。

二、流动资产主要项目的营运能力分析

在企业的流动资产项目中，通常应收账款和存货占的比重最大，而且这两个项目与企业的营业收入和收现能力直接相关，因此需要对其营运情况进行单独分析。

(一)应收账款周转率

应收账款周转情况分析，主要应通过对应收款周转率的计算与分析进行说明。应收账款周转率是指企业在一定时期内的营业收入与应收账款平均余额的比值，表示企业应收账款在一定时期内(通常为一年)的周转次数，反映应收账款的收款频率。应收款周转率的计算公式为

$$\text{应收账款周转率(周转次数)} = \frac{\text{营业收入}}{\text{应收账款平均余额}}$$

其中，应收账款平均余额 =(期初应收账款 + 期末应收账款)/2

应收账款周转率可以用来估计应收账款变现的速度和管理的效率。回收迅速既可以节约资金，也说明企业信用状况好，不易发生坏账损失。一般认为周转率越高越好。

反映应收账款周转速度的另一个指标是应收账款周转天数，或应收账款账龄。其计算公式为

$$\text{应收账款周转天数} = \frac{\text{计算期天数}}{\text{应收账款周转次数}}$$

$$或=\frac{应收账款平均余额\times计算期天数}{营业收入}$$

按应收账款周转天数进行分析，则周转天数越短越好。

应收账款周转次数和应收账款周转天数从不同角度反映了企业应收账款的回收速度和管理效率。一般而言，应收账款周转率越高，说明企业应收账款转化为现金的效率越高，应收账款管理得越好，企业占用在应收账款上的资金越少，显示企业应收账款资产的流动性强，短期偿债能力强，流动比率和速动比率的可信度高，企业的短期偿债能力有保障。同时，企业还可以相应降低收账费用和坏账损失，相对提高流动资产的收益能力。反之，如果应收账款周转率较低，说明企业对应收账款管理的效率较低，企业需要加强对应收账款的管理和催收工作。

沿用 ABC 公司的财务报表进行分析。根据表 8.1、表 8.2 中的有关资料，计算 ABC 公司 2007 ~ 2009 年的应收账款周转率和周转天数。

2007 年：

$$应收账款周转次数=\frac{930}{\frac{(78+105)}{2}}=10.16(次/年)$$

$$应收账款周转天数=360/10.16=35.43(天)$$

2008 年：

$$应收账款周转次数=\frac{1230}{\frac{(105+120)}{2}}=10.93(次/年)$$

$$应收账款周转天数=360/10.93=32.94(天)$$

2009 年：

$$应收账款周转次数=\frac{1725}{\frac{(120+198)}{2}}=10.85(次/年)$$

$$应收账款周转天数=360/10.85=33.18(天)$$

通过比较可知，从 2007 年到 2009 年，ABC 公司应收账款周转次数由 10.16 次提高到 10.85 次，周转一次所需要的平均天数由 35.43 天下降到 33.18 天，说明该公司应收账款管理收到了一定的成效。

分析时，还需要将该指标与企业信用期、行业平均水平或先进水平进行对比。以 2009 年为例，如果 ABC 公司的平均信用期为 40 天，则 33.18 天这一实际收账期是一个不错的数据，说明该公司应收账款的管理运用效率较高。如果 ABC 公司的平均信用期为 25 天，则 33.18 天这一实际收账期就不值得赞许，因为它大大超过了信用期，说明该公司应收账款的实际收回时间比应该收回的时间长。其原因可能是，该公司收款工作力度不够；客户发生财务困难；或客户故意拖欠货款。不管什么原因，客观上都加大了应收账款的资金占用，降低了资产使用效率。企业应当采取相应的措施，如加强货款的催收工作，审查客户信誉，检查企业的信用政策是否合理等。

在计算和使用应收账款周转率时，应注意以下问题。

(1)从理论上讲，应收账款的形成基础是赊销收入，在计算应收账款周转率时，应该使用赊销收入而不是营业收入，以保持分子和分母的内容相关和口径一致。但是由于财务报表上不反映赊销收入，因此该指标的分子只能用营业收入代替。如果企业的现金销售所占比例较小，其计算结果与实际相差不多；如果现金销售占比例较大且比较稳定，则各年计算结果仍有可比性。从另一个角度看,计算应收账款周转率时使用营业收入,也相当于把现金销售视为收款时间为零的应收账款。总之,只要保持该指标计算的一致性,其结果并不影响应收账款周转率指标的分析和利用价值。

(2)该指标计算公式中的应收账款平均余额,对于生产和销售比较均衡的企业可以直接用资产负债表中该项目的年初余额和年末余额相加后除以2。但是,季节性生产的企业,如果各月应收账款余额相差较多,应先计算应收账款的各月平均余额,然后在此基础上计算应收账款年平均余额。由于计算应收账款余额的数据直接来自资产负债表,因此这里的应收账款是指扣除坏账准备后的应收账款净额。

(3)当营业收入一定时,应收账款周转率的高低取决于应收账款平均余额的大小。由于资产负债表上列示的应收账款是提取坏账准备后的净额,因此企业提取的坏账准备数额将直接影响应收账款周转率。提取的坏账准备数额越大,应收账款平均余额就越小,应收账款周转率就越高。但是这种高速度的应收账款周转率并不是企业管理的业绩,而是说明应收账款管理不善。因此,如果企业提取的坏账准备数额过大,在计算应收账款周转率时应进行调整,以未扣除坏账准备的应收账款平均余额作为计算基础。

(4)企业的应收票据也是由赊销业务引起,实际上是应收账款的另一种表现形式。根据我国对应收票据的规定,其付款时间最长不得超过6个月。因其收回时间较短,因此在计算应收账款周转率时,一般不将其包括在内。如果是为了全面考察企业销收入的平均收账期,也可以将资产负债表中的应收票据纳入应收账款周转率的计算,称为“应收票据与应收账款周转率”。但是资产负债表中的“其他应收款”项目不宜包括在内,因为其他应收款与企业的销售活动没有直接关系。

(5)应收账款周转率或平均收账期并不一定能代表应收账款的总体情况。有时,平均收账期超过信用期很可能只是因为一两个大客户逾期拖欠货款。为了确定拖欠货款是普遍现象还是个别现象,还应当对应收账款进行账龄分析。分析人员可以从会计报表附注中获取账龄信息。

(6)应收账款持有量通常与销售收入成正比,应收账款周转率与企业的信用政策密切相关。有时企业为了扩大销售会放宽信用政策,延长信用期,如果因此而增加了销售收入和销售利润,扩大了产品的市场占有率,在这种情况下,虽然应收账款周转率下降,但并不说明企业资产营运能力差。因为从长远看,由此带来的利益可以弥补因应收账款过多而增加的资金占用成本。此时,企业需要在扩大销售和因放宽信用政策而增加应收账款之间进行权衡。因此,应收账款周转率并不是越快越好。

(二)存货周转率

存货包括企业的原材料、在产品、产成品和低值易耗品等,是企业流动资产中所占比重最大的资产,通常占流动资产数额的一半甚至更多。企业对存货的使用效率直接影响企业的偿债能力和盈利能力,因此,对存货周转率的分析是企业财务分析的重要内容。

存货是企业为了保持生产经营活动的连续性而进行的一种投资,该投资的回报来自于出售存货所带来的预期利润。在正常经营活动中,企业必须维持一定水平的存货。如果存货不足将导致销售量下降,但是如果存货过多,又会增加企业的储存成本以及存货过时和毁坏的损失,同时过多的存货也占用了资金,使其不能用于获利更高的项目。由于持有存货有一定的风险,且存货转变为现金的速度比较漫长,通常存货被认为是流动性最差的流动资产,因此对存货的质量和流动性进行评价也就变得十分重要。衡量存货质量和流动性的常用指标是存货周转率。

存货周转率是指企业在一定时期内存货占用资金可周转的次数,或存货每周转一次所需要的天数。因此,存货周转率指标有存货周转次数和存货周转天数两种形式。计算公式为

$$\text{存货周转率(周转次数)次数}=\frac{\text{营业成本}}{\text{存货平均余额}}$$

$$\text{存货平均余额}=(\text{期初存货}+\text{期末存货})/2$$

$$\text{存货周转天数}=\frac{\text{计算期天数}}{\text{存货周转次数}}=\frac{\text{存货平均余额}\times\text{计算期天数}}{\text{营业成本}}$$

存货平均余额的经济含义是指在报告期内企业平均每天在存货上占用的资金数额,可以用年初余额加年末余额除以 2 进行计算,也可以先计算出各月存货平均余额,再将各月平均余额之和除以 12,求出全年平均余额。在季节性生产和销售的企业,最好使用后一种方法计算。

应当注意的是,存货周转次数和周转天数的实质是相同的。但是其评价标准却不同,存货周转次数是个正指标,因此,周转次数越多越好。

在一定时期内,存货周转次数越多或周转一次所需要的时间越短,说明存货进出次数越多,产品销售情况良好。存货的流动性越强,存货转变为应收账款或现金的速度就越快,存货的变现能力就越强,由此可以降低存货占用的资金成本和仓储成本。反之,存货周转次数越少,或存货周转一次所需要的天数越多,则说明存货进出次数少,存货周转速度慢,存货变现能力差,可能存在存货过多或滞销问题,此时企业必须加强存货和销售的管理。在正常情况下,销售存货应获得一定的利润,因此存货周转速度与毛利润成正比。存货周转速度加快,说明同样数额的存货资金占用能够为企业带来更大的经济效益。因此,存货周转速度的快慢,不仅反映了企业供产销环节的工作状况,而且直接影响企业的偿债能力和盈利能力。

沿用 ABC 公司的财务报表进行分析。根据表 8.1、表 8.2 中的有关资料,计算 ABC 公司 2007~2009 年的存货周转率和周转天数。

2007 年:

$$\text{存货周转次数}=\frac{582}{\frac{(117+165)}{2}}=4.13(\text{次/年})$$

$$\text{存货周转天数}=360/4.13=87.17(\text{天})$$

2008 年:

$$\text{存货周转次数}=\frac{762}{(165+213)}=4.03(\text{次/年})$$

$$\text{存货周转天数}=360/4.03=89.33(\text{天})$$

2009 年:

$$\text{存货周转次数}=\frac{1\,065}{\frac{(213+324)}{2}}=3.97(\text{次/年})$$

$$\text{存货周转天数}=360/3.97=90.68(\text{天})$$

通过比较可知，从 2007 年到 2009 年，ABC 公司的存货周转率持续下降，周转次数从 4.13次下降到 3.97 次，周转一次所需要的天数从 87.17 天上升到 90.68 天。说明该公司存货管理中存在问题，有可能存在滞销或积压现象。同时还需要将该指标与前几期实际数据或行业平均水平或先进水平进行对比，才能对该公司存货的使用效率和管理水平做出更客观的评价。

根据应收账款周转天数和存货周转天数，还可以近似地计算企业的营业周期。营业周期也称为存货的变现期，表示存货从入库到销售后收回现金所需要的平均天数。计算公式为

营业周期 = 应收账款周转天数 + 存货周转天数

根据 ABC 公司 2009 年的应收账款周转天数和存货周转天数，计算 ABC 公司的营业周期。

营业周期 = 33.18 + 90.68 = 123.86（天）

可以看出，2009 年 ABC 公司从原材料存货入库到生产出产品，直至销售并最后收回现金，平均需要 123.86 天。

在计算和使用存货周转率时，应注意以下问题。

（1）存货计价方法对营业成本和存货平均余额的影响较大，在分析企业不同时期或不同企业的存货周转率时，应注意存货计价方法是否一致。

（2）存货属于低增值或不增值的资产，因此企业应尽量减少存货占用，提高存货周转率。如果存货周转率过低，说明企业对存货的运用效率欠佳。但是存货周转率并非越快越好，如果存货周转率过高，可能是由于存货储备过低，有可能因存货储备不足影响生产和销售，导致企业丢失潜在客户，或因增加存货的采购批量和生产批量造成存货订货成本和生产准备成本上升。因此，企业需要在保持足够的存货储备但可能造成存货资金积压，与减少存货储备但有可能丢失潜在客户之间进行权衡，确定较为合理的存货储备。

（3）企业存货的数额大、种类多，为了找出存货周转率变动的原因，可以分别计算原材料周转率、在产品周转率、产成品周转率，以分析存货结构对存货周转率的影响；还可以计算各部门存货周转率，分析各部门的存货管理水平，以便从不同角度和环节找出存货管理中存在的问题，使企业在保证生产经营连续性的同时，尽可能减少存货占用的资金，提高资金的使用效率。

（4）也可以用营业收入代替营业成本计算存货周转率，分析存货的周转速度。但是，如果分析的目的是为了确定存货从入库到销售的平均天数，则应选用营业成本计算。

第三节 非流动资产营运能力分析

企业对非流动资产的营运能力直接影响着企业的盈利能力，因此对非流动资产营运能力的分析也是财务分析的主要内容之一。

非流动资产营运能力分析通常从两个方面进行：一是计算衡量全部非流动资产营运能力的指标，如非流动资产周转率，同时分析非流动资产结构是否合理；二是计算衡量固定资产营运能力的指标，如固定资产周转率、固定资产更新率等指标。

应该说明的是，由于非流动资产主要是为企业提供生产经营的基础条件，其使用效率的好与差，主要体现在单位非流动资产占用可以为企业创造多少营业收入和利润。因此，将非流动资产营运能力指标称为周转率并不是很确切，此处分析采用了约定俗成的做法，

也称其为周转率。

一、全部非流动资产的营运能力分析

全部非流动资产的营运能力包括两个方面:一是计算非流动资产周转率,评价企业对全部非流动资产的使用效率;二是进行非流动资产结构分析,判断非流动资产各部分组成比例及其变动情况是否合理。

(一)非流动资产周转率

衡量企业全部非流动资产营运能力,通常需要计算非流动资产周转率指标。非流动资周转率是指企业在一定时期内的营业收入与非流动资产平均余额之间的比值,可以反映流动资产的管理和使用效率,评价非流动资产是否达到充分利用。计算公式为

$$\text{非流动资产周转率(周转次数)}=\frac{\text{营业收入}}{\text{非流动资产平均余额}}$$

其中,非流动资产平均余额=(期初非流动资产余额+期末非流动资产余额)/2

非流动资产周转率反映企业在一定时期内(通常为一年)非流动资产的周转次数,也可以看做企业在一定时期内每占用一元非流动资产实现了多少营业收入,以此反映非流动资产的使用效率。企业非流动资产的周转次数越多,表明企业以相同的非流动资产实现了更多的营业收入,说明非流动资产的使用效率高。反之,非流动资产周转次数降低,表明企业对非流动资产的管理和使用效率下降。分析时可以结合企业的发展战略和长期投资预算,分析长期投资项目是否达到预期效果,是否与企业的竞争战略一致。

在计算周转次数的基础上,还可以计算非流动资产周转天数。计算公式为

$$\text{非流动资产周转天数}=\frac{\text{计算期天数}}{\text{非流动资产周转次数}}$$

沿用 ABC 公司的财务报表进行分析。根据表 8.1、表 8.2 中的有关资料,计算 ABC 公司 2007~2009 年非流动资产周转率。

2007 年: $$\text{非流动资产周转率}=\frac{930}{\frac{(714+1\,080)}{2}}=1.04\text{(次/年)}$$

2008 年: $$\text{非流动资产周转率}=\frac{1230}{\frac{(1\,080+1\,379)}{2}}=1.00\text{(次/年)}$$

2009 年: $$\text{非流动资产周转率}=\frac{1725}{\frac{(1\,379+1\,560)}{2}}=1.17\text{(次/年)}$$

通过比较可知,与 2007 年相比,2008 年 ABC 公司非流动资产周转率从 1.04 次下降到 1 次,2009 年又上升到 1.17 次。从发展趋势看,该公司对非流动资产的使用效率,即非流动资产创造营业收入的能力基本保持稳定,并略有上升。由于不同行业的资产结构不同,还应将该指标与同行业平均水平或先进水平进行对比,以便对该公司的非流动资产营运能力做出更客观的评价。

应该说明的是,非流动资产周转率公式中的分子是企业从事经营活动所取得的营业收入,分母是指企业各项长期资产的总和,包括企业购买的其他公司股票、债券和直接参股形

式的投资，以及固定资产、无形资产等。其中的对外投资给企业带来的是投资损益，不能形成营业收入。由于公式中的分子、分母口径不一致，有可能导致这一指标前后各期及不同企业之间会因非流动资产结构的不同而失去可比性。因此，还需要对非流动资产结构进行分析。

（二）非流动资产结构分析

为了评价非流动资产周转率指标是否合理，还可以结合非流动资产结构以及各项非流动资产增长率，并将非流动资产增长率与营业收入增长率进行对比分析。如果发现企业流动资产结构不合理或存在闲置的非流动资产，应建议企业及时处置，及早收回资金，改善非流动资产结构，提高使用效率。

此部分的计算和分析可以参考第四章资产负债表分析的结构分析方法。

二、非流动资产主要项目的营运能力分析

固定资产是企业的主要劳动资料，在非流动资产中所占比例最大，而且是企业营业收入的主要来源，企业对固定资产的使用效率直接影响企业的营业收入。因此，非流动资产主要项目的营运能力分析主要是指固定资产的营运能力分析。

企业对固定资产的使用效率主要通过固定资产周转率指标来反映。此外，还可以计算固定资产利润率、固定资产更新率、固定资产净值率等，作为衡量固定资产营运能力的辅助指标。

（一）固定资产周转率

固定资产周转率是指企业在一定时期的营业收入与固定资产平均余额之间的比值。计算公式为

$$\text{固定资产周转率(周转次数)}=\frac{\text{营业收入}}{\text{固定资产平均余额}}$$

其中，固定资产平均余额 =（期初固定资产净额 + 期末固定资产净额）/2

固定资产净额是指固定资产原始价值减去累计折旧和减值准备后的余额，表示企业实际占用在固定资产上的资金数额，用固定资产净额作为分母，可以更准确地反映企业对固定资产的使用效率。

固定资产周转率也称为固定资产周转次数，反映企业在一定期间内（通常为一年）的营业收入与固定资产资金占用之间的关系，该指标越高，说明每一元固定资产投资所创造的营业收入越多，固定资产使用效率越高。反之，则说明固定资产使用效率较低。

固定资产周转率是营业收入与固定资产净额之比，反映企业利用现有厂房、建筑物、机器设备等固定资产创造营业收入的能力。一般来说，固定资产周转率越高越好。但是应该注意的是，该指标的分母是固定资产净额，受固定资产折旧和减值准备的影响。固定资产净值会随着折旧的增加而逐步减少，会随着固定资产更新改造而逐步增加，由此可影响固定资产周转速度。如果企业经营者一味追求固定资产高周转率，就会忽视对固定资产更新改造，所以在比较不同企业固定资产周转率时，即使固定资产的原值相同，由于折旧方法不同，在营业收入相同的情况下，其固定资产周转率也不相同。如果企业计提的固定资产减值比例不同，会直接影响固定资产净额，从而影响固定资产周转率。同时，不同行业的企业，由于其生产经营

特点的不同,因而其固定资产状况也不同,进行比较分析时要予以注意。

在计算固定资产周转率(周转次数)的基础上,也可以计算固定资产周转天数。计算公式为

$$固定资产周转天数=\frac{计算期天数}{固定资产周转次数}$$

但是由于固定资产周转速度较慢,周转一次所需要的天数较多,因此在实际工作中,较少使用固定资产周转天数指标。

沿用ABC公司的财务报表进行分析。根据表8.1、表8.2中有关资料,ABC公司2007～2009年的固定资产周转率。

2007年: $$固定资产周转率=\frac{930}{\frac{(525+735)}{2}}=1.48(次/年)$$

2008年: $$固定资产周转率=\frac{1\,230}{\frac{(735+978)}{2}}=1.44(次/年)$$

2009年: $$固定资产周转率=\frac{1\,725}{\frac{(978+1\,128)}{2}}=1.64(次/年)$$

通过比较可知,与2007年相比,2008年ABC公司固定资产周转率略有下降,2009年有所上升。也就是说,在2007年,该公司在每一元固定资产上占用的资金可以为企业创造1.48元的营业收入,2008年下降到1.44元,2009年上升到1.64元。从发展趋势看,最近三年来,该公司在增加固定资产投资的同时,营业收入也有较大幅度增长,因此企业固定资产的使用效率得到提高。此外,还应将计算结果与同行业平均水平或先进水平进行对比,并结合企业生产经营活动的实际情况进行综合判断,以便对该公司的固定资产营运能力做出更客观的评价。

在计算和使用固定资产周转率时,应注意以下问题。

(1)固定资产折旧方法的影响。企业采用的固定资产折旧方法和折旧年限的不同,会致固定资产账面净值不同,有时甚至产生很大差异,从而对固定资产周转率产生重要影响。如果企业采用快速折旧法或缩短固定资产折旧年限,会大大降低固定资产的账面价值,使固定资产周转率上升,反之则会使固定资产周转率下降。分析时,应关注企业所采用的固定资产折旧方法,如果差异过大,需要对固定资产净值进行调整,剔除这些客观因素的影响。

(2)固定资产减值准备的影响。由于资产负债表上列示的固定资产是减去累计折旧和减值准备后的净额,因此企业所提取的固定资产减值准备数额也直接影响固定资产周转率。提取的减值准备数额越大,固定资产净额就越小,固定资产周转率就越高。但是这种高速度的固定资产周转率并不是企业管理的业绩,而是说明固定资产管理不善。因此,如果企业提取的固定资产减值准备数额过大,在计算固定资产周转率时也应进行调整,以未扣除减值准备的固定资产净值平均余额作为计算基础。

(3)固定资产更新改造的影响。企业进行固定资产更新改造后,会直接增加固定资产的账面价值。如果营业收入不能同步增减,将会降低固定资产周转率。此时较低的固定资

产周转率,并不说明企业对固定资产的使用效率降低,而是企业为未来更快地发展奠定基础,企业具有持续发展能力。因此,企业要在固定资产更新改造需要和追求高周转率需要之间进行协调。进行财务分析时,应当注意结合企业固定资产更新改造水平判断固定资产的实际周转速度,不能因为某一时期固定资产周转率上升或下降,就简单地认为企业固定资产的使用效率提高了或降低了。

(4)在财务分析实务中,为了数据收集方便,大多直接采用资产负债表中的固定资产合计数(固定资产净额)计算固定资产周转率。实际上,如果采用固定资产原值计算,其结果更具有说服力,可比性也更强。以原值为基础计算的固定资产周转率,可以反映企业固定资产原始投资额,即企业在现有生产规模下创造营业收入的能力,而且可以避免固定资产折旧方法和提取减值准备等人为因素对固定资产周转率的影响,使该指标反映的固定资产使用效率更客观。

(5)固定资产投资效益具有滞后性。由于固定资产投资在前,产生经济效益在后,因此可能有的年度固定资产投资增加很多,但由于尚未投入使用或刚刚投入使用,因而营业收入并未增加,此时虽然固定资产周转率下降,但并不说明固定资产利用效率降低,而表明企业为将来扩大再生产奠定了基础,企业未来发展前景良好。反之,如果企业预测几年经营前景不好,可能会减少甚至停止对固定资产的投资,此时固定资产周转率可能上升,但这种上升并不是企业固定资产利用效率提高的结果。

(二)固定资产利润率

固定资产利润率是指企业利润总额与固定资产平均余额之间的比值,直接反映企业定资产带来的经济效益。计算公式为

$$固定资产利润率=\frac{利润总额}{固定资产平均余额}$$

固定资产是获利能力较强的资产,是企业利润总额的主要来源,可以衡量企业固定资产创造利润的能力。固定资产周转率高,只能说明单位固定资产为企业带来了较高的收入,却不一定能获取较高的利润,通过计算固定资产利润率则可以直接了解固定资产创造利润的能力。但是由于利润总额受销售数量、价格和成本费用的影响,与固定资产的使用效率不是直接关系,因此该指标只能作为评价固定资产营运能力的补充指标。

(三)固定资产更新率

固定资产更新率是指企业在一定时期内新增加的固定资产原值与期初固定资产原值之间的比值,反映企业在报告期内固定资产更新的规模和速度,可以考核企业固定资产投资情况以及固定资产更新速度。计算公式为

$$固定资产更新率=\frac{本期新增固定资产原值}{期初固定资产原值合计}$$

从该指标的计算公式可以看出,固定资产更新率受两个因素的影响:一是期初固定资产原值合计,可以反映企业原有固定资产投资规模。一般而言,期初固定资产原值数额越大,固定资产更新的速度越慢。二是本期新增固定资产原值,该数额越大,说明固定资产更新的速度越快。在一定时期内,期初固定资产原值是固定不变的,因此该指标直接受本期新增固定资产的影响,可以反映报告期内固定资产的增长率。本期新增固定资产越多,固

定资产更新率就越高，说明企业对固定资产投资规模扩大。

（四）固定资产净值率

固定资产净值率，可以反映企业固定资产的新旧程度。计算公式为

$$固定资产净值率 = \frac{固定资产净值合计}{固定资产原值合计}$$

该指标越低，说明企业固定资产老化程度越高，近期重置固定资产的可能性大，需要筹集相应的资金，以购置合适的固定资产。该比率与企业运营的时间长短有关，一般说来，新筹建的企业固定资产净值率较高，因为此时折旧等费用还较少。

第四节　总资产营运能力分析

一、影响总资产营运能力的因素

总资产营运能力是指企业全部资产使用的效率和效益。企业对资产的营运能力不仅反映了资产的管理水平和使用效率，而且直接影响企业的盈利能力。当销售利润率一定时，企业盈利能力的高低直接取决于资产周转的快慢。为了提高资产管理水平和使用效率，加速资产周转，进而提高企业盈利能力，首先应该搞清楚影响资产使用效率的因素，以便有针对性地采取措施，改进资产管理方法，提高资产使用效率。

营业收入是企业运用资产进行经营活动的结果，因此影响总资产营运能力的因素主要有两个方面，一是营业收入，二是资产占用额。当资产占用额一定时，总资产使用效率主要取决于营业收入的多少。企业在一定时期内实现的营业收入越高，资产使用效率越好；实现的营业收入越少，资产使用效率越差。当营业收入一定时，资产使用效率主要取决于其占用额的多少。企业占用的资产数额越少，资产运用效率越高；占用的资产数额越大，资产使用效率越差。因此，提高资产使用效率，应该从提高营业收入和降低资产占用额两方面入手。

提高营业收入的措施有提高产品质量、扩大销售量、开发新产品等。降低资产占用额，首先要进行合理的资产配置，合理安排各项资产的比例，尤其是流动资产与固定资产的比例，防止流动资产或固定资产出现积压和闲置。其次是根据生产经营需要，合理确定各项资产需要量。再者，应当提高各项资产的使用效率，尤其是应收账款、存货和固定资产的使用效率，在不增加总资产规模的情况下，尽可能扩大销售，提高营业收入。

二、总资产的营运能力分析

（一）总资产周转率

衡量总资产营运能力的指标主要是总资产周转率。总资产周转率是指企业在一定时期的营业收入与总资产平均余额的比值。计算公式为

$$总资产周转率（周转次数）= \frac{营业收入}{总资产平均余额}$$

其中，总资产平均余额 =（期初总资产余额 + 期末总资产余额）/2

企业总资产使用效率的好与差,也主要体现在单位总资产占用可以为企业创造多少营业收入和利润,因此将总资产营运能力指标称为总资产收入率可能更确切一些。此处分析为了保持与流动资产和非流动资产营运能力分析的一致性,所以采用了约定俗成的称谓,也称其为总资产周转率。

总资产周转率表示企业的全部资产在一年内周转了几次,反映企业全部资产的管理质量和利用效率。总资产周转率也可以理解为,企业每占用一元资产在一年内带来了多少营业收入,可以衡量企业在现有资产投入水平下创造营业收入的能力。该比率越高,说明企业利用全部资产进行经营的效率高。反之,则说明利用全部资产进行经营的效率低,并最终影响企业的盈利能力。如果企业的总资产周转率突然上升,而企业的营业收入却无大变化,则可能是企业本期处置了大量固定资产造成的,而不是企业的资产利用效率提高。如果企业的总资产周转率较低,且长期处于较低的状态,企业应采取措施提高各项资产利用效率,处置多余、闲置不用的资产,增加销售,提高营业收入,以提高总资产周转率。将该指标与企业前期实际指标或同行业指标进行对比,可以反映企业本年度以及以前年度总资产的运营效率和变化,发现企业与同类企业在资产利用上的差距,对企业营运能力出总体评价,并促进企业挖掘潜力,积极创收,提高产品市场占有率,提高资产利用效率。

利用该比率分析企业营运能力时,还应考虑企业的销售利润率水平。因为总资产周率高只能说明单位资产为企业带来了较高的收入,但不一定能获取较高的利润。

总资产周转率也可以用周转天数表示,计算公式为

$$\text{总资产周转天数}=\frac{\text{计算期天数}}{\text{总资产周转次数}}$$

沿用 ABC 公司的财务报表进行分析。根据表 8.1、表 8.2 中的有关资料,计算 2007 ~ 2009 年 ABC 公司的总资产周转率。计算公式为

2007 年: $$\text{总资产周转率}=\frac{930}{\frac{(1\,011+1\,470)}{2}}=0.75(\text{次/年})$$

2008 年: $$\text{总资产周转率}=\frac{1230}{\frac{(1\,470+1\,845)}{2}}=0.74(\text{次/年})$$

2009 年: $$\text{总资产周转率}=\frac{1725}{\frac{(1\,845+2\,222)}{2}}=0.85(\text{次/年})$$

通过比较可知,与 2007 年相比,2008 年 ABC 公司总资产周转率略有下降,2009 年则有较大幅度上升,为 0.85 次。从发展趋势看,该公司对全部资产的使用效率,即全部资产创造营业收入的能力基本保持稳定,并有所提高。由于不同行业的资产结构和周转速度有很大不同,因此还应将该指标与同行业平均水平或先进水平进行对比,以便对该公司的资产营运能力做出更客观的评价。

应该说明的是,总资产周转率公式中的分子是指扣除折扣和折让后的销售净额,是企业从事经营活动所实现的营业收入;而分母是指企业各项资产的总和,包括流动资产、对外投资、固定资产、无形资产等。众所周知,总资产中的对外投资给企业带来的应该是投资损益,不能形成营业收入。由于公式中的分子、分母口径不一致,因此有可能导致这一指标前

后各期及不同企业之间会因资产结构的不同失去可比性。

(二)总资产周转率变动原因分析

总资产营运能力最终取决于每一项资产的营运能力,通过对主要资产项目周转率的分析,可以了解影响总资产周转率变动的原因。将前述 ABC 公司各项资产周转率(周转次数)指标进行汇总,可以揭示影响总资产周转率变动的主要原因。汇总结果见表 9.1。

表 9.1 资产周转率汇总表

单位:次/年

	2007 年末	2008 年末	2009 年末
流动资产周转率	2.71	2.87	3.06
应收账款周转率	10.16	10.93	10.85
存货周转率	4.13	4.03	3.97
非流动资产周转率	1.04	1.00	1.17
固定资产周转率	1.48	1.44	1.64
总资产周转率	0.75	0.74	0.85

从表 9.1 中可以看出,ABC 公司总资产周转率在 2007 年至 2008 年相对稳定,而 2009 年则提高较快。从各主要资产项目的周转情况看,应收账款周转率稳步提高。从表 8.2 中的有关资料可知,该公司在扩大销售的同时,保持了应收账款周转率的持续上升,说明该公司的赊销政策比较成功,收款工作取得了明显成效。存货周转率持续下降,主要是由于存货投资增长过快,超过了销售的增长速度,可能存在储备过量或积压过时的存货。

从表 8.1、表 8.2 中有关数据得知,ABC 公司在固定资产投资不断扩大的情况下,固定资产周转率持续上升,说明该公司的固定资产投资当年就见效益,从而使销售收入相应增加,固定资产利用效率不断提高。

根据以上分析可以得出结论:ABC 公司总资产周转率持续提高,主要是应收账款控制较好和固定资产投资周期较短、固定资产利用效率提高的结果。在此基础上,还应联系实际进一步分析应收账款和固定资产周转率加快以及存货周转率下降的原因,并与同行业水平进行对比,以便对该公司资产利用情况做出客观全面的评价。

(三)总资产结构分析

为了进一步对 ABC 公司总资产的利用效率做出评价,还可以分析该公司资产结构的变动情况,以及各项资产增长率与销售收入增长率之间的关系,了解资产结构的变化是否合理,以便对总资产的利用效率做出全面评价。

从表 9.1 中可以看出,2009 年 ABC 公司总资产周转率比上年提高 0.11 次,每占用一元资产所创造的营业收入比上年增加 0.11 元,主要是由于资产结构趋于合理、资产使用效率明显提高的结果,说明该公司总资产管理工作取得了良好成效。

由于资产结构直接影响资产使用效率,并进而影响企业的盈利能力,因此建议 ABC 公司将其主要资产项目的结构与同行业其他企业的相关指标进行对比,以便做出更客观的评价。

此部分的计算和分析可以参考第四章资产负债表分析的结构分析方法。

思考题

1 什么是营运能力?怎样衡量资产营运能力?

2 什么是应收账款周转率？计算应收账款周转率时应注意哪些问题？
3 什么是存货周转率？影响存货周转率的主要因素是什么？
4 存货周转率是否越快越好？为什么？
5 怎样计算流动资产周转率？影响流动资产周转率的因素有哪些？
6 什么是固定资产周转率？影响固定资产周转率的主要因素是什么？

第十章　偿债能力分析

第一节　偿债能力分析的目的和内容

一、偿债能力分析的目的

偿债能力是指企业偿还全部到期债务的能力，包括短期偿债能力和长期偿债能力。企业日常经营或购置资产都需要资金的支持，而企业的资金来源，不外乎自有资金和外来资金两个方面。自有资金代表企业权益投资人投入企业的资金，外来资金则代表企业债权人投入的资金，是企业的负债，有一定的偿还期限，如果企业无法按期偿还债务，可能会陷入财务危机的境地。偿债能力是企业债权人、投资者和管理者都十分关心的问题。因为在瞬息万变的市场经济条件下，即使有良好发展前景的企业，也可能会由于不能按期偿还债务而被迫清算。因此，分析和判断企业的偿债能力是财务分析的一项重要内容。

在市场经济环境下，企业能否按期偿还债务，直接关系着企业能否持续经营和健康发展，并直接或间接地影响着企业投资人、债权人、政府部门、经营者乃至企业员工的切身利益。但是不同利益相关者进行企业偿债能力分析的目的却有所不同。

企业的偿债能力，对于企业的债权人来说，是最为重要的。作为债权人，特别是银行等金融机构和基金会等非金融机构以及债券投资者，他们出借资金的基本目的是为了取得利息收入。当然，采用商业信用方式出借资金的主要目的是为了促进销售。但是，不论他们的目的有什么不同，他们出借资金的前提都是相同的，那就是债务人能够按照规定的期限归还借款，并支付利息。如果债务人到期不能还本付息，那么债权人不仅不能从这种资金借贷业务中获得预期的收益，反而会遭受一定的损失，如果债务人破产，那么债权人遭受的损失将更大，甚至血本无归。所以作为债权人，他最关心的就是企业的偿债能力。偿债能力对于企业的投资者和经营者同样具有十分重要的意义。对于投资者来说，企业只有保持较强的偿债能力，才可能有良好的理财环境，才有可能筹集到更多的资金，并节省筹资的费用，才有可能把握有利的投资机会，从而为投资者带来更多的利润。反之，如果企业财务状况不佳，偿债能力较弱，那么企业就无法筹集到更多的资金，或者筹资的费用将会上升，这样就会丧失许多投资机会，从而降低企业的获利能力；如果企业财务状况恶化，发生债务危机，以至资不抵债，企业就可能会破产，投资者就可能遭受损失，甚至血本无归。同样，对于经营者来说，使企业保持一定的偿债能力，一方面可减少企业的财务风险，不至于因无钱还债而陷入财务困境；另一方面，也树立了企业的良好形象和信誉，增强债权人、投资者以及政府机构等有关方面对企业的信心，使企业能够筹集到更多的资金，保持企业良好的外部环境和良好的外部形象。

二、偿债能力分析的内容

根据负债的偿还期限，企业负债分为流动负债和长期负债。根据资产的变现能力，企业资产分为流动资产和长期资产。不同负债应该用不同资产偿还，因此，企业资产和负债之间存在一定的对比关系。从静态角度看，企业偿债能力是用资产清偿企业短期债务和长期债务的能力，表现为资产与负债之间的数量关系；从动态角度看，企业偿债能力是用企业在生产经营过程中创造的收益清偿短期债务和长期债务的能力，表现为企业经营收益与负债之间的数量关系。此外，企业有无充足的现金也直接影响企业的偿债能力，因此偿债能力也可以表现为企业现金净流入量与负债的数量关系。

根据负债的偿还期限，企业偿债能力分析主要包括两方面内容：一是短期偿债能力分析，主要了解企业偿还一年内或一个营业周期内到期债务的能力，判断企业的财务风险；二是长期偿债能力分析，主要了解企业偿还全部债务的能力，判断企业整体的财务状况、债务负担和企业偿还债务的保障程度。

第二节　短期偿债能力分析

一、短期偿债能力分析概述

短期偿债能力，就是企业以流动资产偿还流动负债的能力。它反映企业偿付日常到期债务的实力，企业能否及时偿付到期的流动负债，是反映企业财务状况好坏的重要标志，财务人员必须十分重视短期债务的偿还能力，维护企业的良好信誉。

短期偿债能力也是企业的债权人、投资人、材料供应单位等所关心的重要问题。对债权人来说，企业要具有充分的偿还能力，才能保证其债权的安全，按期取得利息，到期收回本金。对投资者来说，如果企业的短期偿债能力发生问题，就会牵制企业经营管理人员的大量精力去筹措资金，应付还债。难以全神贯注于经营管理，还会增加企业筹资的难度，或加大临时性紧急筹资的成本，影响企业的盈利能力。对供应单位来说，则可能影响应收账款的收取。因此，企业短期偿债能力是企业本身及有关方面都很关心的重要问题。

（一）影响短期偿债能力的主要因素

1. 资产的流动性

资产的流动性是指企业资产转化为现金的能力。企业的债务一般需要流动资产来偿还，不仅短期债务需要用流动资产偿还，就是长期债务最后也要转化为短期债务，也需要用流动资产来偿还。除非企业中止经营或破产清算，否则一般不会通过出售固定资产来偿还短期债务。因此，企业资产的流动性越强，或变现能力较强的资产所占比重越大，企业的短期偿债能力越强。

企业流动资产主要由货币资金、交易性金融资产、应收票据、应收及预付账款、存货等组成。其中，货币资金可直接用于各种支付，交易性金融资产可以随时转化为现金，应收票据的变现时间最长为6个月，因此这三类资产都属于变现能力较强的资产。应收账款和存货在流动资产中所占比重较大，其变现能力是影响流动资产变现能力的主要因素。应收账款可能因各种原因导致无法收回而变成坏账，存货可能会因品种、质量等原因造成积压，这将会使企业流动资产的变现能力大大下降，影响其短期偿债能力。预付账款是流动资产中变现能力最差的资产，一般数额较小，在流动资产中所占比重也比较低。如果该项目数额较大，会直接影响流动资产的变现能力。

2. 流动负债的结构

流动负债代表企业需要承担的现实债务。企业流动负债数额越大，企业的债务负担就越重，就需要配备更多的可随时变现的流动资产。

企业的流动负债主要由短期借款、应付票据、应付和预收账款、应交税费等组成，不同形态的流动负债，其偿还方式和紧迫性也有所不同。短期借款、应付票据、应付账款、应交税费等需要用现金偿还，而预收账款则需要用商品或劳务偿还。如果需要用现金偿还的流动负债比重较大，则企业需要拥有足够的现金才能保证其偿还能力；如果流动负债中预收账款的比重较大，则企业需要准备足够的、符合合同要求的存货以保证其偿债能力。此外，流动负债的偿还时间是否集中，以及偿还时间能否与流动资产的变现时间相匹配，也会直接影响企业的短期偿债能力。企业应当将流动负债的偿还时间尽量错开，并与企业流动资产的变现时间相匹配，合理安排资金的流出和流入，以提高企业的短期偿债能力。

3. 企业的经营业绩

企业偿还短期债务的现金主要来自两个方面：一是来自企业经营活动；二是来自企业外部融资。其中，企业经营活动所取得的现金主要来源于企业的净利润，在正常情况下，企业净利润与经营活动现金净流量应当趋于一致。如果企业经营业绩好，净利润就高，企业就可能有持续和稳定的现金流入，从根本上保障债权人的利益。如果企业经营业绩差，净利润下降甚至亏损，就会使经营活动现金流入不足以抵补现金的流出，造成现金短缺，使短期偿债能力下降。企业外部融资的能力也取决于企业的经营业绩，当企业经营业绩好时，企业才可能及时从外部筹集资金用于偿还到期债务。

4. 企业的融资能力

单凭各种偿债能力的指标，还不足以判断企业的实际偿债能力。有些企业因为具有较强的融资能力，与银行等金融机构保持良好的信用关系，随时能够筹集到大量的资金，即使各种偿债能力指标不高，却总能按期偿付债务和支付利息。可见，企业的融资能力也是影响偿债能力的另一个重要因素。

（二）影响短期偿债能力的其他因素

除此以外，有些其他因素也会影响企业的短期偿债能力，有时甚至影响很大。这些因素对企业短期偿债能力的影响有正面也有负面，进行财务分析时应给予足够重视，以便对企业的短期偿债能力做出正确判断。

1. 未使用的银行授信额度

银行授信额度是指企业与银行签订的在一定时期和一定限额内可随时向银行借入短期借款的合约。当企业需要资金时，可以随时向银行借入款项，增加企业的现金，提高企业的支付能力。这种信息一般列示在财务报表附注中。

2. 企业的偿债信誉

如果企业的偿债信誉好，当遇到资金周转困难，无法偿还到期债务的情况时，可以通过拆借等方式及时筹措到资金。

3. 准备近期出售长期资产

由于某种原因,企业可能准备将部分长期资产出售,变成现金,如储备的土地、不需用的设备和房产等。长期资产出售后转变成现金,可以提高企业的短期偿债能力。

4. 或有负债

包括产品质量担保、未决诉讼以及在经营合同中的一些承诺等。这些担保或承诺一旦变成事实,就会加重企业的债务负担,影响企业的短期偿债能力。财务分析人员可以通过阅读财务报表附注,找到关于或有事项的信息。

二、短期偿债能力分析指标

衡量企业的短期偿债能力主要是考察流动资产对流动负债在数额上的保障程度和时间上的配合程度。数额上的保障程度是指流动资产与流动负债的数量关系,如果企业的流动资产远远高于流动负债,说明流动负债拥有较多的流动资产作为还债来源,企业的短期偿债能力强;反之,如果企业的流动资产与流动负债数额相差不大,甚至流动资产低于流动负债,则说明流动负债没有足够的流动资产作为还债来源,企业的短期偿债能力弱。时间上的配合程度是指企业是否有足够的现金用来偿还到期债务,也就是流动资产转换为现金所需要的时间能否配合流动负债的到期时间。换言之,就是企业现金流入与现金流出的配合程度。因此,企业短期偿债能力的强弱直接表现为流动资产与流动负债的比例关系和流动资产的变现速度。

(一)反映流动资产与流动负债比例的指标

1. 营运资金

营运资金是指企业流动资产减去流动负债后的余额,是衡量企业短期偿债能力的绝对数指标。营运资金代表企业在短期内可供营运周转使用的资金,可说明企业对短期债权人的保障程度。在实际工作中,企业的营运资金状况往往会影响企业的负债筹资能力,许多贷款协议和债务契约中经常有要求债务人保持某一最低营运资金水平的条款。营运资金的计算公式为

$$营运资金 = 流动资产 - 流动负债$$

公式中,计算营运资金所用的“流动资产”和“流动负债”一般选用资产负债表中的期末数。

当流动资产大于流动负债时,营运资金为正数,表明企业长期资本的数额大于长期资产,超出部分被用于流动资产,从而增强了企业财务状况的稳定性。营运资金越多,企业的财务状况越稳定,短期偿债能力越强。反之,当流动资产小于流动负债时,营运资金为负数,表明企业长期资本的数额小于长期资产,有部分长期资产是由流动负债提供的。由于流动负债需要在一年内偿还,而长期资产一年以后才能变现,因此企业必须设法另外筹集资金,用于偿还流动负债,此时企业的财务状况不稳定,短期偿债能力较差。即使企业的流动资产等于流动负债,也并不能保证按期偿债,因为债务的到期日与流动资产中的现金生成不可能同步等量。因此,企业必须保持一定数额的营运资金作为缓冲,此时流动资产中的一部分来源于长期资本,不需要在一年内偿还。

从偿债角度看,营运资金越多,说明企业可用于偿付短期债务的流动资产越多,企业的财务状况越稳定,企业的短期偿债能力越强。如果营运资金很少,甚至出现负数,则表明企业资金周转比较困难,短期偿债能力较弱。但从企业理财角度看,营运资金并不是越多越好。营运资金过多,意味着企业流动资产占用资金过多,可能存在积压的存货或长期收不回来的应收账款,说明企业没能更好利用资金,企业的盈利能力可能因此会降低。

分析时可以将营运资金与以前年度的数额相比较,如果出现异常偏低或偏高现象,除了考虑企业规模变化以外,应对流动资产和流动负债进行逐项分析,确定变动的原因。由于营运资金受企业规模影响较大,因此该绝对数指标无法直接在同一企业不同时期或不同企业之间进行横向比较。

沿用ABC公司的财务报表进行分析。采用表8.1的有关资料,计算ABC公司2007－2009年的营运资金。计算公式为

2007年: 营运资金＝390－240＝150(万元)

2008年: 营运资金＝466.5－255＝211.5(万元)

2009年: 营运资金＝661.5－330＝331.5(万元)

通过比较可知,ABC公司从2007年到2009年,营运资金逐年上升,而且数额变化较大。但是由于营运资金是绝对数,无法直接根据其数额判断企业短期偿债能力的变化。可以通过对上述三年的营运资金的变动情况进行分析,来判断该公司短期偿债能力的变化。ABC公司2007～2009年比较数据见表10.1。

表10.1 ABC公司2007～2009年营运资金结构变动分析表

(金额单位:万元)

	2007年		2008年		2009年	
	金额	结构	金额	结构	金额	结构
流动资产	390	100.00%	466.5	100.00%	661.5	100.00%
流动负债	240	61.54%	255	54.66%	330	49.89%
营运资金	150	38.46%	211.5	45.34%	331.5	50.11%

从表10.1中可以看出,2007年,ABC公司营运资金占流动资产的比例为38.46%,表明流动资产的61.54%来自流动负债,即1元流动资产需要偿还0.615 4元的流动负债。2008年,ABC公司营运资金占流动资产的比例为45.34%,表明流动资产的54.66%来自流动负债,即1元流动资产只需要偿还0.546 6元的流动负债,2009年的偿债能力比2008年有所提高。2009年,ABC公司营运资金占流动资产的比例为50.11%,表明流动资产的49.89%来自流动负债,即1元流动资产需要偿还0.498 9元的流动负债,2009年的偿债能力比2008年也有所提高。上述结果表明,该公司的短期偿债能力连续两年不断提高,发展趋势较好。

应该说明的是,不同行业的营运资金的结构有很大差别。一般来说,商品零售业因其资产中流动资产比重较大,其营运资金也比较多;制造企业因存货和应收账款比较多,营运资金大约占流动资产的30%～50%;餐饮服务业则因存货和应收账款较少,其营运资金也比较少,有时甚至是负数。

此外,还可以根据流动资产、流动负债、营运资金的环比变动额和环比变动率来分析企业短期偿债能力的发展趋势。分析结果见表10.2。

表 10.2 ABC 公司 2007 ~2009 年营运资金环比变动分析表

金额单位:万元

	2007 年	2008 年		2009 年	
	金额	增长额	年增长率	增长额	年增长率
流动资产	390	76.5	19.62%	195	41.80%
流动负债	240	15	6.25%	75	29.41%
营运资金	150	61.5	41.00%	120	56.74%

从表 10.2 中可以看出,从 2007 年到 2009 年,ABC 公司的流动资产、流动负债和营运资金均有所增长,但是营运资金增长的绝对数和增长比率远远高于流动负债,说明该公司在增加流动资产的同时,流动负债并没有成比例增加,新增加的流动资产中一部分来自长期资本,企业短期内的偿债压力逐年变小,短期偿债能力逐年提高。

从以上分析可以看出,由于营运资金是绝对数指标,其数额大小受行业特性和企业生产规模的影响。运用营运资金指标分析和判断企业短期偿债能力时,需要将该指标与以前年度指标进行对比后计算变动率,同时配合流动资产和流动负债指标,才能确定其是否合理。在进行不同企业之间的对比分析时,也可以参照这种方法进行。

由于营运资金是一个绝对数,不便于不同企业之间进行比较,因此在实际工作中较少使用营运资金作为衡量偿债能力的指标。由于营运资金本身的局限性,因此在财务分析实务中经常使用流动比率和速动比率等相对数指标。

2. 流动比率

流动比率,又称为营运资金比率或清偿比率,是指企业流动资产与流动负债的比值,可以显示企业每一元流动负债有多少流动资产作为偿还的保障。流动比率是相对数指标,不受企业规模的影响,是实际工作中普遍采用的短期偿债能力衡量指标。计算公式为

$$流动比率 = \frac{流动资产}{流动负债}$$

流动比率越高,表明企业可用于抵债的流动资产越多,企业的短期偿债能力越强,债权人的利益越有保障。反之,则说明短期偿债能力越弱。

判断流动比率的合适标准,大多数人认为制造业企业的流动比率应维持在 2 左右,其理由是变现能力最差的存货通常占流动资产的一半左右,剩下的变现能力较强的流动资产至少要等于流动负债,这样才能保证企业具有较强的短期偿债能力。或者换个角度说,即使流动资产的清算价值缩水一半,仍可偿还全部的流动负债。尽管流动比率为 2 时代表有更多的流动资产来保障流动负债,但同时也反映了资产使用的效率较低,用经验数据来评价流动比率,其可信度比较模糊,因此这个标准并不具有普遍意义。首先,不同国家或地区的金融环境和资本市场不同,使得企业的资产结构和资本结构不同,企业流动比率也有所不同。例如,美国平均为 1.4 左右,德国平均为 1.2 左右。其次,同一国家或地区不同行业的流动比率也有明显区别,存货周转速度慢、赊销比重大或赊销期限长的行业或企业,必须维持较多的流动资产,因此其流动比率就比较高。相反,存货周转速度快、赊销比重小或赊销期限短的行业或企业,则流动资产少,流动比率就比较低。一般而言,营业周期越短,对流动比率的要求越低,营业周期越长,对流动比率的要求越高。例如,饮食行业的正常流动比率远远低于工业和商业,其原因是饮食行业的存货周转速度快,而且大部分为现金销售。因此,运用流动比率来评价企业的短期偿债能力,通常只能在行业内进行对比,同时必须与

企业的资产结构、资产变现速度及行业特点结合起来进行综合考虑，这样才能得出正确的分析结论。但无论怎样，与营运资金相比，由于流动比率考虑了流动资产规模与流动负债规模之间的关系，因此扩大了指标的可比范围。例如，可以在长虹公司和康佳公司之间比较流动比率，但比较营运资金则没有任何意义，因为这两个公司的规模不同。

虽然流动比率没有通用的衡量标准，但是可以肯定地说，如果制造业企业的流动比率小于1，表明企业的流动资产不足以抵偿流动负债，短期内可能会陷入资金周转失灵、无力偿还到期债务的困境。实际上即使流动比率等于1，一般也无法满足短期偿债的要求，因为虽然此时流动资产等于流动负债，但是并不能保证每一笔债务到期时，流动资产都可以适时地转化为现金。也就是说，流动比率为1时，只说明流动资产与流动负债在数量上是配合的，并不能确保现金流入和流出的时间能相应配合。但是流动比率也不能过高。如果流动比率过高，说明企业未能有效地利用流动资产。例如，应收账款或现金过多；或者积压了过量的存货等：或者是企业过于保守，不愿通过举债扩大经营规模。

沿用ABC公司的财务报表进行分析。根据表8.1中有关资料，计算ABC公司的流动比率计算公式为

2007年：　　流动比率 = 390/240 = 1.63

2008年：　　流动比率 = 466.5/255 = 1.83

2009年：　　流动比率 = 661.5/330 = 2

通过比较可知，ABC公司从2007年到2009年，流动比率逐年上升，说明该公司的短期偿债能力越来越强。

将上述计算结果与同行业平均水平或先进水平进行对比，可以确定该公司在本行业的地位。通过对流动资产和流动负债的构成项目逐项分析，可以找出影响流动比率变动的主要原因。

流动比率指标的优点是计算简单，资料容易取得，概念清晰，易于理解，因此被广泛应用于计量企业的短期偿债能力。但是流动比率也存在一定的局限性。

(1)流动比率只反映流动资产与流动负债之间的数量关系，没有考虑流动资产的结构和流动性。如果流动资产中含有大量的积压存货、预付账款或长期收不回来的应收账款，即使流动比率大于2，也并不表示其偿债能力强。反之，如果流动资产中多为变现能力很强的资产，即使流动比率小于2，其偿债能力依然很强。例如，甲、乙两家公司的流动比率均为2，但是甲公司的流动资产以货币资金、交易性金融资产、应收票据和应收账款为主，而乙公司的流动资产以存货和预付账款为主，则两家公司偿还短期债务的能力显然不同。因此在计算该指标后，还需要分析流动资产结构，并借助存货周转率、应收账款周转率等指标，对资产的流动性进行评价，以补充流动比率对偿债能力反映的不足。

(2)流动比率是静态指标，根据期末数字计算得出，只能反映期末流动资产与流动负债的比率关系，不能代表企业整个期间的偿债能力。因为企业流动资产是不断周转的，其数额和形态不断发生变化，流动负债也不断被偿还或被借入，流动比率不能描述企业短期偿债能力的常态，不能反映一年内有多少流动负债需要偿还，以及可以获得多少可供偿债的现金。因此，流动比率对偿债能力的反映是不完善的，还需要借助经营现金净流量比率等指标来进行补充说明。

(3)从流动比率指标的计算公式看，当流动比率大于1时，分子分母等量增加，会使流

动比率下降,等量减少则会使流动比率上升,因此有可能受人为操纵。例如,企业在年末集中偿还借款,下年初再借回,或将存货降低到正常水平以下,或有意将年末应购进的存货推迟到下年初再购进等,都可能导致流动比率的改善。因此,在进行财务分析时应当注意提防企业管理当局对流动比率的操纵行为。

(4)不能简单地根据流动比率高低判断企业的短期偿债能力。有时企业流动比率变化幅度较大,但是这种变动不一定是企业经营的结果。例如,在经济衰退时期,企业会继续偿还流动负债,但是存货和应收账款也越积越多,从而导致流动比率上升。相反,在经济发展时期,企业应交税费或应付职工薪酬等的增加将可能导致降低流动比率。

3. 速动比率

速动比率,也称为酸性实验比率,指速动资产与流动负债的比值,通常用来衡量企业流动资产中可立即用于偿还短期债务的能力。计算公式为

$$速动比率=\frac{速动资产}{流动负债}$$

速动资产是指可以快速变现的资产,包括货币资金、交易性金融资产、应收票据、应收账款、其他应收款等,等于全部流动资产减去存货。其原因是,由于存货需要经过生产、销售和应收账款环节才能转变为现金,属于流动性较差、变现所需时间较长的资产,特别是当存货中包含积压和滞销产品或必须经过较长时间储备才能销售的产品(如酒厂的产品),或者部分存货已经抵押给债权人时,其变现能力更差。同时对存货估价是主观判断的结果,可能存在账面价值与实际价值差异较大的情况,因此把存货从流动资产中扣除后计算的速动比率是企业现实的短期偿债能力,比流动比率反映的短期偿债能力更准确,可信度更高。

速动比率越高,表明企业在极短时间内将资产变现以偿还短期债务的能力越强。根据经验,一般认为速动比率为1时较好,表明企业每1元短期债务都有1元易于变现的速动资产作保障。

速动比率在不同行业和企业也应有所区别。采用速动比率指标评价企业短期偿债能力时,也必须根据行业特性来分析,不能一概而论。例如,零售商店通常只有现金销售,应收账款很少,这类企业的速动比率一般明显低于1,但仍有很强的短期偿债能力。

应该说明的是,如果速动比率过低,表明企业将可能依赖出售存货或举借新债偿还到期债务,企业的短期偿债能力存在问题。但是如果速动比率过高,在说明企业短期偿债能力较强的同时,也说明企业拥有较多的不能盈利的货币资金和应收账款,可能会降低企业的盈利能力,也可能会失去一些有利的投资机会。

沿用ABC公司的财务报表进行分析。根据表8.1中有关资料,计算ABC公司的速动比率为

2007年: 速动比率 $=(390-165)/240=0.94$

2008年: 速动比率 $=(466.5-213)/255=0.99$

2009年: 速动比率 $=(661.5-324)/330=1.02$

通过比较可知,从2007年至2009年,ABC公司在流动比率持续上升的同时,速动比率也稳定提高。说明该公司短期偿债能力较强。结合资产负债表进行分析,可以看出,虽然该公司存货逐年增长,而且幅度较大,但是速动资产增长的幅度超过了存货,因此使公司现时的偿债能力提高了。

速动比率的优点是计算简单,容易理解。该指标是假设企业一旦面临财务危机或办理清算时,在存货无法变现情况下,以速动资产偿还短期债务的能力,是比流动比率更严格、更谨慎的衡量企业短期偿债能力的指标。但是速动比率也存在一定的局限性。

(1)速动比率也只反映速动资产与流动负债之间的数量关系,没有考虑速动资产的结构和流动性。当速动资产中包含大量不良应收账款时,即使速动比率大于1,也并不表示其偿债能力强。因此根据速动比率分析企业的短期偿债能力时,还应注意速动资产中应收账款的比例以及应收账款账龄和可收回性。在速动比率相同的条件下,应收账款所占比例越低,账龄越短,说明速动资产的质量越好,变现能力越强,反之则较弱。分析时可借助应收账款周转率来了解应收账款质量,以便对企业的短期偿债能力做出正确评价。

(2)速动比率也是静态指标,只反映期末速动资产与流动负债的比率关系,不能代表企业整个期间的偿债能力。

4. 现金比率

由于影响应收账款和存货变现的不确定因素很多,特别是当财务分析人员怀疑其实际价值和流动性有问题时,可以用现金比率来评价企业的短期偿债能力。

现金比率,也称为超速动比率,指企业的现金及现金等价物与流动负债的比值,可以显示企业即时付款或随时还债的能力。这里的现金是指货币资金,交易性金融资产可视同现金等价物。该指标的计算公式为

$$\text{现金比率}=\frac{\text{货币资金}+\text{交易性金融资产}}{\text{流动负债}}$$

为了保证基本的支付能力,企业保持一定的现金比率是很必要的。现金比率越高,说明企业的短期偿债能力越强,反之则较弱。但在一般情况下,企业的流动负债不是马上就需要全部偿还,要求企业随时保持足够的现金和现金等价物以准备偿还流动负债,既不现实也没有必要,如果真是这样,反而说明企业的货币资金和交易性金融资产过多,暴露出企业在资金管理方面存在问题。因此,在实际工作中,财务分析人员并不重视这个指标。只有当企业的应收账款和存货都存在严重问题,或企业陷入财务困境时,才利用现金比率分析企业的短期偿债能力。从这个意义上讲,现金比率表明企业在最坏情况下偿付流动负债的能力。

沿用ABC公司的财务报表进行分析。根据表8-1中有关资料,计算ABC公司的现金比率为

2007年: 现金比率=(57+33)/240=0.38

2008年: 现金比率=(48+37.5)/255=0.34

2009年: 现金比率=(51+34.5)/330=0.26

采用现金比率衡量企业偿债能力时应注意以下问题:

(1)企业现金的使用是否受到限制。例如,上市公司发行股票筹集的资金必须严格按招股说明书中承诺的用途和进度使用。因此,刚发行新股募集资金的公司可能现金余额和比率都很高,但是企业可用于偿债的现金并不多。

(2)企业现金管理制度是否健全有效。当企业对现金管理更有效时,会降低现金存量和现金比率。

(3)企业是否有尚未使用的银行授信额度。如果企业有尚未使用的银行授信额度,就

可以随时从银行借出资金，此时企业可能会降低现金存量和现金比率。

(4)交易性金融资产的市价变化。如果股价波动过大，该比率无法反映企业真实的偿债能力。

5.经营现金净流量比率

上述四个指标都是根据某一特定时点上的资产和负债数额计算的，属于静态指标，只反映企业在报告期末的状况，不能反映企业某一段时期内动态的偿债能力。为了解决这一问题，可以用经营活动产生的现金净流入量与流动负债平均余额进行对比，计算经营现金净流量比率。该指标反映企业用经营活动取得的现金净流入量对流动负债的保障程度，从现金流量的角度考察企业的短期偿债能力。计算公式为

$$经营现金净流量比率 = \frac{经营活动现金净流入量}{流动负债平均余额}$$

由于公式的分子来自现金流量表中的“经营活动产生的现金流量净额”，是企业全年经营活动所取得的现金净流入量，属于时期指标。因此，分母中的流动负债不能直接用资产负债表中的年末数，而应该用全年平均数。流动负债全年平均余额代表年度内企业平均每天持有的流动负债数额，等于年初余额加上年末余额除以2。计算公式为

$$流动负债平均余额 = \frac{年初流动负债 + 年末流动负债}{2}$$

负债需要用现金偿还，而经营活动产生的现金净流入量是偿还负债的真正来源，经营活动现金净流入量越大，企业内部可用于偿还流动负债的现金越充分。根据经验，一般认为该指标保持在40%以上时较好，说明企业的短期偿债能力较强。如果经营活动现金净流量为负数，则计算该指标没有意义。

沿用ABC公司的财务报表进行分析。根据表8.1、表8.3中有关资料，计算ABC公司的经营现金净流量比率为

2007年： $$经营现金净流量比率 = \frac{30}{\frac{(210+240)}{2}} \times 100\% = 13.33\%$$

2008年： $$经营现金净流量比率 = \frac{97.5}{\frac{(240+255)}{2}} \times 100\% = 39.39\%$$

2009年： $$经营现金净流量比率 = \frac{108}{\frac{(255+330)}{2}} \times 100\% = 36.92\%$$

通过比较可知，2008年ABC公司的经营现金净流量比率大幅度提高，其主要原因是营业现金净流入增加，说明该公司生产销售状况良好，短期偿债能力较强。2009年ABC公司的经营现金净流量比率有所下降，主要原因是流动负债增长较快。

（二）反映企业短期偿债能力的辅助指标

流动比率、速动比率、现金比率都是以某一时点上的流动资产和流动负债相比较来反映企业的短期偿债能力，没有考虑流动资产流动性和流动负债的偿还期限。虽然经营现金净流量比率是以某一会计年度的经营现金净流入量为依据考察企业的短期偿债能力，但是也没有考虑流动负债的偿还期限问题。实际上，企业的流动资产的变现速度不同，企业获

取现金的能力就不同，流动负债的偿还期限不同，企业的偿债压力就不同，单纯依靠某一个时点的静态指标，很难反映企业偿债能力的实际情况。因此，还需要辅助指标分析，弥补上述指标的不足，以正确评价企业的短期偿债。

1. 应收账款周转率和存货周转率对流动比率的修正

应收账款和存货的周转速度对应收账款和存货规模有较大影响，当其他条件不变时，应收账款和存货的周转速度越快，应收账款和存货的规模就越小。反之，应收账款和存货的周转速度越慢，应收账款和存货的规模就越大。当这两个项目的金额较大时，流动比率指标也比较高，从静态方面反映的短期偿债能力也比较强，但是实际上很可能是由于应收账款和存货周转速度慢而引起的假象。因此，采用流动比率（包括速动比率）评价企业短期偿债能力时，应当结合应收账款周转率和存货周转率对该指标进行修正。在流动比率一定的情况下，如果应收账款周转率和存货周转率加快，说明企业短期偿债能力提高了。反之，则说明企业的短期偿债能力下降了。

2. 应付账款周转速度与应收账款周转速度的比较分析

应付账款周转速度与企业支付货款的速度和赊购金额有关，反映企业以现金支付应付账款的速度；应收账款周转速度与企业的赊销政策、信用政策和收账政策有关，反映应收账款的变现速度。企业采购存货的目的是为了生产产品，销售后收取现金，实现价值的增值。从这个意义上说，赊购产生的应付账款应该用销售收回的现金偿还，因此应付账款与应收账款之间存在必然的内在联系。两者在动态上能否匹配，直接影响企业的短期偿债能力。两者的关系可能存在以下三种情况。

一是应收账款周转期与应付账款相同。企业赊销收回的现金恰好可以用来偿还应付账款，满足清偿赊购债务的需要，不必动用其他流动资产偿债。这是最理想的状态。

二是应收账款周转速度超过应付账款。假定企业平均收账为30天，平均付款期为60天。从静态角度看，由于应收账款余额与其收回速度成反比，应收账款周转加快，会导致流动资产占用额减少，此时企业的流动比率可能比较低，企业短期偿债能力较弱。但是从动态角度看，应收账款周转速度比应付账款快一倍。也就是说，应收账款收回两次，才动用一次现金去偿还应付账款。或者说，每当企业的应付账款到期时，总有先收回的应收账款资金作保障，因此企业的实际偿债能力较强。

三是应收账款周转速度低于应付账款。假定企业平均收账为60天，平均付款期为30天。应收账款周转速度慢，会导致流动资产占用增加，流动比率提高。从静态上看，企业的偿债能力较强。但是应收账款转变为现金一次，企业却需要两次动用现金去偿还应付账款，为了保证按期偿还赊购商品的欠款，企业必须动用除了应收账款以外的其他流动资产。因此从动态上看，企业的实际偿债能力并不强。

第三节　长期偿债能力分析

一、长期偿债能力分析概述

长期偿债能力是指从长期看企业偿还全部债务本金和利息的能力。长期偿债能力分析对于不同的财务报表使用者具有不同的目的。

对于债权人来说,通过长期偿债能力分析,可以了解企业是否具有长期支付能力,分析企业信用状况,判断能否按期收回债权本金和利息,以便决定是否对企业发放贷款。对于股东来说,通过长期偿债能力分析,可以了解企业经营的安全程度:判断企业负债规模是否适度,财务风险是否在可控制范围内,以及是否可以利用财务杠杆作用提高股东的投资回报,保证其投资的安全性和盈利性。对于企业经营者来说,通过长期偿债能力分析,可以揭示企业资本结构和资产结构中存在的问题,以便及时进行调整,优化企业的资本结构和资产结构,降低财务风险,提高偿债能力和盈利能力。

(一)影响长期偿债能力的主要因素

资产是偿还债务的物质基础,所有者投资是偿还债务的基本保障,企业利润则是偿还债务的最终来源。因为在持续经营的前提下,企业不可能靠出售资产或破产清算来偿还到期债务,具备长期稳定的盈利能力的企业,才能为偿还债务本金和利息提供最可靠的资金来源。因此,影响企业长期偿债能力的因素主要有三个方面,即企业的资本结构、企业的资产结构、企业的盈利能力。

1. 企业的资本结构

资本结构是指企业负债和所有者权益之间的比例关系。资产来源于负债和所有者权益,负债是企业的外来资金,债权人具有强制求偿权,负债均有一定的偿还期限,企业必须按期偿还并支付利息。所有者权益代表企业的自有资金,属于企业的永久性资金,企业可以长期使用,股东既不能随意收回,也没有强制的股利支付要求。所有者权益占资产的比例越大,企业的财务实力越强。资本结构表明了企业外来资金与自有资金的比例关系,如果负债比例过高,则企业面临的偿债压力就越大,固定的利息支出就越高,企业无力支付到期债务本息的可能性也就越大;反之,如果所有者权益比例高,则债权人遭受企业无力偿债的风险就小。因此,资本结构是评价企业长期偿债能力的重要因素。反映企业资本结构的指标有资产负债率、权益负债率、长期资本负债率等。

2. 企业的资产结构

资产结构是指企业总资产的构成,反映企业各项资产的比重关系,通常以资产负债表中各种资产占总资产的百分比来表示。一般而言,不同种类资产的盈利能力和风险各不相同。流动性越大的资产,盈利能力越低,但是变现的风险比较小;流动性越小的资产,盈利能力越强,但是变现的风险比较大。如果企业的流动资产比重大,表示有较强的流动性,但是对企业盈利和偿还长期债务不利。反之,如果企业的固定资产比重大,则有助于提高企业的盈利能力和长期偿债能力,但是对短期偿债不利。反映企业资产结构的指标有流动资产对总资产比率、固定资产对总资产比率等。

此外,在评价企业长期偿债能力时,除了分析企业的资本结构和资产结构外,还应关注资产配置的适当性。资产配置适当性是指企业资金来源与资金用途的配合是否合理。对于借入的资金,企业负有定期支付利息和到期还本的义务。短期借款的本息偿还期很短,因此不适合用于固定资产等长期资产的投资。因为长期资产的周转速度慢,转变为现金的时间长,在其尚未转变为现金前,负债已经到期,极有可能使企业没有足够的现金偿还到期债务,导致企业资金周转失灵。对于借入的长期资金,因其还款期长,利率较高,也不适合作为短期周转需要的资金来源。如果以高利率的长期负债应付短期的资金需要,当企业资金充裕时，不需要的资金也要承担高额利息，会造成资金浪费，降低企业的盈利能力。因此，一般而言，短期资金用于支持流动资产，长期资金用于支持长期资产。如果企业的固定资产、无形资产等较多，应多筹集长期资金，以免因企业资产无法及时变现而导致不能按时偿还流动负债。

3. 企业的盈利能力

企业的盈利能力意味着从企业内部产生未来现金的能力，从长期看，稳定的盈利能力才能使企业有良好的财务实力，企业依靠生产经营所创造的现金，是支付债务本金和利息的最佳来源。也就是说，企业的长期偿债能力必须建立在企业盈利能力的基础上。较强的盈利能力不仅可以使企业从经营活动中获取足够的现金流入量，而且可以吸引投资者和债权人，随时筹集到所需要的资金，以偿还到期债务的本金和利息。因此，长期偿债能力与企业盈利能力密切相关。企业盈利能力越强，长期偿债能力就越强，反之则比较弱。

（二）影响长期偿债能力的其他因素

进行长期偿债能力分析，还应关注那些财务报表上未能反映的因素，如长期租赁、或有事项、长期资产价值等。

1. 长期租赁

当企业急需某种设备而又缺乏足够的资金购买时，可以通过租赁的方式解决。设备租赁分为融资租赁和经营租赁两种方式。融资租赁是由租赁公司垫付资金，按照承租人的需要购买设备，然后将设备出租给承租人，承租人按合同规定支付租金。租金一般包括设备买价、利息和相关的手续费。一般情况下，当租赁期满，承租人付清最后一笔租金后，设备所有权转归承租方。从本质上看，融资租赁相当于承租人分期付款购买设备，承租方将租入的设备视同自有的资产入账，相应的融资租赁费用作为长期负债反映在资产负债表中。

经营租赁则完全不同。经营租入的资产和应付的租赁费均不列入资产负债表，只出现在报表附注和利润表的相关费用项目中。当企业的经营租赁资产数量较大，租赁期较长且具有经常性时，就形成了企业的一种长期性债务。这种长期性债务负债不计入企业的资产负债表，但必须按期支付租金，从而对企业的偿债能力产生负面影响。如果企业经常发生经营性租入业务，应当考虑租赁费用对企业长期偿债能力的影响。

2. 担保责任

企业与其他单位进行经济往来时，会发生很多担保责任，如为合资企业或供货商的银行贷款提供担保等。债务担保项目的时间长短不一，有的涉及企业的长期负债，有的涉及企业的短期负债。在分析企业长期偿债能力时，应关注担保责任带来的潜在长期负债问题。

3. 承诺事项

承诺事项是指企业因具有法律效率的合同或协议的要求而将要承担的责任或义务。例如，对合资企业的另一方承诺长期购买其产品；向客户承诺提供产品售后服务和保修等。有时承诺事项会大量增加企业的潜在债务，影响企业的偿债能力，但是这些潜在的债务却不反映在资产负债表上。进行财务分析时，应根据报表附注和其他有关资料，判断承诺事项变成现实负债的可能性和金额。

4. 长期资产价值

这里所说的长期资产价值是指企业长期资产的变现价值。关注长期资产的变现价值，是因为当企业因经营不善或资金周转困难被迫出售长期资产以清偿债务时，企业的长期资产能否及时变现以及变现价值高低就变得十分重要。但现行的财务报表一般不披露长期资产变现价值，因此无法将资产变现价值与负债进行比较。可替代的方法是通过分析资产的构成来预测其变现价值。一般而言，机器设备的价值随着科学技术进步呈下降趋势，房地产和部分对外投资的价值则可能会上升。例如，企业现有土地被探明有丰富的石油和天然气，未来土地的价值必将大大高于其账面价值，这种潜在的资产处置收益，有助于提高企业的长期偿债能力。

二、长期偿债能力分析指标

由于影响企业长期偿债能力的因素有资本结构、资产结构和盈利能力三个方面，因此相应的产生了利用资产负债表和利润表分析长期偿债能力的两大类方法和指标。利用资产负债表分析长期偿债能力，主要是分析资本结构和资产结构，包括资产负债率、产权比率、有形净值负债率、长期资本负债率、固定资产适合率、长期资产适合率等指标。利用利润表分析长期偿债能力，主要是将收益与负债进行对比分析，计算利息保障倍数和固定支出保障倍数等指标。此外，还可以利用现金流量表计算经营现金流量与负债总额比率，从现金流量的角度考察企业的长期偿债能力。

（一）反映资本结构的指标

反映资本结构的比率主要有资产负债率、权益负债率、有形净值负债率、长期资本负债率等。

1. 资产负债率

资产负债率也称为举债经营比率或债务比率，是指企业负债总额与资产总额之间的比例关系。资产负债率反映企业资产总额中有多大比例是依靠借贷筹集的，可用于衡量企业利用债权人资金的能力，同时也反映企业在清算时对债权人利益的保护程度。其计算公式为

$$资产负债率=\frac{负债总额}{资产总额}\times 100\%$$

公式中的负债总额包括全部长期负债和流动负债，资产总额包括全部流动资产和长期资产。资产负债率是衡量企业负债水平和风险程度的重要指标。资产负债率越高，企业的债务负担越重，不能偿还的可能性也就越大，债权人的风险越高。但较高的资产负债率也可能为投资人带来较多的利益。因此，不同的分析主体，对资产负债率的评价也有所不同。

债权人最关心能否按期收回借贷本金和利息，如果资产负债率过高，说明企业的资产大部分由债权人提供，经营风险大部分由债权人承担。资产负债率低，表明企业可用于抵债的资产多，债权人的保障程度高，即使企业破产清算，债权人的贷款也有一定的收回保证。因此，债权人认为该比率越低越好。

从投资者角度看，由于负债利息可以在计算所得税前扣除，因此负债高可以起到节税作用。同时，以举债方式筹资，既可以保持股东对企业的控制权，又可以分散经营风险，并通过财务杠杆作用提高投资者的回报。因此对于投资者而言，只要债务成本率低于资产回报率，资产负债率就越高越好，反之，则应当降低资产负债率。

从企业经营者角度看，负债是一把双刃剑，通过举债，一方面可以及时筹集到所需要的资金，保证企业生产经营的需要；另一方面也增加了企业的风险，使企业背上沉重的债务负

担,负债金额越大,企业风险越大。如果企业无法及时取得足以偿还债务本金和利息的现金,可能会被迫宣告破产清算。因此,经营者需要在保障资金需要和控制财务风险之间取得平衡。

此外,从资产负债率还可以了解企业经营者利用借入资金进行经营活动的能力。一般认为,资产负债率偏高,说明企业朝气蓬勃,对前途充满信心。资产负债率过低,则说明企业畏缩不前,经营者缺乏魄力。

判断一个企业的资产负债率是否适宜,一般以企业盈利能力和经营活动现金流量是否稳定为标准,企业盈利能力越强,现金流量越稳定,则债权人所接受或公认为安全的资产负债率越高;反之则低。例如,水、电、气等公用事业的资产负债率可以高达70%以上,而一般制造业则应在50%左右。如果资产负债率超过100%,则表明企业已资不抵债,视为达到破产的警戒线。

沿用ABC公司的财务报表进行分析。根据表8~1中有关资料,计算ABC公司近三年的资产负债率为

2007年: 资产负债率 = 525/1 470 × 100% = 35.7%

2008年: 资产负债率 = 705/1 845 × 100% = 38.21%

2009年: 资产负债率 = 915/2 222 × 100% = 41.19%

通过比较可知,在过去的三年中,ABC司的偿债能力较强,另一方面也表明该公司尚未充分利用借贷方式筹资。应结合资产报酬率指标进一步分析企业对财务杠杆的利用情况,同时结合同行业资产负债率的平均水平进行分析和评价。

2. 权益负债率

权益负债率,也称为产权比率,指企业的负债总额与所有者权益总额之间的比值,反映债务资本与权益资本的对比关系。计算公式为

$$权益负债率 = \frac{负债总额}{所有者权益总额} \times 100\%$$

权益负债率与资产负债率的经济意义基本相同,因此对权益负债率的分析可以参照资产负债率。但是由于两者分析的角度有所不同,因此在分析权益负债率时应注意以下问题。

(1)从债权人角度看,权益负债率越低越好。该指标越低,说明企业自有资本越雄厚,企业长期偿债能力越强。债权人投入资金受所有者权益保障的程度越大,债权人越有安全感。所有者权益是债权人利益的最终保障,如果负债总额超出所有者权益总额,债权人将承担较大的经营风险,企业一旦破产清算,债权人将难以收回贷款。

(2)从企业角度看,该指标反映负债与所有者权益的比例关系,可以揭示企业的财务结构是否稳健。权益负债率高,属于高风险的财务结构;权益负债率低,属于低风险的财务结构。一般而言,权益资本大于借入资本较好,企业的财务风险较小,但也说明企业未能充分发挥负债的财务杠杆效益。从股东角度看,在通货膨胀时期多借债可以分散经营风险,获得货币购买力收益;在经济繁荣时期多借债可以获得财务杠杆利益;在经济萧条时期则应减少债务,减轻利息负担。因此,经济周期和企业经营状况是影响权益负债率的重要因素。

(3)权益负债率反映的偿债能力是以企业净资产为物质保障的。企业净资产等于资产减去负债后的余额,但是企业资产中的某些项目,如无形资产、递延所得税借项、长期待摊费用等,其价值具有极大的不确定性,且不易形成支付能力。因此,在采用权益负债率衡量

企业偿债能力时，应结合有形净值负债率作进一步分析。

沿用 ABC 公司的财务报表进行分析。根据表 8－1 中有关资料，计算 ABC 公司近三年的权益负债率为

2007 年： 权益负债率 $=525/945\times100\%=55.56\%$

2008 年： 权益负债率 $=705/1\ 140\times100\%=61.84\%$

2009 年： 权益负债率 $=915/1\ 307\times100\%=70.03\%$

该指标计算结果与资产负债率一致，说明在过去的三年中，债权人为 ABC 公司提供的资金在持续增加，企业举债经营的程度在提高，其长期偿债能力有所下降，但仍然在正常范围内。

3. 有形净值负债率

有形净值负债率，也称为有形净资产负债率，指企业负债总额与有形净资产之间的比值。有形净资产是指账面上属于企业股东的有形资产价值，等于所有者权益减去无形资产后的余额。计算公式为

$$\text{有形净值负债率}=\frac{\text{负债总额}}{\text{所有者权益}-\text{无形资产}}\times100\%$$

有形净值负债率实际上是权益负债率的延伸，但比权益负债率更谨慎，反映的结果也更客观，实际上是更谨慎、更保守的权益负债率。该指标更强调有形资产对债权人利益的保障。因为从谨慎的观点看，无形资产价值具有很大的不确定性，企业清算时绝大部分无形资产不能用于抵债。因此，将无形资产从净资产中扣除，计算负债总额占有形净资产的比例，能够更客观地反映债权人资本受所有者权益的保障程度。

对于债权人而言，有形净值负债率越低越好，该指标越低，说明企业可用于抵债的有形净资产越多，债权人利益越有保障，企业的有效偿债能力越强。

沿用 ABC 公司的财务报表进行分析。根据表 8.1 中有关资料，计算 ABC 公司近三年的有形净值负债率为

2007 年： 有形净值负债率 $=525/(945-67.5)\times100\%=59.83\%$

2008 年： 有形净值负债率 $=705/(1\ 140-90)\times100\%=67.14\%$

2009 年： 有形净值负债率 $=915/(1\ 307-120)\times100\%=77.12\%$

通过比较可知，在过去的三年中，ABC 公司的有形净资产负债率不断提高，其长期偿债能力有所下降，但仍然在正常范围内。

4. 长期资本负债率

长期资本负债率指长期负债占所有者权益和长期负债之和的比值。计算公式为

$$\text{长期资本负债率}=\frac{\text{长期负债}}{\text{所有者权益}+\text{长期负债}}\times100\%$$

长期负债和所有者权益是可供企业使用的长期资金，长期资本负债率反映可供企业长期使用的资金中负债所占的比例，比例越大，债权人的风险也越大；反之则比较小。该指标是债权人在签订长期贷款合同时必须要考虑的因素。

沿用 ABC 公司的财务报表进行分析。根据表 8.1 中有关资料，计算 ABC 公司近三年的长期资本负债率为

2007 年： 长期资本负债率 $=285/(945+285)\times100\%=23.17\%$

2008 年：　　长期资本负债率 = 450/(1 140 + 450) × 100% = 28.30%

2009 年：　　长期资本负债率 = 585/(1 307 + 585) × 100% = 30.93%

通过比较可知，在 ABC 公司的长期资金来源中，负债所占比例逐年增加，说明企业的债务负担增大，财务风险上升。应结合公司的发展战略和筹资决策做进一步分析。

(二)反映资产结构的指标

反映企业资产结构和资产配置是否适当的指标主要有固定比率、固定资产适合率、长期资产适合率等。

1. 固定比率

固定比率是指固定资产与所有者权益之间的比值，反映企业用自有资金购置固定资产的情况。它是用于分析企业资产与来源的配置是否适当的指标。计算公式为

$$固定比率 = \frac{固定资产}{所有者权益} \times 100\%$$

如果固定比率大于 1，即固定资产高于所有者权益，表示企业的自有资金不能满足购置固定资产的需要，必须依靠其他来源的资金；如果固定比率等于 1，即固定资产等于所有者权益，表示企业的自有资金恰好可以满足购置固定资产的需要；如果固定比率小于 1，即固定资产低于所有者权益，表示企业的自有资金比较充裕，除了满足购置固定资产的需要外，还可以用在企业经营的其他方面，而这种资产结构可以提高企业的偿债能力。

固定比率指标在轻工业企业和商业零售企业应用较为广泛。这类企业的固定资产比重较小，金额较低，因此对长期资金来源的要求不高，企业的自有资金应该可以满足购置固定资产的需要，不必动用长期负债或其他资金来源。

沿用 ABC 公司的财务报表进行分析。根据表 8.1 中有关资料，计算 ABC 公司近三年的固定比率为

2007 年：　　固定比率 = 735/945 × 100% = 77.78%

2008 年：　　固定比率 = 978/1 140 × 100% = 85.79%

2009 年：　　固定比率 = 1 128/1 307 × 100% = 86.34%

通过比较可知，在过去的三年中，ABC 公司的固定比率略有提高，但是均未达到 1，说明该公司的自有资金完全可以满足购置固定资产的需要。

2. 固定资产适合率

固定资产适合率是指固定资产与长期资本(包括长期负债和所有者权益)之间的比值，用于衡量企业固定资产是否投资过大，以及固定资产的资金来源是否合理。该指标可作为固定比率的补充指标，以说明企业资产与来源的配置是否合理。计算公式为

$$固定资产适合率 = \frac{固定资产}{长期资本} \times 100\% = \frac{固定资产}{长期负债 + 所有者权益} \times 100\%$$

如果固定资产适合率大于 1，即固定资产高于长期资本，表示企业的长期资金来源不能满足购置固定资产的资金需要，必须依靠部分流动负债；如果固定资产适合率等于 1，即固定资产等于长期资金来源，表示企业的长期资本恰好可以满足购置固定资产的需要；如果固定资产适合率小于 1，即固定资产低于长期资本，表示企业的长期资本除了满足购置固定资产的需要外，还可以用在企业经营的其他方面。

固定资产适合率在重工业和资本密集型企业应用比较多，因为这类企业的固定资产规

模大,需要的资金多,自有资金不能完全满足购置固定资产的需要,不足部分必须依靠长期负债解决。一般而言,固定资产适合率不宜超过1,也就是说不宜以短期负债来补充购置固定资产所需要的资金,因为这样做,企业的偿债压力比较大。

沿用ABC公司的财务报表进行分析。根据表8.1中有关资料,计算ABC公司近三年的固定资产适合率为

2007年: 固定资产适合率 = 735/(945 + 285) × 100% = 59.76%

2008年: 固定资产适合率 = 978/(1 140 + 450) × 100% = 61.51%

2009年: 固定资产适合率 = 1 128/(1 307 + 585) × 100% = 59.64%

通过比较可知,ABC公司固定资产适合率基本稳定,均小于1,说明企业的长期资金完全可以满足购置固定资产的需要。

3. 长期资产适合率

长期资产适合率是指固定资产和长期投资与长期负债和所有者权益之间的比值,计算公式为

$$长期资产适合率 = \frac{固定资产 + 长期投资}{长期负债 + 所有者权益} \times 100\%$$

长期资产适合率与固定比率和固定资产适合率类似,只是涵盖的范围不同。该指标从企业长期资产与长期资本之间的平衡性和协调性的角度,反映企业财务结构的稳健程度和财务风险大小,以及企业资金使用的合理程度。通过该指标,可以分析企业是否存在盲目投资的情况,是否存在长期资产挤占短期资金的情况。

从维护企业财务结构稳定性的角度看,长期资产适合率不宜超过1。如果该指标超过1,说明企业使用了一部分短期资金进行长期投资,这对企业的短期偿债能力是极为不利的。但是如果该指标过低,则会导致企业的融资成本增加。

沿用ABC公司的财务报表进行分析。根据表8.1中有关资料,计算ABC公司近三年的固定资产适合率为

2007年:长期资产适合率 = (735 + 157.5 + 120)/(945 + 285) × 100% = 82.32%

2008年:长期资产适合率 = (978 + 183 + 128)/(1 140 + 450) × 100% = 81.04%

2009年:长期资产适合率 = (1 128 + 189 + 123)/(1 307 + 585) × 100% = 76.13%

通过比较可知,在过去的三年中,ABC公司的长期资产适合率均未达到1,且逐年有所降低,说明该公司的财务结构稳定,长期资金来源充足,完全可以满足企业购置固定资产和进行对外投资的需要。

(三)收益与负债的对比分析

从长期看,企业的偿债能力最终取决于企业的盈利能力。企业利润越多,可用于偿债的资金就越多,企业的偿债能力就越强。从盈利能力角度评价企业长期偿债能力的指标主要有利息保障倍数、固定支出保障倍数等指标。

1. 利息保障倍数

利息保障倍数,也称为已获利息倍数,指企业经营收益与利息费用之间的比值,反映企业的经营收益相当于利息费用的多少倍,主要用于衡量企业用其经营收益偿付借款利息的能力。如果没有足够的经营收益,企业支付利息就会有困难。

这里的经营收益是不考虑利息费用的税前利润,通常称为息税前利润,由利润总额和

利息费用两部分组成。利息保障倍数的计算公式为

$$利息保障倍数=\frac{息税前利润}{利息费用}=\frac{利润总额+利息费用}{利息费用}$$

公式中的利息费用是指企业实际发生的全部利息，不仅包括计入本期财务费用的利息，还包括计入存货、固定资产等资产成本的资本化利息。其理由是，不论利息费用是否列入利润表，企业终究是要偿还的，都是企业实际负担的费用。由于我国的利润表不单独列示利息费用，而是将其并入"财务费用"项目，外部分析人员可将财务费用视同利息费用，用利润总额加财务费用估算息税前利润。

利息保障倍数反映了企业用经营收益支付利息的能力，该比率越高，说明企业偿付利息的能力越强，债权人借贷本金的收回就越有保障。实际上，只要企业能够及时足额偿还利息，保持良好的付息记录，就可以通过借新债还旧债的方式偿还债务本金，企业就没有偿还债务本金的压力。

运用利息保障倍数来评价企业的长期偿债能力，该指标至少应该大于1。如果利息倍数等于1，说明企业的经营收益刚好相当于借款利息，但是否有能力支付利息，还要看企业的现金流量。如果利息倍数小于1，说明企业的经营收益已经不足以支付利息，企业已经没有足够的付息能力，或者已经陷入财务困境。借款给这种企业，债权人连收取利息都没有保障，更不要说收回本金了。因此利息保障倍数必须在1以上。根据西方国家的经验，利息保障倍数应当保持在3以上，大多数企业在3～6之间。

为了考察企业偿付利息的能力是否稳定，通常需要连续计算几个年度的利息保障倍数，从中选取最低年度作为代表企业偿债能力的指标，并与同行业平均水平进行对比，以判断企业的偿债能力。其理由是不论经营好坏，企业都要偿付一定的利息，特别是具有周期性经营特点的企业，在利润较高的年度，可能利息保障倍数很高，在利润低的年度，则利息保障倍数很低，用低年度的指标作为判断企业偿债能力的标准，可以保障最低的偿债能力，也更符合谨慎原则。

沿用ABC公司的财务报表进行分析。根据表8.1、表8.2中的有关资料，计算ABC公司最近三年的利息保障倍数为

2007年：　利息保障倍数＝(126＋18)/18＝8(倍)

2008年：　利息保障倍数＝(210＋37.5)/37.5＝6.60(倍)

2009年：　利息保障倍数＝(311＋54)/54＝6.76(倍)

通过比较可知，虽然ABC公司近三年负债利息增长较快，但由于息税前利润增长幅度也比较大，因此利息保障倍数指标比较高，为及时偿付利息提供了保障。

另外，根据利息保障倍数评价企业的偿债能力，也应考虑行业特点，并与企业的经营现金净流量结合起来。在资本密集的行业，如航空业，大量的固定资产折旧费用和无形资产摊销费用要在计算利润总额前扣除，但这些费用并不需要支付现金，因此，即使其利息保障倍数较低，通常也能按期偿还债务。但是在服装、日用品等轻工行业，其利息保障倍数通常比较高。例如，美国食品加工业的利息保障倍数通常在10左右，而重工业的利息保障倍数只有4左右。

2. 固定支出保障倍数

企业除了支付债务利息，还有一些与负债近似的固定支出，如租入固定资产的租赁费、

优先股股利等。这些支出类似于利息费用,也是企业固定的开支,需要定期支付。为了更谨慎地评价企业的长期偿债能力,应将其考虑在内,计算一个比利息保障倍数更保守的指标——固定支出保障倍数。

固定支出保障倍数是指企业可用于偿付固定支出的收益与固定支出之间的比值。该指标与利息保障倍数的最大差别是,固定支出保障倍数考虑了一部分经营租赁费用和优先股股息。计算公式为

$$\text{固定支出保障倍数}=\frac{\text{可用于偿付固定支出的收益}}{\text{固定性支出}}=\frac{\text{利润总额}+\text{不含优先股股利的固定性支出}}{\text{固定性支出}}$$

公式中的固定性支出的计算有多种方法,通常计入固定支出的项目有利息费用、租赁费用或租赁费用中的利息费用、优先股股利等。本书只介绍两种常用的方法,其区别主要是对经营租赁费的计算范围不同。

(1)第一种方法。固定支出包括三部分内容:一是利息费用,即利润表中的"财务费用"项目。二是经营租赁费用。经营租入固定资产的租金与利息费用没有本质区别,也是企业必须偿还的债务,如果不能按期支付,企业要承担违约责任。经营租赁费用作为租赁费在利润表中反映,在计算该指标时,可将其从利润表中择出。三是优先股股利。优先股本身具有债券性质,优先股股利尤其是累积优先股股利,类似于企业的固定债务,无论企业盈利状况高低,都必须支付。与债务利息不同的是,优先股股利是用税后利润支付,因此要调节所得税的影响。我国通常采用这种计算方法。计算公式为

$$\text{固定支出保障倍数}=\frac{\text{利润总额}+\text{利息费用}+\text{经营租赁费用}}{\text{利息费用}+\text{经营租赁费用}+\text{优先股股利}/(1-\text{所得税税率})}$$

假设 ABC 公司 2009 年支付经营租赁费用 18 万元,该公司只有普通股股东,根据表 8.1、表 8.2 计算 ABC 公司 2009 年的固定支出保障倍数为

$$\text{固定支出保障倍数}=(311+54+18)/(54+18)=5.32(\text{倍})$$

通过比较可知,2009 年 ABC 公司具有较强的偿付固定支出的能力,主要原因是该公司的盈利能力强。相对于固定支出,ABC 公司的利润总额较高。

从理论上讲,只要固定支出保障倍数大于 1,企业就能偿还固定支出。该指标越高,说明企业的偿付固定支出的能力越强,债权人利益受保障的程度越高。

(2)第二种方法。固定支出也包括三部分内容:其中利息费用和优先股股利的计算与第一种方法相同,区别是经营租赁费用中只计算其中包含的利息费用。美国通常采用这种计算方法。他们认为长期经营租赁是一种长期筹资方式,其租赁费用中的一部分实际上是利息费用,应当列示在利润表的期间费用项目中。美国通常是将经营租赁费用中的三分之一作为利息费用计入当期损益,这也是租赁费用中利息所占的大致比例。计算公式为

$$\text{固定支出保障倍数}=\frac{\text{利润总额}+\text{利息费用}+\text{租赁费用中的利息费用}}{\text{利息费用}+\text{租赁费用中的利息费用}+\text{优先股股利}/(1-\text{所得税税率})}$$

仍以 ABC 公司 2009 年的数据资料为例,采用第二种方法计算该公司的固定支出保障倍数为

$$\text{固定支出保障倍数}=\frac{311+54+18/3}{54+18/3}=6.18(\text{倍})$$

应当说明的是，计算利息保障倍数和固定支出保障倍数时，都没有考虑偿付本金的资金需要，其主要原因是，利息和固定支出都是以盈利为基础偿还，而偿还本金的资金不一定来自盈利。只要利息保障倍数或固定支出保障倍数足够大，企业的偿债信誉好，就可以通过外部融资来偿还债务本金。

3. 经营现金流量与负债总额之比

将经营现金流量与负债总额进行对比，可以了解企业用每年的经营活动现金净流入量偿付所有债务利息的能力。计算公式为

$$经营现金流量与负债总额之比=\frac{经营活动现金净流入量}{全部负责平均余额}\times 100\%$$

该比率越高，说明企业偿付债务总额的能力越强。根据经验认为，该比率维持在20%左右时较好。

沿用ABC公司的财务报表进行分析。根据表8.1、表8.3中有关资料，计算ABC公司的经营现金流量与负债总额之比。

2007年： $$经营现金流量与负债总额之比=\frac{30}{\frac{(450+525)}{2}}\times 100\%=6.15\%$$

2008年： $$经营现金流量与负债总额之比=\frac{97.5}{\frac{(525+705)}{2}}\times 100\%=15.85\%$$

2009年： $$经营现金流量与负债总额之比=\frac{108}{\frac{(705+915)}{2}}\times 100\%=13.33\%$$

通过比较可知，2008年ABC公司的偿债能力比2007年大幅度提高，2009年略有下降，从经营现金净流量的角度看，该公司的偿债能力属于一般，但基本正常。

将该指标与市场利率或企业的实际负债利率对比，可以了解企业的最大付息能力。以2009年为例，即使市场利率高达13.33%，ABC公司仍然能够按期支付利息，而只要能够按期付息，就能够借新债还旧债，维持现有的负债规模，不存在偿还本金的压力。如果市场利率低于13.33%，说明ABC公司还可以举借新债。

思考题

1 进行企业短期偿债能力分析的目的是什么？试从企业各个利益关系人角度说明。

2 影响短期偿债能力的主要因素有哪些？可从哪几个方面进行短期偿债能力分析？

3 计算速动比率时，为什么要将存货从流动资产中扣除？

4 为什么应收账款周转率和存货周转率会影响企业的短期偿债能力？

5 影响长期偿债能力的主要因素有哪些？为什么？

6 李先生是某工业公司的会计主管。该公司的会计年度于12月31日结束。公司本应12月赊购一批材料，但李先生要求将该笔业务推迟到1月。这种做法对哪些财务比率影响最大？其目的何在？

第四篇　综合分析评价

第十一章　财务综合分析与评价

第一节　财务综合分析与评价的目的和内容

财务数据看似枯燥，其中有着丰富有趣的经营信息，而这些信息恰恰是改善管理水平、提升经营效率、进行科学决策的重要依据。尤其是综合分析，涉及面广，难度更大，要抓住重点，找到关键，有时还要有敏锐的洞察力。

一、财务综合分析的内容

在前几章中，我们已经分别学习了资产负债表的分析、利润表的分析、现金流量表的分析和所有者权益变动表的分析等内容，基本掌握了有关财务状况、经营成果、现金流量的分析方法。而单独分析任何一类财务指标，都不足以全面地评价企业的财务状况和经营效果，只有对各种财务指标进行系统的、综合的分析，才能对企业的财务状况做出全面的、合理的评价。因此，进行综合的财务分析是非常必要的。

上面涉及的是一种单项分析或是针对某一方面的分析，包含在财务报表的综合分析中。所谓综合分析，就是将各项财务指标作为一个整体，系统、全面、综合地对企业财务状况和经营情况进行剖析、解释和评价，说明企业整体财务状况和效益的好坏。财务报告分析的最终目的在于全面地、准确地、客观地揭示企业财务状况和经营情况，并借以对企业经济效益优劣作出合理的评价。显然，要达到这样一个分析目的，仅仅只测算几个简单的、孤立的财务比率，或者将一些孤立的财务比率指标堆砌在一起，是不可能得出合理、正确的综合性结论，有时甚至会得出错误的结论。因此，只有将企业偿债能力、营运能力、获利能力及发展趋势等各项分析指标有机地联系起来，作为一套完整的体系，相互配合，做出系统的综合评价，才能从总体意义上把握企业财务状况和经营情况的优劣。财务报表综合分析的意义也正在于此。

二、财务综合分析的特点

与单项分析相比较，财务报表综合分析作为一套完整的体系具有以下两个特点。

（一）分析方法不同

单项分析通常采用由一般到个别，把企业财务活动的总体分解为每个具体的部分，然后逐一加以考察分析；而综合分析则是通过归纳综合，把个别财务现象从财务活动的总体上做出总结。因此，单项分析具有实务性和实证性，综合分析则具有高度的抽象性和概括性，着重从整体上概括财务状况的本质特征。单项分析能够真切地认识每一个具体的财务现象，可以对财务状况和经营成果的某一方面做出判断和评价，并为综合分析提供良好的基础。如果不在此基础上抽象概括，把具体的问题提高到理性高度认识，就难以对企业的财务状况和经营业绩做出全面、完整和综合的评价。因此，综合分析要以各单项分析指标及其各指标要素为基础，要求各单项指标要素及计算的各项指标一定要真实、全面和适当，所设置的评价指标必须能够涵盖企业盈利能力、偿债能力及营运能力等诸多方面总体分析的要求。只有把单项分析和综合分析结合起来，才能提高财务报告分析的质量。

(二)分析的重点和基准不同

单项分析的重点和比较基准是财务计划、财务理论标准，而综合分析的重点和基准是企业整体发展趋势。因此，单项分析把每个分析的指标放在同等重要的地位来处理，它难以考虑各种指标之间的相互关系。而综合分析强调各种指标有主辅之分，一定要抓住主要指标。只有抓住主要指标，才能抓住影响企业财务状况的主要矛盾。在主要财务指标分析的基础上再对其辅助指标进行分析，才能分析透彻，把握准确、详尽。各主辅指标功能应相互协调匹配，在利用主辅指标时，还应特别注意主辅指标间的本质联系和层次关系。

因此，把财务报表综合分析同单项分析加以区分是十分必要的，它有利于财务报表分析者把握企业财务的全面状况，而不至于把精力仅局限于个别的具体问题上。

财务状况综合分析方法有很多，这里介绍两种常用的综合分析法：杜邦分析法和沃尔评分法。

第二节　杜邦财务综合分析

一、杜邦财务分析的体系及体系图

杜邦财务分析体系(简称杜邦体系 The Du Pont System)是利用各财务指标间的内在关系，对企业综合经营理财及经济效益进行系统分析评价的方法。最初由美国杜邦公司的经理创立并成功运用而得名。该体系是以净资产收益率为核心指标，以总资产利润率为核心，重点解释企业获利能力及其前因后果。

财务分析者在进行财务状况综合分析时，必须深入了解企业财务状况内部的各项因素及其相互之间的关系，这样才能比较全面地解释企业财务状况的全貌。杜邦分析法正是这样的一种分析方法，它是利用几种主要的财务指标之间的内在关系，对企业综合经营理财及经济效益进行系统分析评价的方法。

杜邦财务分析体系的特点是通过几种主要的财务比率之间的相互关系，全面、系统、直观地反映企业财务状况。

杜邦财务分析体系中的几种主要的财务指标关系为

$$净资产收益率 = 总资产净利率 \times 权益乘数$$

$$总资产净利率 = 营业净利率 \times 总资产周转率$$

即

$$净资产收益率 = 总资产净利率 \times 总资产周转率 \times 权益乘数$$

上式中的权益乘数，表示企业的负债程度，权益乘数越大，企业负债程度越高。通常的财务比率都是除数。除数的倒数叫乘数。权益除以资产是资产权益率，权益乘数是其倒数，即资产除以权益。其计算公式为

$$权益乘数 = 1 \div (1 - 资产负债率)$$

公式中的资产负债率是指全年平均资产负债率，它是企业全年平均负债总额与全年平均资产总额的百分比。图 11.1 是某公司 2011 年的杜邦分析系统图。

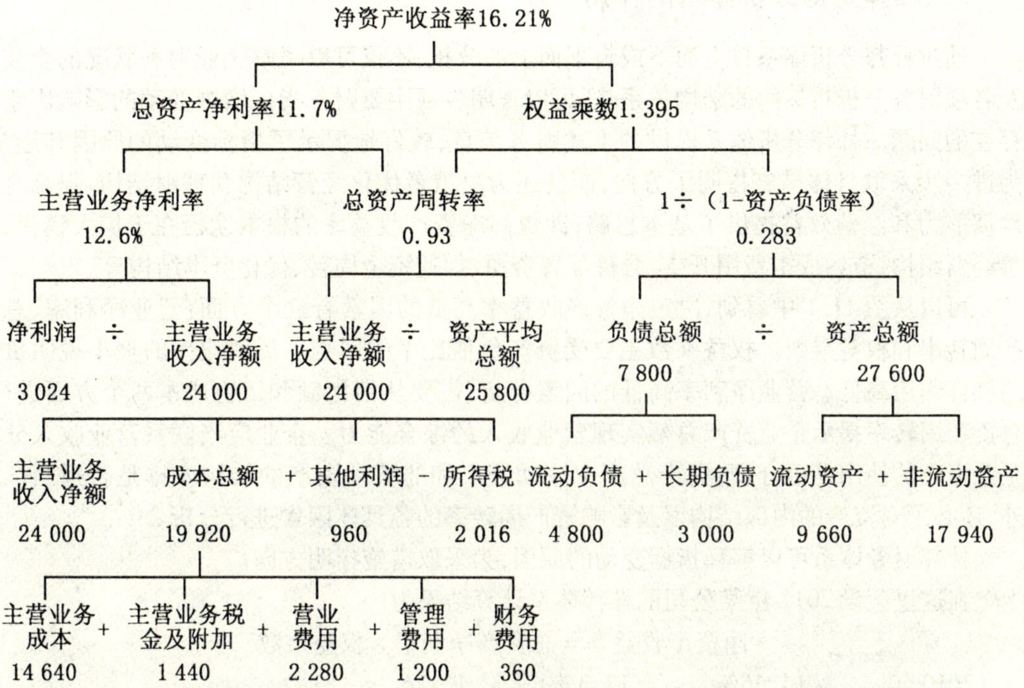

图 11.1　某公司 2011 年杜邦分析系统图

从杜邦分析系统可以了解到以下四个财务信息。

(1)从杜邦系统图可以看出，其中净资产收益率是一个综合性最强的财务比率，是杜邦分析系统的核心指标。其他各项指标都是围绕这一核心，通过研究彼此间的依存制约关系，从而揭示企业的获利能力及其前因后果。净资产收益率取决于企业总资产报酬率和权益乘数。资产报酬率主要反映企业在运用资产进行生产经营活动的效率如何，而权益乘数则主要反映了企业的资金来源结构。

(2)总资产报酬率是反映企业获利能力的一个重要财务比率，它揭示了企业生产经营活动的效率，综合性也极强。总资产报酬率是主营业务净利率与总资产周转率的乘积。因此，可以从企业的销售活动与资产管理两个方面来进行分析。

(3)从企业的销售方面看，主营业务净利率反映了净利润与主营业务收入之间的关系。这里尤其要研究分析企业的利息费用与利润总额之间的关系，如果企业所承担的利息费用太多，就应当进一步分析企业的资金结构是否合理，负债比率是否过高，不合理的资金结构会影响到企业所有者的收益。

(4)从企业资产方面，主要应该分析以下两个方面：①分析企业的资产结构是否合理，即流动资产与非流动资产的比例是否合理。②结合主营业务收入，分析企业的资金周转情况。

总之，从杜邦分析系统可以看出，企业的获利能力涉及生产经营活动的方方面面。净资产收益率与企业的筹资结构、销售规模、成本水平、资产管理等因素密切相关，这些因素构成一个完整的系统,系统内部各因素之间相互作用。只有协调好系统内部各个因素之间的关系,才能使净资产收益率得到提高,从而实现企业价值最大化的目标。

二、杜邦财务分析体系的作用

通过杜邦分析体系自上而下或自下而上的分析,不仅可以了解企业财务状况的全貌以及各项财务分析指标间的结构关系,还可以查明各项主要财务指标增减变动的影响因素及存在的问题。杜邦分析体系提供的上述财务信息,较好地揭示了指标变动的原因和趋势,为进一步采取具体措施指明了方向,而且还为决策者优化经营结构和理财结构、提高企业偿债能力和经营效益提供了基本思路,即提高净资产收益率的根本途径在于扩大销售、改善经营结构、节约成本费用开支、合理配置资源、加速资金周转、优化资本结构等。

可以从图 11.1 中看到,决定净资产收益率高低的因素有三个方面:营业净利率、总资产周转率和权益乘数。权益乘数主要受资产负债比率的影响。负债比率的大小说明负债的杠杆作用高低。营业净利率高低的因素分析,需要从销售额和销售成本两个方面进行。总资产周转率揭示企业资产总额实现营业收入的综合能力。企业应当联系营业收入分析企业资产的使用是否合理,资产总额中流动资产和非流动资产的结构安排是否适当。此外,还必须对资产的内部结构以及影响资产周转率的各具体因素进行分析。

杜邦财务体系可以解释指标变动的原因,为采取措施指明方向。

在这里假设 2011 年某公司的杜邦体系计算结果为

	净资产收益率	= 总资产净利率	× 权益乘数
2010 年	14.46%	12.3%	1.176
2011 年	16.21%	11.7%	1.395

可以看出,净资产收益率的上升主要是公司利用财务杠杆所带来的收益。这种分解可以在任何一个层次上进行,比如可以对总资产净利率进一步分解为

	总资产净利率	= 营业净利率	× 资产周转率
2010 年	13.55%	12.1%	1.12
2011 年	11.7%	12.6%	0.93

可以看出,资产使用效率的下降,是造成资产净利率有所下降的主要原因。此外,通过与同行业平均指标或同类企业对比,杜邦财务分析体系可以解释变动的趋势。

应当指出,杜邦财务分析体系是一种分解财务比率的方法,而不是另外建立新的财务指标,它可以用于各种财务比率的分解。前面的举例,是通过总资产净利率的分解来说明问题的,我们也可以通过分解利润总额和全部资产的比率来分析问题。为了显示正常的盈利能力,我们还可以采用非经营项目总的净利润和总资产的比率的分解来说明问题,或者采用营业利润和营业资产的比率的分解来说明问题。总之,杜邦财务分析体系和其他财务分析方法一样,关键不在于指标的计算,而在于对指标的理解和运用。

杜邦分析方法的指标设计也具有一定的局限性,它更偏重于企业所有者的利益角度。从杜邦指标体系来看,在其他因素不变的情况下,资产负债率越高,净资产收益率就越高。这是因为利用较多负债,从而利用财务杠杆作用的结果,但是没有考虑财务风险的因素,负债越多,财务风险越大,偿债压力越大。因此,还要结合其他财务指标进行综合分析。

三、杜邦财务体系与经济特征和战略

(一)竞争战略

企业之间的差别经常表现为是采用高周转率,低毛利的战略,还是低周转率高毛利的战略。高周转率,低毛利的企业就是薄利多销。由于低价的毛利较低,要获得成功,企业必须严格控制成本以保证毛利不至于过低,超级市场通常采用这种战略。低周转率高毛利的竞争基础为产品的差别性。企业试图生产消费者需要的产品,吸引消费者的是产品的花色品种,而不是价格。如果成功企业就可以收取相对高的价格,并以高毛利获取利润。这些企业的成本控制显得特别重要。特种食品和服装企业通常采用这种战略。表 11.1 以美国主要行业的平均指标说明了资产周转率和毛利率的关系。

表 11.1　美国主要行业的资产报酬率、资产周转率和毛利率

行业	资产报酬率	资产周转率	毛利率
出版	11.5	1.41	8.7
化学	9.0	1.40	7.0
食品加工	8.5	2.28	4.3
纸业	8.3	1.29	6.9
铁制品	7.8	1.53	5.3
百货商店	7.7	2.27	3.6
电话通信	7.0	0.49	16.1
石化	6.9	1.47	5.3
玻璃	6.8	1.07	6.3
橡胶	6.6	1.66	4.0
食杂店	6.6	5.00	1.5
交通设备	6.4	1.69	4.0
工程建筑	6.4	1.89	4.1
房地产	6.3	0.75	12.1
服装	6.3	1.80	3.4
工业设备	5.6	1.38	3.8
汽车货运	5.6	1.80	3.5
纺织	5.3	1.64	3.1
石油开采	5.1	0.47	8.1
森林	5.1	2.10	3.1
钢铁	4.0	1.25	3.3

(二)产品的生命周期

产品的生命周期有四个阶段,可以用于预测企业的财务成果。不同阶段的财务表现不同,见表 11.2。

表 11.2　产品生命周期的特征

	初创期	成长期	成熟期	收获期
流动资产				
现金	极缺	缺乏	充分	较充分
有价证券	无	无	利用富余现金	高

续表 11.2

	初创期	成长期	成熟期	收获期
应收账款	无	出售或转让	稳定	收账
存货	低	增加	平稳	减少
固定资产	启动	增加	稳定	减少
无形资产	创建	稳定	摊销	摊销
流动负债				
应付账款	高	延伸	稳定	存货类似现金
应付税金	无	无	平均	高
长期负债	高	中	需要	偿还
递延负债 税金	因净损失而应收	被前滚抵消	因加速折旧而递延	高支付
报酬	提供			
股东权益				
普通股	低	公开发售	认股权	仅作为杠杆因素
留存收益	亏	再投资	稳定	支付(分派)
销售	低但增长	迅速增长	平均	减少
销售成本				
直接材料	大量残料	增加	寻求提高效率	为销售收入占用
直接人工	单位人工成本高	学习曲线效果	取决于工会谈判	大量减少
间接费用折旧	高(因加速折旧)	因购置而增加	稳定	低
间接人工	最低	随劳动力而增加	稳定	转向
财产税	最低	随设备而增加	稳定	下降
公共事业费	同研究与开发相关	随设备而增加	稳定	
毛利	波动	确定比例	稳定	
费用				
销售费用	变动	个人奖励	集体奖励	固定
广告费	高	增加	稳定	无
差旅和娱乐费用	非常高	随销售量增加	减少	无
市场研究	非常高	平均	寻求新市场	接受失败
一般行政管理工资	分部管理	随劳动力而扩张	行政	减少
折旧	最小	随家具增加	稳定	下降
研究与开发	非常高	生产导向	降低成本导向	开发新产品
所得税	负数	增加	稳定	下降
销售费用	观察	增加	稳定	消减
会计和信息费用	启动成本	正规化过程	稳定	寻找利益
保险费	最小	高	稳定和业务中断	没有必要
收益	最低	好	最高	低于平均水平
每股盈余	最低	平均	最高	平均
资金来源净收益	低	好	高	下降
长期负债	高	中	负债能力强但无新负债	无
股本筹资	市场迟疑	购买踊跃	寻求股利	出售
出售固定资产	无	无	重置	大量出售
资金运用				
购置固定资产	主要为原料	高	重置	无

续表 11.2

	初创期	成长期	成熟期	收获期
股利	无	很少	好	很好
偿还债务	无	无	高	剩余部分
库存股	无	无	可选择	以低价购买
现金变动	负数	不太差	无	正数

不同的产品、不同类型的企业,战略也不同。归纳来讲,常见的组合见表 11.3。

表 11.3　不同产品、不同类型企业的常见战略组合

资本密集状况	竞争性质	战略
高	垄断	高毛利/低周转率
中	寡头垄断	恰当的毛利和周转率结合
低	竞争	高周转率/低毛利

四、净资产收益率与竞争能力

净资产收益率和要求的报酬率的差额可以衡量企业获得超额利润的能力。公司战略分析人员采用各种方法,确定公司超额收益的金额和持续时间。其中,非常著名的就是哈佛大学教授波特首创的"五种竞争力"分析,框架见图 11.2。

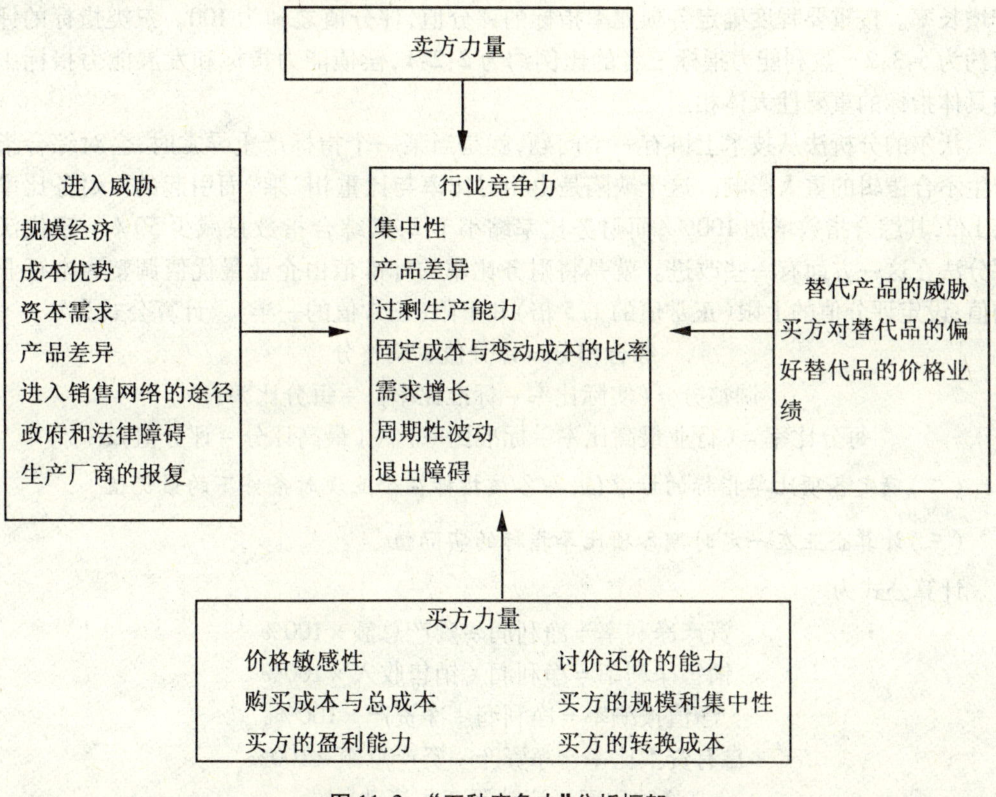

图 11.2　"五种竞争力"分析框架

框架显示,竞争不仅来自生产相同产品的生产企业,也来自供货商的替代者和潜在的进入市场的新企业。在波特的分析框架中,企业之所以能够保持很高的股东权益报酬率,是因为新企业和竞争对手进入市场时存在重大的障碍。

第三节　沃尔评分法

企业财务综合分析的先驱者之一是亚历山大·沃尔。他选择了七个财务比率即流动比率、产权比率、固定资产比率、存货周转率、应收账款周转率、固定资产周转率和自有资金周转率,分别给定各指标的比重,然后确定标准比率(以行业平均数为基础),将实际比率与标准比率相比,得出相对比率,将此相对比率与各指标比重相乘得出总评分,总和为100分。提出了综合比率评价体系,把若干个财务比率用线性关系结合起来,以此来评价企业的财务状况。沃尔评分法是指将选定的财务比率用线性关系结合起来,并分别给定各自的分数比重,然后通过与标准比率进行比较,确定各项指标的得分及总体指标的累计分数,从而对企业的信用水平做出评价的方法。

一、沃尔比重评分法的基本步骤

(一)选择评价指标并分配指标权重

盈利能力的指标:资产净利率、销售净利率、净值报酬率;偿债能力的指标:自有资本比率、流动比率、应收账款周转率、存货周转率;发展能力的指标:销售增长率、净利增长率、资产增长率。按重要程度确定各项比率指标的评分值,评分值之和为100。三类指标的评分值约为5:3:2。盈利能力指标三者的比例约为2:2:1,偿债能力指标和发展能力指标中各项具体指标的重要性大体相当。

沃尔的分析法从技术上讲有一个问题,就是当某一个指标严重异常时,会对综合指标产生不合逻辑的重大影响。这个缺陷是由相对比率与比重相"乘"而引起的。财务比率提高1/2,其综合指数增加100%;而财务比率缩小1/2,其综合指数只减少50%。现代沃尔评分法在这一方面有一些改进。就是将财务比率的标准值由企业最优值调整为本行业平均值;设定评分值的上限(正常值的1.5倍)和下限(正常值的一半)。计算公式为

$$综合得分 = 评分值 + 调整分$$

$$调整分 = (实际比率 - 标准比率) \div 每分比率$$

$$每分比率 = (行业最高比率 - 标准比率) \div (最高评分 - 评分值)$$

(二)确定各项比率指标的标准值,即各该指标在企业现时条件下的最优值

(三)计算企业在一定时期各项比率指标的实际值

计算公式为

$$资产净利率 = 净利润 \div 资产总额 \times 100\%$$

$$销售净利率 = 净利润 \div 销售收入 \times 100\%$$

$$净值报酬率 = 净利润 \div 净资产 \times 100\%$$

$$自有资本比率 = 净资产 \div 资产总额 \times 100\%$$

$$流动比率 = 流动资产 \div 流动负债$$

$$应收账款周转率 = 赊销净额 \div 平均应收账款余额$$

$$存货周转率 = 产品销售成本 \div 平均存货成本$$

$$销售增长率 = 销售增长额 \div 基期销售额 \times 100\%$$

净利增长率=净利增加额÷基期净利×100%

资产增长率=资产增加额÷基期资产总额×100%

(四)形成评价结果

二、沃尔比重评分法的公式

沃尔比重评分法的公式为:实际分数=实际值÷标准值×权重。当实际值>标准值为理想时,此公式正确,但当实际值<标准值为理想时,实际值越小得分应越高,用此公式计算的结果却恰恰相反;另外,当某一单项指标的实际值略高时,会导致最后总分大幅度增加,掩盖情况不良的指标,从而给管理者造成一种假象。

这里举一实例来加深对沃尔评分法的了解。某企业2010年的财务状况评分的结果见表11.4。

表11.4 沃尔综合评分表

财务比率	比重①	标准比率②	实际比率③	相对比例④=③÷②	综合指数⑤=①×④
流动比率	25	2.00	1.66	0.83	20.75
净资产/负债	25	1.50	2.39	1.59	39.75
资产/固定资产	15	2.50	1.84	0.736	11.04
销售成本/存货	10	8	9.94	1.243	12.43
销售收入/应收账款	10	6	8.61	1.435	14.35
销售收入/固定资产	10	4	0.55	0.137 5	1.38
销售收入/净资产	5	3	0.40	0.133	0.67
合计	100				100.37

从表可知,该企业的综合指数为100.37,总体财务状况是不错的,总合评分达到标准的要求。

因为标准是100分,所以,高于100就是达标。

仍以前例2010年的财务状况为例,以中型该类企业的标准值为评价基础,则其综合评分法标准见表11.5。

表11.5 综合评分表

指标	评分法	标准比率(%)	行业最高比率(%)	最高评分	最低评分	每份比率的差
盈利能力:	20	5.5	15.8	30	10	1.03
总资产报酬率	20	26.0	56.2	30	10	3.02
销售净利率	10	4.4	22.7	15	5	3.66
偿债能力						
自有资本比率	8	25.9	55.8	12	4	7.475
流动比率	8	95.7	253.6	12	4	39.475
应收账款周转率	8	290	960	12	4	167.5
存货周转率	8	800	3 030	12	4	557.5
成长能力						
销售增长率	6	2.5	38.9	9	3	12.13
净利率增长率	6	10.1	51.2	9	3	13.7
总资产增长率	6	7.3	42.8	9	3	11.83
合计	100			150	50	

标准比率以本行业平均数为基础,在给每个指标评分时,应规定其上限和下限,以减少个别指标异常对总分不合理的影响。上限可定为正常评分值为1.5倍,下限可定为正常评分值的0.5倍。

此外,给分不是采用“乘”的关系,而是采用“加”或“减”的关系来处理,以克服沃尔评分法的缺点。例如,总资产报酬率每分比率的差为1.03% =(15.8% -5.5%)÷(30分-20分)。根据这种方法,对该企业的财务状况重新进行综合评价,得124.94分见表11.6,是一个中等略微偏上水平的企业。

表11.6 财务情况评价

指标	实际比率①	标准比率②	差异③=①-②	每分比率④	调整分⑤=③÷④	标准评分值⑥	得分⑦=⑤+⑥
盈利能力							
总资产报酬率	10	5.5	4.5	1.03	4.37	20	24.37
销售净利率	33.54	26.0	7.54	3.02	2.50	20	22.50
净资产收益率	13.83	4.4	9.43	3.66	2.58	10	12.58
偿债能力							
自有资本比率	72.71	25.9	46.81	7.475	6.26	8	14.26
流动比率	166	95.7	70.3	39.475	1.78	8	9.78
应收账款周转率	861	290	571	167.5	3.21	8	11.41
存款周转率	994	800	194	557.5	0.35	8	8.35
成长能力							
销售增长率	17.7	2.5	15.2	12.13	1.25	6	7.25
净利增长率	-1.74	10.1	-11.84	13.7	-0.86	6	5.14
总资产增长率	46.36	7.3	39.06	11.83	3.30	6	9.30
合计						100	124.94

三、沃尔评分法的缺陷及其改进

(一)沃尔评分法的主要缺陷

(1)为什么只选择这几个财务比率?为什么不选择更多的或其他的财务比率?表中这些比率主要是衡量企业短期的流动性(周转速度是其重要影响因素),用它来评价企业短期的偿债能力尚可,但若用于更广泛或更综合的财务分析则显然不够。即便在后来的应用中增加了其他的比率项目,仍然不能很好地解决比率选择上主观随意性较强的问题。

(2)这些比率的权重的赋予具有更大的主观随意性。为什么给流动比率25分,而销售额/净资产只给5分呢?实际上,后者衡量的周转速度是决定前者中流动资产质量(流动性强弱)的重要因素,为什么要厚此薄彼?

(3)财务比率标准值的确定显然也是经验性的。不同行业、不同规模的企业,甚至同一企业的不同时期,对各个财务比率所要求的“合理状态”也是千差万别的。既然如此,为什么要选择一个唯一性的数值作为标准呢?

(4)评分规则很不合理。从该方法的评分规则看,比率的实际值越高,其单项得分就越高,企业的总体评价就越好,这并不符合企业的实际与常识。比如,流动比率就并非越高越好,因为这将对企业的盈利能力与发展能力造成不利影响,并削弱其长期偿债能力。

（二）沃尔评分法的改进

（1）财务比率的选择要有个相对系统、全面、灵活而有针对性的框架。系统性就是要兼顾企业的偿债能力、资产运营能力、盈利能力、发展能力等几个基本方面；全面性就是这几个基本方面要选择足够的、能较充分地衡量它的财务比率；灵活性与针对性是指可以根据不同的分析目的对这几个基本方面所赋予的权重进行调整。

（2）各财务比率权重的赋予要更谨慎、更合理地在以上几个基本方面进行分配，还要注意财务比率之间的联系，越是基础的比率应赋予越高的权重。比如在反映企业短期偿债能力的财务比率中，速动比率就应赋予比流动比率更高的权重。

（3）财务比率的标准值既然是经验性的，也就不存在绝对准确、唯一性的“标准答案”，因而用一个合理的区间来代替某个具体的值显然要更合理也更稳健些。比如表11.4中流动比率的标准值用2.00～3.00这个区间来表示会更好。

（4）改进评分规则，使理论得分值能更符合企业的实际状况。比如上表对流动比率的评分，既然流动比率不能过低（会危及偿债能力），也不能过高（会削弱盈利能力与发展能力），那么合理的评分规则就应改进如下：设实际值为 r，得分为 S，权重为 w，那么当 $r<2$ 时，$S=w\times(r/2.5)$，即此时实际值越低越不好；当 $r>3$ 时，$S=w\times(2.5/r)$，即此时实际值越高越不好。其中，2.5是2.00～3.00这个区间的平均值。

沃尔评分法的应用需要一定的改进以更适应综合财务分析的对象。除此之外，即便对这种方法不断予以改进，也难以完全解决该方法本身必然具有的主观随意性问题，因为它的应用要求较多的经验性或意会性的知识。因此，这种方法最好是用于企业对自身的分析与评价。若用于外部人员对企业的评价，则即便是让专家来打分，也难以弥补他们在所需的“意会性知识”上存在的较严重的不足。

思考题

1 财务报表综合分析的含义和特点。

2 财务报表综合分析的作用。

3 杜邦财务体系的分析方法是什么？

第十二章 企业价值评估

第一节 企业价值评估的目的与内容

企业价值评估的学习目的是使学生能够很好地掌握企业价值评估的基本原理与基本方法。本章包含以现金流量为基础的价值评估、以经济利润为基础的价值评估和以价格比为基础的价值评估等三种价值评估的方法,供学生进行学习应用。

一、企业价值的概念

(一)企业价值的含义

经济学界对什么是价值的争论一直没有停止过,作为构筑经济学的基本概念之一,甚至可以说有多少种关于价值的论点就有多少种经济学流派,因而形成了经济学界流派纷呈、百家争鸣的景象,而伴随评估行业国际化趋势的加强,不同国家遵循统一的概念标准的重要性日益凸显,成为减少错误和误解的基础。因而我们采用《国际评估标准》对价值的定义:价值是个经济概念,反映可供交易的商品、服务与其买方、卖方之间的货币数量关系。价值的经济概念反映了在价值的有效期内,市场对于某人由于获得商品或接受服务所能增加的利益的评判。

企业价值是在企业发展的高级阶段,在市场经济条件下出现的一个全新概念,真正意义上的企业价值只有在市场机制较为完善,并且作为配置资源的方式和手段行之有效的前提下,才能够被准确地评估、测量和发挥作用。伴随知识经济的到来,企业价值被赋予了新的内涵,企业价值的创造突破了传统的规律,企业可以没有自然资源,没有属于自己的生产工艺,却可以依靠知识、依靠人才进行战略调整和资产重组创造价值和财富,使企业的价值呈指数增长。因此,对企业价值的深入探讨成为客观必要,而企业价值的含义无疑是这一研究的基础。

企业价值可以从不同的角度来看待和定义,不同的观察角度,企业价值的含义不同,所包括的内容也有所差别。

从政治经济学的角度,在市场经济条件下,将企业视为一种商品,也可以买卖和交易,企业的价值是由凝结在企业中的社会必要劳动时间决定。

从会计核算的角度,企业的价值是由建造企业的全部支出构成,并通过资产负债表上的各项目历史价值反映出来。

从市场交换的角度,企业的价值是指企业生产能力的价值,是指企业参与市场交换所能获利的价值总和。它表现为企业的预期获利能力。

从财务管理的角度,企业的价值就等于该企业以适当的折现率所折现的预期现金流量的现值,即企业价值是企业在其未来经营期间内所获利现金流量的函数。

(二)企业与企业价值的关系

应该说评估中所涉及的企业价值是通过企业的所有权或因企业经营所带来的未来收益权的交换而实现的企业价值,不是一个静态的性质,不变的概念。任何企业的价值都依赖于许多变化的因素,如买卖双方的力量、总体的经济环境、企业的潜在核心能力、评价的时间、企业的区位、不同行业企业的相对稀缺程度和竞争企业的价值、所有权的构成、企业资产的流动性和市场状况,以及企业资产的物理状况等。因此,企业价值并不是一个确定值,它反映了在某个特定环境下,有关企业利益双方的市场观念。在不同的评估时点,企业所处的特定环境不同,造成价值不同。同一时点,由于评估目的不同,企业核心能力的实现程度和市场环境也不尽相同,因而出现了不同的价值判断标准。因此,企业与企业价值之间存在非一一对应性。

(三)企业价值与企业要素资产价值的关系

一个企业将拥有各种要素资产,包括有形资产和无形资产,然而企业的评估价值并不等同于它所拥有的全部要素资产的评估价值的加总。

(1)企业价值的高低不仅取决于资产总量,还取决于资产的利用效率和组合方式,不能得到利用的资产虽然具有一定的账面价值,却不能增加企业的价值。如果一个企业的产品没有销路,处于长期停产状态,即使这个企业有大量闲置的资产,它在市场中也得不到承认最终会被淘汰。

(2)企业的固定资产投资活动可以增加资产的账面价值,但并非都能增加企业的价值。任何投资都会产生相应的成本,即投资资本的机会成本。如果投资资本的收益小于其机会成本,甚至投资项目不产生任何收益投资活动,不但不会增加企业价值,反而会减少企业价值。

(3)企业价值的增加在很大程度上取决于企业的管理水平和管理人员的素质,以及企业在发展过程中形成的本企业特有的无形资产,如商誉和组织资本。

二、企业价值评估理论

(一)企业价值评估的概念及其特点

1. 企业价值评估的概念

企业价值评估是指把一个企业作为一个有机整体,依据其整体获利能力,并充分考虑影响企业获利能力诸因素,对其整体资产公允市场价值进行的综合性评估。企业价值评估是将企业所拥有或占有的全部资产(包括有形资产和无形资产)看做一个整体进行评估,但是作为整体资产的企业往往并不是所有单项资产的简单累加,而是在一定组织管理下按照生产经营中经济与技术逻辑关系形成的资产有机结合体。根据企业价值评估的含义,企业价值评估的对象分为一般对象和具体对象。一般对象是指企业的整体资产,这里的整体资产既是指企业拥有的全部资产,又包括相应的负债和权益以及企业未来的获利能力;具体对象分别指企业未来的获利能力(收益法)和企业现存的各项资产及负债(成本加和法)。

2. 企业价值评估的特点

企业价值的评估是专业技术人员对企业价值的估算,国外评估准则一般将企业的价值评估定义为:对企业和企业某种权益的价值进行判断和评估的行为过程。可以从以下几个方面理解。

(1)在评估实务中,企业价值表现为企业整体价值与所有者权益价值,后者是企业的净价值,是企业整体价值的一部分。

(2)评估就是估算,既不是对价值的说明,也不是对价值的确定。

(3)评估既是价值估算的行为,又表现为一种估算过程,评估是从评估目的、评估程序、评估方法、评估数据的计算得出评估结果。

《资产评估操作规范意见》第109条定义,整体企业资产评估是对独立企业法人单位和其他具有独立经营获利能力的经济实体资产和负债所进行的资产评估。这个定义从几个方面明确了企业价值评估与一般的资产评估的区别和特点,这些特点是选择评估方法的出发点。

(1)多种单项资产组成的资产综合体(企业)作为评估客体。国内评估界一般将企业价值评估称为"整体资产评估"、"整体企业资产评估"和"企业整体资产评估",整体性成为企业价值评估与其他评估的本质区别。企业价值评估要在综合考虑企业全部资产获利能力、企业素质、财务状况和经营环境等因素的前提下,通过对企业全部资产所带来的预期收益进行资本化,而不是单一的机器设备、厂房或单项的专门技术。整个企业的资产价值并不是简单地等于各项资产价值之和,因而具有整体性的特点。

(2)围绕影响企业内在价值——未来获利能力进行评估。企业价值是以企业未来的收益能力为基础的企业内在价值,在评估过程中要体现企业未来的发展潜力和企业收益能力。一般根据企业的历史运营状况、企业的主要产品、企业的外部环境等因素,按一定的程序和方法推算企业收益。当影响未来预期收益的因素与预测时的假定情况不一致时,得出的评估值会与实际的企业价值不同,这就形成了企业价值评估的不确定性。同时,还有收益期间的确定、评估系数的选择等,如果评估方法及其各种预测技术使用得当,得到的评估值就会相对公允。而大多数单项资产评估采用成本法,这种不确定性就小得多。

(3)目的是产权交易,得出公允市场价值。从我国评估行业的现状来看,不改变产权关系的资产业务一般不需要进行企业价值评估,评估结果的评判依据是评估值的公允性。这实质上是在企业持续经营前提下的产权变动。以市场上的正常交易为基础做出评估,如企业财产保险需要进行的评估,不是企业价值评估,而是单项固定资产的评估。

(二)企业价值评估的前提假设

假设对任何学科都是重要的,企业价值评估的理论和方法体系的形成也是建立在一定的假设条件之上的。这些假设是对企业资产拟进入的市场条件以及企业资产在这样的市场条件下的状态的一种假定说明或限定适用。主要企业价值评估假设有交易假设、持续经营假设、公开市场假设、清算假设。

1. 交易假设

交易假设是资产评估中的一个最基本的假设。企业作为一种特殊资产,它的价值评估也需要以交易假设为前提。交易假设是指对资产的评估是以资产用于交易为目的的。资产评估是模拟市场的行为。即评估人员凭借着自己对资产特性、功能等的认识以及市场经验,在假设进行交易的条件下模拟市场对特定条件下的资产进行估计和判断。当然,资产评估的结论也要接受市场的检验。

2. 持续经营假设

持续经营假设是在进行企业价值评估时,假定企业将按照原来的经营目的、经营方式持续地经营下去,不会被强制拆零或清算,它意味着企业在出售、兼并、重组、合并以后,企业的继续使用价值没有发生变化,提供的产品或服务能满足市场需求,并产生一定的收益。判断企业是否能持续经营需要考虑以下因素。

(1)评估目的。引起此次企业价值评估的经济活动或资产业务是否要求企业持续经营,或评估结果的具体用途要求以企业持续经营为前提。

(2)企业提供的产品或服务是否能满足市场需求。若企业的产品或服务不能满足市场需求,企业无预期收益,则不适用于持续经营假设。

(3)企业要素的功能和状态。若企业各个要素资产破损严重、工艺落后或严重比例失调而不能满足企业持续经营的需要,也不能适用于持续经营假设。

(三)公开市场假设

企业价值只能在公开的市场上才能得到正确的体现。因此,对企业价值的评估必须作市场化的假设。也就是企业产权可以在市场上公开交易,交易双方的地位平等,有获取足够相关信息的机会和时间,交易过程公开、公平、公正。只有存在一个公开的产权市场,企业的价值才能被客观地评价,企业的投资者才能实现自身最大效用,企业价值评估才有一个客观的基础。

(四)清算假设

清算假设是对企业在非公开市场条件下被迫出售或快速变现条件的假定说明。它是基于被评估企业面临清算或具有潜在的被清算的事实或可能性,再根据相应数据资料推定被评估企业处于一种被迫出售或快速变现的状态。由于清算假设假定被评估企业处于被迫出售或快速变现条件之下,企业评估价值通常要低于公开市场或继续使用条件下的评估值。

三、企业价值评估的原则

为了实现评估目标,公允市场价值资产评估工作中一般应当遵循独立性原则、客观性原则、科学性原则和专业性原则,但由于企业价值评估工作的特殊性,还应当遵循以下七个原则。

(一)系统性原则

企业是一个复杂的系统。因此,评估人员必须树立系统的观点,要通盘考虑企业内外部环境,分析构成企业有机系统的各个要素的功能和作用,以及它们对企业整体价值所作的贡献,考察整个系统的盈利性、有效性、适应性,评价出整个系统的优劣程度。

(二)供求原则

企业市场价格在市场上必然随着供求关系的影响而上下波动,在市场上,企业是一个特殊的产品或商品,因而符合价值规律。当企业供给大于需求时,企业的市场价格就会下降;当需求大于供给时,企业的市场价格就会上升。所以,要充分分析企业的供求规律,适当考虑市场供求变动的情况。

(三)最佳使用原则

企业作为一种资源性产品,也必须按照最佳用途进行配置,所有的资源都是有限的,只有资源的功能得到最充分的利用，处于最佳的使用状态时，收益才会最大化。在一个充满竞争的市场环境中，企业市场价值的最大化取决于企业资源配置的最优化。因此，在衡量一个企业的价值时，必须考虑相关的因素，分析其最佳使用状态。

（四）替代原则

一个理智的投资者愿意为某项资产花的代价不会超过他从市场上得到同类资产所支付的代价，这个原则同样适用于企业价值评估。当某个企业的价格相对于与其功能、收益类似的企业的价格要高，那么这个企业的市场价值就会降低，因为投资者会在众多的企业价值中寻找功能价格比最高的资产。一般来说，如果市场上出现不同的投资对象，投资者会选择价格较低者。

（五）贡献性原则

贡献原则指某一资产的价值取决于它对其他相关资产或整体资产的贡献。在企业价值评估中，要区分不同资产对企业整体现金流量的贡献和风险。

（六）经济效益可靠原则

企业整体资产的价值基础是获利能力，因此，在对企业价值评估时，必须以经济的、财务的观点来分析其获利能力，预测其未来现金流量和折现率。企业价值评估只有建立在稳定可靠的收益预测的基础上才能科学地确定其价值的大小。

（七）谨慎性原则

企业的价值受企业内外部环境变化的影响，未来收益不稳定市场风险较大，从而也给企业价值的评估带来极大的风险。因而，评估人员在操作中必须谨慎地预测收益，全面地、尽可能地考虑影响企业价值的因素。

四、企业价值评估的目的

企业价值评估的对象主要是企业的整体价值、企业全部股权的价值。企业价值评估是对企业全部或部分价值进行估价的过程。价值评估作为企业业绩评价的方法，已被越来越多的人所接受和采纳。明确企业价值评估如此被重视的原因，以及企业评价或财务评价进行企业价值评估的目的是非常有用的。

首先，现代企业目标决定了价值评估的重要性。现代企业制度，作为一种资本雇佣劳动制，企业资本所有者是企业的所有者，资本增值是资本所有者投资的根本目的，也是企业经营的目标所在。资本增值的衡量离不开价值评估，无论是评估企业价值还是股东价值，都需要进行价值评估。

其次，价值是衡量业绩的最佳标准。价值之所以是业绩评价的最佳标准，一是因为它是要求完整信息的唯一标准，为进行价值评估，要求企业长期的利润表、资产负债表和现金流量表的信息，没有这种完整的信息，就无法准确评估企业价值。而其他业绩衡量标准，都不需要完整信息。二是因为价值评估是面向未来的评估，它考虑长期利益，而不是短期利益。

再者，价值增加有利于企业各利益主体。现代企业财务目标存在股东价值最大化与企业价值最大化的争论。其实二者并不一定矛盾。研究表明，股东是公司中为增加自己权益而同时增加其他利益方权益的唯一利益主体。这说明股东要使其自身价值增加，必须保证其他利益主体的价值增加。

最后,价值评估是企业种种重要财务活动的基本行为准则。例如,企业合并和杠杆收购;证券分析师寻找被低估价值的股票;证券商为原始股定价;潜在投资者选择新的投资机会;公司选择股票回购的最佳时机;信用分析师了解贷款风险等,都需要进行价值评估。

五、企业价值评估的内涵与方法

(一)价值评估的内涵

在企业价值评估中,如果对评估的价值没有一个明确的定义,那么评估报告中的价值结论是毫无意义的。

(1)企业价值与股东价值。企业价值是指企业全部资产的价值。股东价值,也称资本价值,是指企业净资产价值。由于"资产 = 负债 + 净资产",因此,不管评估企业价值还是评估股东价值,都是相互关联的。我们既可从评估企业价值入手评估股东价值,也可从评估股东价值入手评估企业价值。但应注意其评价中所需要信息的不同。

(2)持续经营价值与清算价值。企业的持续经营价值与清算价值是不同的。价值评估时应根据评估对象的具体情况,考虑应选择的价值。有的企业清算价值高于持续经营价值,有的企业持续经营价值高于清算价值,企业公允的市场价值应是持续经营价值和清算价值中较高的一个。

(3)少数股权价值与控股权价值。价值评估中通常以股票或债券市场价格为基础进行评估。企业市场价值是评估企业经营业绩的重要指标和资本成本的主要决定因素。但是,应当指出,市场价值衡量的是少数股权价值,不是控股权交易的可靠价格指标。

(二)价值评估的方法

企业价值评估是一项综合性的资产、权益评估,是对特定目的下企业整体价值、股东全部权益价值或部分权益价值进行分析、估算的过程。价值评估的方法有许多,目前较为流行的方法有:

(1)以现金流量为基础的价值评估。

(2)以经济利润为基础的价值评估。

(3)以价格比为基础的价值评估。

以现金流量为基础的价值评估通过将被评估企业预期收益资本化或折现至某特定日期以确定评估对象价值。其理论基础是经济学原理中的贴现理论。即一项资产的价值是利用它所能获取的未来收益的现值,其折现率反映了投资该项资产并获得收益的风险的回报率。收益法的主要方法包括贴现现金流量法(DCF)、内部收益率法(IRR)、CAPM 模型和 EVA 估价法等。

以经济利润为基础的价值评估是在目标企业资产负债表的基础上,通过合理评估企业各项资产价值和负债从而确定评估对象价值。理论基础在于任何一个理性人对某项资产的支付价格将不会高于重置或者购买相同用途替代品的价格。主要方法为重置成本(成本加和)法。

以价格比为基础的价值评估是将评估对象与可参考企业或者在市场上已有交易案例的企业、股东权益、证券等权益性资产进行对比以确定评估对象的价值。其应用前提是假设在一个完全市场上相似的资产一定会有相似的价格。其中常用的方法是参考企业比较法、并购案例比较法和市盈率法。

第二节 以现金流量为基础的价值评估

一、以现金流量为基础价值评估概述

(一)以现金流量为基础的价值评估意义

一般财务理论认为,企业价值应该与企业未来资本收益的现值相等。企业未来资本收益可用股利、净利润、息税前利润和净现金流量等表示。不同的表示方法,反映的企业价值内涵是不同的。利用净现金量作为资本收益进行折现,被认为是较理想的价值评估方法。因为净现金流量与以会计为基础计算的股利及利润指标相比,更能全面精确反映所有价值因素。下面以表12.1和表12.2为例加以说明。

表12.1 长寿公司与短寿公司预计净收益

长寿公司	2005年	2006年	2007年	2008年	2009年	2010年
销售额	1 000	1 050	1 100	1 200	1 300	1 450
现金支出	(700)	(745)	(790)	(880)	(970)	(1 105)
折旧	(200)	(200)	(200)	(200)	(200)	(200)
净收益	100	105	110	120	130	145
短寿公司	2005年	2006年	2007年	2008年	2009年	2010年
销售额	1 000	1 050	1 100	1 200	1 300	1 450
现金支出	(700)	(745)	(790)	(880)	(970)	(1 105)
折旧	(200)	(200)	(200)	(200)	(200)	(200)
净收益	100	105	110	120	130	145

表12.2 长寿公司与短寿公司预计净现金流量

长寿公司	2005年	2006年	2007年	2008年	2009年	2010年	累计
净利润	100	105	110	120	130	145	710
折旧	200	200	200	200	200	200	1200
资本支出	(600)	0	0	(600)	0	0	(1 200)
应收款增加	(250)	(13)	(13)	35	45	(23)	(219)
净现金流量	(550)	292	297	(245)	375	322	491
短寿公司	2005年	2006年	2007年	2008年	2009年	2010年	累计
净利润	100	105	110	120	130	145	710
折旧	200	200	200	200	200	200	1200
资本支出	(200)	(200)	(200)	(200)	(200)	(200)	(1 200)
应收款增加	(150)	(8)	(8)	(15)	(15)	(23)	(219)
净现金流量	(50)	97	102	105	115	122	491

从表12.1可看出,两个公司各年度无论是销售额还是净利润都完全相等。如单以此资料为基础评估企业股东价值,可得出两个公司股东价值完全相同的结论。但从表12.2可看出,虽然两个公司各年度利润和销售额完全相等,累计资本支出和应收款增加额也相同,但其各年现金净流量及变动趋势却不同。因此,以现金净流量折现法评估的两个公司

股东价值就可能产生不同的结果。显然,以现金净流量为基础的评估方法更科学,它考虑了资本支出时间不同对资本收益的影响。

(二)以现金流量为基础的价值评估方式

以现金流量为基础的价值评估的基本思路是"现值"规律,任何资产的价值等于其预期未来全部现金流量的现值总和。现金流量贴现法具体又分为两种:(1)仅对公司股东资本价值进行估价;(2)对公司全部资本价值进行估价。如果将企业未来现金流量定义为企业所有者的现金流量,则现金流量的现值实际上反映的是企业股东价值。企业股东价值加上企业债务价值,可得到企业价值。如果将企业未来现金流量定义为企业所有资本提供者(包括所有者和债权者)的现金流量,则现金流量现值反映的是企业价值。从企业价值中减去债务价值才能得到企业股东价值。因此,资本经营价值评估,既可评估企业价值,又可评估股东价值。由于资本经营的根本目标是股东资本增值,所以资本经营价值评估通常是评估股东价值。为了全面说明股东价值是在评估企业价值的基础上创造出来的,通常是减去债务价值,来得到股东价值。

企业价值、债务价值及股东价值的关系及其评估见图12.1。

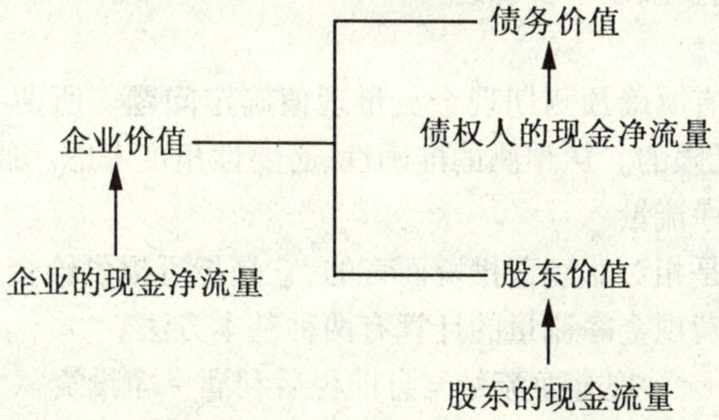

图12.1　企业价值、债务价值及股东价值的关系及其评估

二、以现金流量为基础的价值评估方法

(一)以现金流量为基础的价值评估程序

以现金流量折现为基础的价值评估的基本程序和公式为:

企业经营价值 = 明确预测期现金净流量现值 + 明确预测期后现金净流量现值　　12.1

企业价值 = 企业经营价值 + 非经营投资价值　　12.2

股东价值 = 企业价值 - 债务价值　　12.3

下面以某一公司为例,通过表12.3来说明企业价值与股东价值评估方法。

表12.3　企业价值评估表　　单位:万元

年份	企业经营现金流量	折现系数(10%)	企业经营现金净流量现值
2000	160	0.909	145.44
2001	190	0.826	156.94
2002	220	0.751	165.22
2003	250	0.683	170.75
2004	280	0.621	173.88

续表 12.3

年份	企业经营现金流量	折现系数(10%)	企业经营现金净流量现值
2005	310	0.565	175.15
2006	340	0.513	174.42
2007	370	0.467	172.79
2008	400	0.386	169.60
2009	430	0.386	165.98
连续价值	6 604	0.386	2 549.14
经营价值			4 219.31
非经营投资价值			200.00
企业价值			4 419.31
减:债务价值			(890.31)
股东价值			3 529.00

(二)有明确预测期的现金净流量现值估算

确定有明确预测期的现金净流量现值是企业价值评估中最重要的内容。要正确预测其现金净流量现值,需要按以下步骤进行。

1. 确定预测期

本部分研究的是有明确预测期现金流量现值确定问题。所谓有明确预测期是指预测期是有限的,而不是无限的。从预测的准确性、必要性角度考虑。通常预测期为 5 ~ 10 年。

2. 预测经营现金净流量

经营现金净流量是相对非经营投资而言的,它是指可提供给企业所有者和债权人的经营现金流量总额。经营现金净流量的计算有两种基本方法。

(1) 现金净流量 = 息前税后利润 - 净投资 12.4

其中,息前税后利润 = 净利润 + 利息;净投资 = 总投资 - 折旧

式中的总投资是指企业新的资本投资总额,包括资本支出,流动资产及其他资产投资。折旧包括固定资产折旧和无形资产及递延资产摊销等。

(2) 现金净流量 = 毛现金流量 - 总投资 12.5

其中,毛现金流量 = 息前税后利润 + 折旧

进行现金净流量预测,首先应对企业绩效进行分析,将财务分析与产业结构分析结合在一起,并对公司实力和弱点进行质的评估,同时从信贷角度了解公司的财务状况。在对企业历史绩效分析之后,便可进行企业未来绩效的预测。预测绩效的关键是明确影响企业价值或现金净流量的因素,包括时间因素。预测的基本步骤前文已论述。在预测各种价值影响因素的基础上,可形成预测利润表、资产负债表以及需要的个别项目,然后将这些详细资料综合起来,用以预测现金净流量等价值驱动因素。

3. 确定折现率

企业经营现金净流量的折现率的高低,主要取决于企业资本成本的水平。为了与现金流量定义相一致,用于现金净流量折现的折现率应反映所有资本提供者按照各自对企业总资本的相对贡献而加权的资本机会成本,即加权平均的资本成本。由于个别资本成本的高低取决于投资者从其他同等风险投资中可望得到的报酬率,因此,折现率的高低必须能准确反映现金净流量的风险程度。只有折现率准确反映现金净流量的风险,价值评估结果才

能准确。否则,不正确的折现率将使价值评估结果偏高或偏低。加权平均资本成本的计算公式为

$$\text{加权平均资本成本} = \text{平均股权资本成本} \times \text{股权资本构成} + \text{平均负债资本成本} \times \text{负债资本构成} \quad 12.6$$

可见进行价值评估的公司的目标资本结构,建议综合采用三种方法:第一,尽量估算以现实市场价值为基础的公司资本结构;第二,考虑可比公司的资本结构;第三,考虑管理层筹资方针及其对目标资本结构的影响。

4. 估算现金净流量现值

$$\text{经营现金净流量现值} = \sum_{i=1}^{n} \frac{\text{经营现金净流量}}{(1+\text{折现率})^{t}} \quad 12.7$$

应当注意,使用现金流量折现法的关键是保持现金流量与贴现率的匹配,用加权平均资本成本贴现股权现金流量会导致股权价值偏高;如果使用股本成本贴现公司现金流量,又会低估公司价值。如果被估价的资产当前的现金流量为正,并且可以比较可靠地估计未来现金流量的发生时间,同时根据现金流量的风险特征又能够确定恰当的贴现率,那么就适合采用现金流量贴现法。但是在现实生活中,对陷入财务拮据状态的公司,收益呈周期性的公司,拥有未被利用资产的公司,有专利权或产品选择权的公司的现金流量的预测和贴现率的确定存在一定困难。

(三)明确预测期后现金净流量现值估算

有明确预测期以后公司预期现金流量现值估算亦称连续价值估算。使用连续价值公式便不再需要详细预测延长期公司的现金流量。用现金流量折现法进行连续价值估算,可供选择的方法有长期明确预测法、现金净流量恒值增长公式法和价值驱动因素公式法。第一种方法实质与有明确预测期的现金流量现值估算方法相同,只是预测期加长(75 年或更长)。这种方法不但麻烦,而且也无必要,通常选择后两种方法。

1. 现金净流量恒值增长公式法的估算公式为

$$\text{连续价值} = \frac{\text{明确预测期后第一年现金流量正常水平}}{\text{加权平均资本成本} - \text{现金净流量预期增长率恒值}} \quad 12.8$$

使用这一公式需要注意:第一,这一公式假定企业现金净流量在连续价值期间内的增长率不变;第二,现金净流量预期增长率恒值应小于加权平均资本成本;第三,必须正确估算预测期后第一年的现金净流量正常水平,使之与预测增长率相一致。

2. 价值驱动因素公式法的估算公式为

连续价值 =

$$\frac{\text{明确预测期后第一年息前税后利润正常水平} \times \left(1 - \dfrac{\text{息前税后利润预期增长率恒值}}{\text{新投资净额的预期回报率}}\right)}{\text{加权平均资本成本} - \text{息前税后利润预期增长率恒值}} \quad 12.9$$

在特定情况下,采用这两种方法计算的连续价值结果是相同的。如某企业有明确预测期后第一年现金净流量正常水平为 330 万元,息前税后利息正常水平为 660 万元. 以后每年的增长率均为 6%,新投资净额的预期回报率为 12%,该企业加权平均资本成本为 11%,则采用式 12.8 计算的连续价值为

$$\text{连续价值} = \frac{330}{11\% - 6\%} = 6\,600(\text{万元})$$

采用式 12.9 计算的连续价值为

$$连续价值=\frac{660\times(1-6\%/12\%)}{11\%-6\%}=6\,600(万元)$$

应当注意，此时的连续价值是指明确预测期以后现金流量折现到明确预测期最后一年的现值。而构成企业经营价值的有明确预测期后现金流量现值应在此基础上进一步折现为明确预测期初的现值。如果其他条件与表 12.3 资料相同，则

$$连续价值现值=6\,600\times0.386=2\,548(万元)$$

可见，无论采用何种方法，都涉及确定预测期、估计明确预测期后现金流量或利润水平及其增长率、加权平均资本成本估算及折现三个问题。

关于预测期的选择，取决于有明确预测期现金流量折现法时选择的期限。应当指出，虽然选择明确预测期十分重要，但它并不影响公司价值，只关系到明确的预测期与以后年份公司的价值如何分配。

关于息前税后利润、现金净流量、新投资净额预期回报率、息前税后利润和现金净流量的增长率的确定，是涉及企业价值评估的重要参数，应结合各自特点，采取相应方法进行预测。加权平均资本成本是进行连续价值折现的基础，资本成本确定可参照前述方法进行。

(四)非经营投资价值和债务价值

企业价值是经营价值与非经营投资价值之和。前面两个问题研究了在现金流量折现法下经营价值的确定。非经营投资价值的确定，也可通过非经营现金流量折现进行。运用现金流量法进行企业价值评估，一是要明确企业价值包括非经营投资价值；二要注意正确划分经营现金流量与非经营现金流量。由于非经营投资的特殊性，也可不采用现金流量折现进行估价，而直接用非经营投资额代表非经营投资价值。

为了计算企业股东价值或股本价值，可在企业价值评估基础上减去债务价值。债务价值等于对债权人现金净流量的折现。因此，要评估债务价值，一要确定债权人的现金净流量；二要确定债权人的资本成本或折现率。应当注意，只有在价值评估当日尚未偿还的公司债务才需要估算价值，对于未来借款可以假设其净现值为零，因为这些借款得到的现金流入与未来偿付的现值完全相等。

三、现金流折现法的适用范围

下列几种情况比较适合应用公司自由现金流量模式来评估公司权益的价值。

(1)公司有较高的杠杆比率。

(2)公司的杠杆比率会有很大的变化。

(3)这个模式也可以用于评估有杠杆收购的公司价值。在一般情况下，这类公司在初期会有很高的财务杠杆比率，但在后期，公司的杠杆比率便有很大变化。例如，公司股东会发行大量权益以降低杠杆比率。

(4)对于那些盈利波动性较大，公司表现较依赖整体宏观经济状况及有较高的财务杠杆，公司权益自由现金流量很多时候会出现负值，使评估其价值较为困难。但运用公司自由现金流量却可以减低这方面的影响，因为它是负值的机会较少。

经济学家经过研究认为公司的价值基础是现金流量。当现金流量的变动与利润的变动不一致时，公司的价值变化与现金流量的变化更为一致，“直觉、常识、财务理论以及经验

研究都支持公司的价值取决期望的未来现金流量理论”。事实上，现金流量折现法(DCF)在国外的公司价值评估中被广泛的采用。

四、现金流量折现法的优缺点

它的优点表现为：现金流量折现法是资本投资和资本预算的基本模型，被看做是企业估值定价在理论上最有成效的模型，因为企业的经济活动就表现为现金的流入和流出。由于有坚实的基础，当与其他方案一起使用时，现金流量折现法所得出结果往往是检验其他模型结果合理与否的基本标准。现金流量折现法的原理比较简单，它是通过权衡为收购而投入的现金量这一投资所有未来能产生的净现金量和时间(扣除折旧、营运需要等)来计算的。这一计算可得出内部收益率(IRR)，即现金流入量现值等于现金流出量现值时所得到的内涵折现率。

另外，未来现金流量也能折算成现值并与原始投资比较。这一计算得出的是净现值(NPV)，即在现值条件下支出和预期金额之间的差。不管是内部收益还是净现值，折现现金流量都要求估算出一个最终的价值额(利用不同的增长模型)，年限一般是7~10年以上。

现金流量折现法认为企业的价值是将今后得到的全部现金流量加以资本还原得到的现在价值的总和。这种估价法注重的是现金流量而不是会计报表的盈利。现金流量不仅涉及目标企业的财务状况、盈利能力，还考虑了目标企业的未来发展前景。这种方法将资产价值与该资产预期未来现金流量的现值联系起来，具有坚实的理论基础，对于企业并购决策也具有现实的指导意义。

其缺陷表现在：

(1)企业未来长期的经营业绩很难估计，评估值对企业终值的大小十分敏感，而终值又很难估计准确，增长率、资金成本率等参数也难以合理确定。

(2)该方法不能反映目标企业蕴含的机会和经营灵活性所带来的收益。只有在现金流量为正、将来各时期的现金流量能可靠估计并能通过风险参照而得到折现率的情况下，该方法使用起来才较为容易。

第三节 以经济利润为基础的价值评估

一、以经济利润为基础的价值评估特点与优点

以经济利润为基础的价值评估认为，公司价值等于投资资本额加上相当于未来每年创造超额收益现值，即

$$\text{企业价值} = \text{投资资本} + \text{预计创造超额收益现值} \qquad 12.10$$

而企业未来每年创造超额收益，实质上反映了企业未来的非正常收益或超额利润。在经济学中通常将这种非正常收益定义为经济利润，而后来人们在以价值为基础的管理中又将其定义为附加经济价值(或EVA)，即

$$\text{经济利润或附加经济价值} = \text{息前税后利润} - \text{资本费用} \qquad 12.11$$

以经济利润为基础的评估方法优于现金流量贴现法之处在于，通过经济利润可以了解公司在某一时期内所创造的价值。经济利润等于投资资本回报率与资本成本之差乘以投

资成本,因此经济利润将价值驱动因素、投资资本回报率和增长率转化为一个数字(增长率最终关系到投资资本数额或公司规模)。计算经济利润的另一途径是用息前税后利润减去资本费用,这里的资本费用是指全部资本成本,不仅仅是债务利息。经济利润的方法说明公司价值是投资资本和预计经济利润的现值之和。只有当公司利润多于或少于加权平均的资本成本时,公司价值才多于或少于其投资成本。它与现金流量法的区别就是折现的是预计的经济利润而不是现金流量。

二、以经济利润为基础的价值评估方法

(一)经济利润或 EVA 预测

1. 经济利润或 EVA 一般计算公式

经济利润或 EVA 实质上是一种超额利润,根据其内涵,经济利润或 EVA 可计算为

经济利润 = 息前税后利润 - 资本费用

或 = 息前税后利润 -(投资资本 × 加权平均的资本成本)

或 = 投资资本 ×(投资资本回报率 - 加权平均资本成本)　　12.12

上述计算是站在企业角度,考虑全投资资本所计算的经济利润。如果站在企业所有者角度考虑,经济利润或超额利润是归属企业所有者的,则经济利润可用下式计算,即

经济利润 = 税后利润 - 股权资本费用

或 = 税后利润 -(所有者权益 × 股权资本成本)

或 = 所有者权益 ×(净资产收益率 - 股权资本成本)　　12.13

以经济利润为基础的价值评估方法的关键在于经济利润预测。如果有明确预测期较长,预测经济利润可直接运用上述公式,逐年预测。如果考虑有明确预测期的经济利润和明确预测期以后经济利润预测两个阶段,则前者可逐年采用上述公式测算,后者可采用简化公式确定明确预测期后经济利润现值总额。确定方法可参照式 12.8,只不过将公式的现金流量改为经济利润,即

$$\text{连续价值} = \frac{\text{明确预期后第一年经济利润正常水平}}{\text{加权平均资本成本} - \text{经济利润预期增长率恒值}} \qquad 12.14$$

2. 对 EVA 计算的探讨

前面谈到,经济利润其本质与国外流行的 EVA 相同或相似。EVA 是英文 Economic Value Added 的缩写,其中文含义,有人译为附加经济价值,有人译为资本所增加的经济价值或收益,也有人将其译为附加经济价值规则或 EVA 规则,等等。无论如何翻译,实质上反映企业价值的增加或资本增值是不变的。但是,应当注意,在一些翻译文献中,有的将 EVA 的计算公式为

EVA = 扣除调整税后的净营业利润或税后利润 - 资本费用　　12.15

其中,扣除调整税后的净营业利润 = 营业利润 - 所得税额

资本费用 = 总资本 × 平均资本成本

上述公式从西方会计学和经济学的角度看是正确的,但是从我国的实际情况看,使用这个公式应注意以下几点。

第一,上式扣除调整税后的净营业利润是指营业利润减去所得税额后的余额;而我国现行制度中的税后利润则是指利润总额减去应交所得税后的余额。

第二,上式中的营业利润是指息税前利润,即营业利润中包括利息费用在内,而我国现行制度中的营业利润却不包括利息费用在内,利润总额中也不含利息。因此,扣除调整税的净营业利润实际上是息前税后利润。

第三,上式中的总资本是西方经济学中的资本含义,相当于我们通常所说的总资产,而不是会计平衡公式(资产 = 负债 + 资本)中的资本含义。

第四,上式中的平均资本成本是以股本成本和负债成本为基数以资本构成率和负债构成率为权数的一个加权平均数,正确确定股本成本及负债成本是计算平均资本成本的关键。

但是,从目前一些介绍和应用 EVA 的文章看,往往忽视了这些问题,出现了一些不应有的误解和错误。如有人直接将经济附加价值的公式为

附加经济价值(EVA) = 税后利润 - 股本成本 - 借贷成本

由于我国税后利润中已经不包括利息,再减借贷成本显然是重复计算了。经济利润或 EVA 在我国的正确计算方法应如式 12.12 和式 12.13 等所示。

(二)经济利润折现

经济利润现值计算的一般公式是为

$$\text{经济利润现值} = \sum_{i=1}^{n} \frac{\text{经济利润}}{(1+\text{折现率})^{t}} \qquad 12.16$$

应当注意,由于经济利润是一种超额利润,是归企业所有者所有,因此,经济利润现值应反映对股东价值的增值,从这点考虑,折现率应采用股权资本成本,而不应是加权平均资本成本。另外,这一公式主要用于有明确预测期的经济利润折现,对于明确预测期以后经济利润折现,可直接用下列公式,即

$$\text{明确预测期后经济利润现值} = \frac{\text{连续价值}}{(1+\text{折现值})^{n}} \qquad 12.17$$

其中,n 表示有明确预测期的最后一年。

(三)投资资本确定

企业价值评估中的投资资本是指预测期初的投资资本。由于投资资本在预测期初发生,因此,投资资本本身价值或账面价值与其现值相同,通常可用投资资本的账面价值直接作为以经济利润为基础的价值评估法中企业价值的组成部分。

(四)企业价值确定

在上述三个步骤基础上,运用下式可确定企业价值,即

$$\begin{aligned}\text{企业价值} = {} & \text{投资资本} + \text{明确预测期经济利润现值} + \\ & \text{明确预测期后经济利润现值}\end{aligned} \qquad 12.18$$

第四节　以价格比或价格乘数为基础的价值评估

一、以价格比为基础的价值评估原理

价格是价值的货币表现。企业价值或股东价值往往可通过企业股票价格来体现。而企业股票价格的高低与企业的收益、销售额和资产账面价值等都直接相关。因此,企业价

值可表现为价格比与相关因素的乘积，用公式表示为

$$企业价值 = 价格比 \times 相关价格比基数 \qquad 12.19$$

(一)价格比的形式

最常用的价格比有三个，即市盈率或价格与收益比、市场价格与账面价值比和价格与销售额比。价格与收益比或市盈率的计算公式为

$$价格与收益比 = \frac{每股市价}{每股收益} \qquad 12.20$$

在此情况下，企业价值随预期收益的增长变化而成正比例变化。

$$市场价格与账面价值比 = \frac{每股市价}{每股净资产} \qquad 12.21$$

市场价格与账面价值比因公司的未来产权收益率、账面价值的增长和风险(决定折现率的差别)的不同而在公司之间有所不同，即

$$价格与销售额比 = \frac{每股价格}{每股销售额} \qquad 12.22$$

它可以看做价格与收益比和收益与销售额比的乘积。因此，除了解释价格与收益比变化的因素外，价格与销售额比随着预期利润率的变化而呈正比例变化。

(二)相关价格比基数

相关价格比基数根据价格比的不同而有所不同。价格比的分母正是相关价格比基数。如价格与收益比的相关价格比基数就是企业的收益；而价格与账面价值比的相关价格比基数，则是企业的账面净资产；价格与销售额比的相关价格比基数是销售额。进行价值评估时，必须保证价格比和相关价格比基数的一致性。

二、以价格比为基础的价值评估步骤

(一)选择价格比

在明确价格比主要有价格与收益比、价格与账面价值比、价格与销售额比的基础上，要以此为基础进行价值评估，首先要选择适当的价格比。因为对于同一评估对象，选择不同的价格比所评估的结果可能是不同的。选择何种价格比要与被评估企业的基本信息联系起来。这些基本信息主要指与股票价格相关的信息，特别是构成相关价格比基数的信息，如收益信息、账面价值信息、销售额信息等。选择时，第一要考虑相关性程度，通常应选择与股票价格相关程度最强的价格比；第二要考虑相关价格比基数信息的可靠性。例如，如果被评估企业的股票价格与其收益相关度最强，而该企业的收益预测也比较可靠，则选择价格与收益比进行评估将会比较准确、可行。

(二)选择该价格比的可比或类似公司

选择价格比的基础上，还应确定可用于评估的价格比的比值。由于价值评估在很大程度上取决于未来几年的运作情况的预测，评估人员可能会对价格比的估算信心不足。一个可以替代的方法是根据“类似”公司的价格比评价公司。利用价格比的主要困难在于确定真正类似的公司。

所谓类似公司是指那些具有最相似的经营和财务特征的公司。同一行业内部的企业